电子信息产业

专利导航报告

临沂市知识产权事业发展中心　组织编写

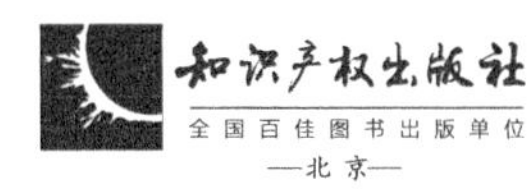

图书在版编目（CIP）数据

电子信息产业专利导航报告/临沂市知识产权事业发展中心组织编写. —北京：知识产权出版社，2021.4

ISBN 978－7－5130－7464－3

Ⅰ.①电… Ⅱ.①临… Ⅲ.①电子信息产业—产业发展—研究报告—中国 Ⅳ.①F492

中国版本图书馆 CIP 数据核字（2021）第 055687 号

责任编辑：邓　莹　　　**责任校对：**王　岩

封面设计：博华创意·张冀　　　**责任印制：**孙婷婷

电子信息产业专利导航报告

临沂市知识产权事业发展中心　组织编写

出版发行：知识产权出版社有限责任公司　　**网　　址：**http：//www. ipph. cn

社　　址：北京市海淀区气象路 50 号院　　**邮　　编：**100081

责编电话：010－82000860 转 8346　　**责编邮箱：**dengying@ cnipr. com

发行电话：010－82000860 转 8101/8102　　**发行传真：**010－82000893/82005070/82000270

印　　刷：北京九州迅驰传媒文化有限公司　　**经　　销：**各大网上书店、新华书店及相关专业书店

开　　本：720mm×1000mm　1/16　　**印　　张：**14

版　　次：2021 年 4 月第 1 版　　**印　　次：**2021 年 4 月第 1 次印刷

字　　数：236 千字　　**定　　价：**69.00 元

ISBN 978－7－5130－7464－3

编委会

前言

大数据、物联网、人工智能、移动互联网、云计算等新一代电子信息技术不断发展，正在推动电子信息产业发生深刻的变革。我国是电子信息产业大国，电子信息产业成为我国经济的支柱产业。研究电子信息产业的发展现状，总结产业的发展规律，预测未来电子信息产业的发展趋势，对于我国电子信息产业良好、有序发展有着重要的作用。

党的十八大以来，我国知识产权事业不断发展，走出了一条具有中国特色的知识产权发展之路。在中共中央政治局第二十五次集体学习时，习近平总书记从国家战略高度和进入新发展阶段要求出发，再次对知识产权保护工作提出重要要求。

习近平总书记指出，要强化知识产权全链条保护。要打通知识产权创造、运用、保护、管理、服务全链条，健全知识产权综合管理体制，增强系统保护能力。要统筹做好知识产权保护、反垄断、公平竞争审查等工作，促进创新要素自主有序流动、高效配置。要加强知识产权信息化、智能化基础设施建设，推动知识产权保护线上线下融合发展。要鼓励建立知识产权保护自律机制，推动诚信体系建设。要加强知识产权保护宣传教育，增强全社会尊重和保护知识产权的意识。

为加快推进知识产权强省建设，更好地发挥知识产权在推动山东省新旧动能转换和经济社会发展中的保障促进作用，根据《关于实施“春笋行动”大力培育具有自主知识产权企业的通知》（鲁政办字〔2019〕115号）要求，临沂市知识产权事业发展中心开展电子信息产业专利导航项目，山东专利工程有限公司作为承担单位，进行产业专利布局与分析研究，为临沂市电子信息产业发展决策提供依据。

本书立足于电子信息产业现状，运用专利导航分析方法，紧扣产业分析和专利分析两条主线，将专利信息与产业现状、政策环境等信息深度融合，并基于临沂市电子信息产业现状，准确定位临沂市电子信息产业的产业地位、技术能力现状以及市内企业的技术现状和知识产权状况，预期技术发展趋势，从技术方向、专利风险、专利布局和人才引进等多维度对临沂市电子信息产业提出导航意见，为产业发展安装上“指南针”，为临沂市电子信息产业的产业布局、企业合作、资源配置、人才引进、未来发展方向等提供规划和参考意见。

在深入了解临沂市电子信息产业现状的基础上，针对调研及分析过程中明确的临沂市电子信息产业重点发展的技术领域进行专利导航分析。本书分别分析了集成电路及元件产业、磁性元件及相关材料产业、半导体分立器件产业、大数据应用产业等重点技术领域的专利态势，在专利信息分析的基础上，尝试给出了临沂市电子信息产业的发展建议。

本次专利导航的专利数据采集日期为 2020 年 9 月 30 日。专利信息数据范围覆盖中、美、日、韩、欧洲、WIPO 等 103 个国家、组织和地区，包括著录项目、摘要、权利要求、说明书在内的全文图形数据和部分国家的全文文本数据、同族文献信息、法律状态信息、审查状态信息、引用文献信息等，深加工数据超过 1 亿条，包括国民经济行业分类、战兴产业与 IPC 国际专利分类对照关联加工、区域加工细化到县（市区）等，整合创新主体工商信息、股东信息、投资信息、变更信息、企业年报、法院公告、裁判文书、行政处罚、课题项目、招投标等信息，并与知识产权数据进行信息关联加工，大幅提高知识产权大数据可用性和价值度。

本次分析报告检索对于 2019 年以后的专利申请数据采集不完整，报告统计的专利申请量比实际的专利申请量要少，这是由于部分数据在检索截止日之前尚未在相关数据库中公开。例如，PCT 专利申请可能自申请日起 30 个月甚至更长时间之后才进入国家阶段，从而导致与之相对应的国家公布时间更晚；国内发明专利申请通常自申请日（有优先权的，自优先权日）起 18 个月（要求提前公布的申请除外）才能被公布；以及实用新型专利申请在授权后才能获得公布，其公布日的滞后程度取决于审查周期的长短等。

在编写的过程中，项目组虽然对课题报告内容进行了细致的分析及总结提炼，但由于时间仓促，同时受专利文献的数据采集范围和分析工具的限制，报告的数据、结论和建议仅供社会各界参考借鉴。

目　录

第一章　电子信息产业概述

1.1　项目立项原因

为加快推进知识产权强省建设，更好地发挥知识产权在推动山东省新旧动能转换和经济社会发展中的保障促进作用，根据《关于实施“春笋行动”大力培育具有自主知识产权企业的通知》（鲁政办字〔2019〕115 号）要求，开展临沂市电子信息产业专利导航项目，进行产业专利布局与分析研究，为临沂市电子信息产业发展决策提供依据。

针对临沂市电子信息产业开展产业专利导航工作，从产业现状分析入手，梳理产业创新发展面临的问题；通过分析电子信息产业专利布局的宏观态势，以产业链与专利布局的关联度为基础，揭示专利控制力与产业竞争格局的特征关系；以专利导航分析为基础，指引电子信息产业创新资源优化配置的具体路径，结合产业创新的政策资源，切实发挥专利导航的决策支撑作用。

1.2　相关政策环境分析

1.2.1　全球政策环境

在经济全球化的趋势下，电子信息产业因其持续的创新活力和广阔的市场前景，逐渐在世界经济舞台上占据主要位置，发达国家、新兴工业化国家或地区都充分利用各自的优势，采取不同的发展模式，增强本国电子信息产业的国际竞争力。[1] 表 1－1 为美国、日本、韩国、德国四个国家的相关政策文件解析。

---

[1] 杨福慧. 电子信息增值产业链的关键环节［J］. 中国新技术新产品精选，2007（3）：53－55.

表 1-1 国外政策解析

国家	政策内容	政策效果
美国❶	1985 年美国工业竞争能力总统委员会提出了《全球竞争：新的现实》报告，将电子信息产业列为发展重点，1991 年布什总统提出了《国家关键技术》报告，将“信息通信”技术列为关键技术内容	为美国调整产业结构，重点发展电子信息产业提供了机遇
	2009 年《美国恢复与再投资法案》中提出了信息高速公路升级计划，涉及电子病医学技术、构建 21 世纪教室、普及宽带、智能化电网等多个领域，其中医疗信息技术是电子信息产业研发投资重点	为解决美国国内青年对工程领域失去兴趣造成的人才缺乏提供了解决出路
	2010 年实施了美国“国家宽带计划”，投资 72 亿美元用来发展宽带建设和无线互联网接入	使信息技术除了能在高端的技术优势全球领先外，在美国普通居民生活的覆盖面也得到扩大，加快信息产业发展成果在全美的普及和发展，促进信息产业的基础设施建设
	2012 年 3 月推出“大数据研究和发展计划”，6 个联邦政府的部门和机构宣布新的 2 亿美元的投资，提高从大量数字数据中访问、组织、收集发现信息的工具和技术水平	推进了大数据科学与工程的核心技术的发展
	2013 年提出了《国家网络与信息技术研发计划战略规划》，将电子信息技术与数据管理和数据分析相结合	帮助美国在工程和科学技术领域获得更多的突破性创新成果
	2015 年网络与信息技术研发（NITRD）计划，确定了未来研发的重点，包括网络与信息技术、网络安全、高性能计算、数据分析等	促进了对先进的网络、计算系统、软件和相关信息技术进行基础和长期的研究，确保美国在计算、网络和信息技术的世界领先地位
日本❷	1957 年 6 月，日本政府颁布了第一部有关促进电子工业的法律《电子工业振兴临时措施法》（以下简称《电振法》），揭开了日本电子制造业快速发展的序幕，从法律上规定了政府在发展日本电子工业中的作用及有关推进措施	其颁布实施有效地促进了日本企业在学习美国先进技术的基础上，积极发展本国的电子制造产业

❶ 许爱萍．美国提高电子信息产业技术创新能力的经验及借鉴［J］．中国科技论坛，2014，3（3）：72－78.

❷ 陈忠．日本政府在推进电子信息产业发展中的作用［J］．标准化研究，2005（7）：35－39.

续表

国家	政策内容	政策效果
日本	1971 年颁布的《特定电子工业及特定机械工业振兴临时措施法》（以下简称《机电法》）明确要求，为促进包括半导体在内的电子工业的发展，作为主管经济的政府部门需制订具体的发展计划。确保计划实施资金到位，鼓励企业合并，做大做强。该法进一步秉承了《电振法》的宗旨，强化了开展以半导体为代表的电子产业的发展力度	成功地帮助日本企业通过加强自身研发、生产能力，有效地抵御了欧美半导体厂商的冲击，进而使日本半导体制品不断走向世界
	1978 年制定的《特定机械情报产业振兴临时措施法》（以下简称《机情法》）在《电振法》和《机电法》的基础上，进一步加强了以半导体为核心的信息产业的发展	使日本在不到 30 年的时间内确立了仅次于美国的世界电子工业强国地位
	2001～2004 年，日本政府先后制订了“e－Japan”战略系列计划，包括《e－Japan 战略》和《e－Japan 战略Ⅱ》。2001 年制定的《e－Japan 战略》提出日本信息化战略的重点领域有：建设超高速互联网基础设施并完善竞争政策；推进电子商务，建设新的交易环境；开展电子政务；加强人才培养。2003 年 7 月，根据《e－Japan 战略》的实施情况又出台了《e－Japan 战略Ⅱ》，把信息化建设的战略重心转移到信息技术的有效应用上，提出要优先发展医疗、食品、生活、为中小企业提供金融服务、文化与教育、劳动与就业和行政服务等 7 个重点领域，即网络建设、人才培育、电子商务、行政及公共领域的信息化和网络安全可靠性	2003 年日本就实现了“高速 Internet 用户 3000 万、超高速 Internet 用户 1000 万”的战略目标，基本完成电子商务、电子政务等制度建设，提前实现既定目标
	2006 年发布《IT 新改革战略》、2008 年发布《IT 新改革战略政策纲要》《IT 政策路线图（2008 年 6 月）》和 2009 年发布《面向数字新时代的新战略（三年紧急规划）》，实施 IT 立国战略，大力推动信息化发展，建立“高度信息通信网络社会”[1]	有力推进了日本信息社会的建设与发展，为信息产业发展创造了有利的政策环境

[1] 方爱乡．日本信息产业的发展与政策措施［J］．东北财经大学学报，2010，71（5）：64－69.

续表

国家	政策内容	政策效果
韩国❶	1983年，制订《半导体产业培育计划》，将信息产业的发展提升至战略高度	引导韩国国内许多企业涉足半导体领域
	1989年制订的《尖端产业五年发展计划》将导体产业作为经济发展的主导产业，在半导体、计算机通信技术和新媒体服务技术等领域进行了大量投资	韩国的信息产品（包括半导体、计算机、通信设施等）产值获得极大提高
	1996年，韩国政府制订了《促进信息化基本计划》和《促进信息化实施计划》，计划分三个阶段逐步发展信息产业。1999年，韩国政府又发表了《“网络韩国21世纪”计划》，并在全国范围内开通数字电视服务，同年还在国际上率先实现CDMA移动通信的商业化服务	2000年，韩国已经成为继美国、日本、德国后的第四大电子产品制造国
	2009年，韩国政府推出《IT韩国未来战略》，把信息整合、软件、主力信息、广播通信、互联网等5个领域确定为信息核心战略领域，并提出将促进信息产业与汽车、造船、航空等其他产业的融合	韩国信息产业出口额排名世界第五位，半导体、智能手机和信息化基础建设等关键领域已居世界前列
	2012年提出下一代信息完全专家培养计划，该计划旨在培养引领未来韩国信息安全技术和产业人才，强化对网络攻击的应对能力	在政策的支持下韩国培养了更多的信息安全技术和产业人才，为各企业注入了新鲜血液
德国❷	1999年制定了“21世纪信息社会的创新与工作机遇”纲要，该战略计划标志着首次规划了德国走向信息社会的蓝图	鼓励和推动了德国信息技术产业的发展
	2006年制定了“信息社会的行动纲领”，对德国“如何走向信息社会”和“如何走进信息社会”提出了明确的目标和措施；并通过与社会各界的合作，形成向信息社会转移的体制与机制	这些举措不仅加快了信息技术产业的发展速度，也提高了德国信息技术产业在国际上的影响和国际竞争力，从而保证了德国信息技术在欧洲的领先地位
	2011年，德国在《信息与通信技术战略：2015数字化德国》中明确指出下一步德国信息技术产业的主要发展目标、方向和领域，尤其重点在大数据、网络服务、3D技术以及云计算与物联网联合开发领域	德国ICT产品出口额达到6000亿美元，在德国，居民或是家庭的用网比例抑或基础设施如家用电脑的普及率，都有一个极高的发展
	2013年，德国政府就出台《德国2020高技术战略》，突出德国“工业4.0”战略发展计划要重点实现实体制造工业与信息技术的融合，打造智能化与个性化突出的德国制造业	德国在产业数字化方向实现了不断的调整升级

❶ 李淑华. 论韩国信息产业发展中的政府推进作用 [J]. 中国经贸导刊，2014，47 (3)：20－25.
❷ 马青. 德国信息技术产业发展研究 [D]. 大连：东北财经大学，2019：33－38.

1.2.2 国内政策环境

我国把包括计算机、通信和其他电子设备制造业在内的信息产业列为鼓励发展的战略性产业，为此连续颁布了若干鼓励扶持该产业发展的政策性文件。其中主要现行政策如表 1－2 所示❶。

表 1－2 国内政策解析

序号	部门	发布时间	文件名称	主要内容
1	国家标准化管理委员会、中央网信办、国家发展改革委、科技部、工业和信息化部	2020 年 8 月	《国家新一代人工智能标准体系建设指南》	到 2021 年，明确人工智能标准化顶层设计，研究标准体系建设和标准研制的总体规则，明确标准之间的关系，指导人工智能标准化工作的有序开展，完成关键通用技术、关键领域技术、伦理等 20 项以上重点标准的预研工作
2	工信部	2020 年 3 月	《工业和信息化部关于推动 5G 加快发展的通知》	从加快 5G 网络部署、丰富 5G 技术应用场景、持续加大 5G 技术研发力度、着力构建 5G 安全保障体系和加强组织实施五方面出发，推动 5G 网络加快发展
3	工业和信息化部	2018 年 12 月	《关于加快推进虚拟现实产业发展的指导意见》	提出突破关键核心技术、丰富产品有效供给、推进重点行业应用等六大重点任务
4	工信部	2017 年 12 月	《工业控制系统信息安全行动计划（2018—2020 年）》	提出加强防护技术研究，探索工业云、工业大数据等新兴应用的安全架构设计，开展工业互联网安全防护技术研究和创新加快“工业互联网”平台安全等急用先行标准的发布和应用

❶ 观研天下. 2019 年我国电子信息行业主管部门、主要法律法规及政策分析［EB/OL］.（2019－05－07）［2021－01－13］. http：//zhengce. chinabaogao. com/dianzi/2019/05J2035H019. html.

续表

序号	部门	发布时间	文件名称	主要内容
5	国务院	2017 年 11 月	《推进互联网协议第六版（IPv6）规模部署行动计划》	把握全球网络信息技术代际跃迁和网络基础设施演进升级的机遇，推进 IPv6 规模部署，加快网络设施和应用设施升级，构建自主技术体系和产业生态，实现互联网向 IPv6 演进升级，构建高速、移动、安全的新一代信息基础设施，促进互联网与经济社会深度融合
6	国务院	2017 年 11 月	《关于深化“互联网 + 先进制造业”发展工业互联网的指导意见》	提出加快建设和发展工业互联网，推动互联网、大数据、人工智能和实体经济深度融合，发展先进制造业，支持传统产业优化升级
7	国家发改委、商务部	2017 年 6 月	《外商投资产业指导目录（2017 年修订）》	将“第四代及后续移动通信系统手机、基站、核心网设备以及网络检测设备开发与制造”等列入鼓励外商投资产业目录
8	科技部	2017 年 4 月	《“十三五”先进制造技术领域科技创新专项规划》	强化制造核心基础件和智能制造关键基础技术，在增材制造、激光制造、智能机器人、智能成套装备、新型电子制造装备等领域掌握一批具有自主知识产权的核心关键技术与装备产品，实现制造业由大变强的跨越
9	国家发改委	2017 年 1 月	《战略性新兴产业重点产品和服务指导目录》（2016 版）	明确将新一代移动通信设备、云计算设备、新一代移动终端设备等列入战略性新兴产业重点产品目录
10	工信部	2017 年 1 月	《信息产业发展指南》	提出加快推进 5G 研发，突破 5G 核心关键技术，支持标准研发和技术验证，积极推动 5G 国际标准研制，启动 5G 商用服务。开展 5G 频谱规划，满足 5G 技术和业务发展需求，提升网络能力、业务应用创新能力和商用能力，加速推动试验网、试商用和商用网络建设步伐。大力开展 5G 应用示范，引导 5G 与车联网等行业应用融合发展，使我国成为 5G 技术、标准、产业及应用的领先国家之一

续表

序号	部门	发布时间	文件名称	主要内容
11	工信部	2017 年 1 月	《信息产业发展指南》	提出工业互联网是发展智能制造的关键基础设施。主要任务包括充分利用已有创新资源，在工业互联网领域布局建设若干创新中心，开展关键共性技术研发和产业化示范；依托优势骨干企业，建设和完善工业互联网产业链；加紧制定实施工业互联网安全等领域的部门规章和规范性文件等
12	工信部、财政部	2016 年 12 月	《智能制造发展规划（2016—2020 年）》	提出统筹整合优势资源，针对制造业薄弱与关键环节，系统部署工业互联网建设，推进智能制造发展。在工业互联网等重点领域，以系统解决方案供应商、装备制造商与用户联合的模式，集成开发一批重大成套装备，推进工程应用和产业化等
13	国务院	2016 年 11 月	《“十三五”国家战略性新兴产业发展规划》	提出加快第四代移动通信（4G）网络建设，实现城镇及人口密集行政村深度覆盖和广域连续覆盖。在热点公共区域推广免费高速无线局域网。大力推进第五代移动通信（5G）联合研发、试验和预商用试点
14	工信部	2016 年 10 月	《信息化和工业化融合发展规划（2016—2020 年）》	提出以激发制造业创新活力、发展潜力和转型动力为主线，大力促进信息化和工业化深度融合发展，不断提升中国制造全球竞争优势，推动制造强国建设
15	国务院	2016 年 5 月	《关于深化制造业与互联网融合发展的指导意见》	提出以建设制造业与互联网融合“双创”平台为抓手，围绕制造业与互联网融合关键环节，积极培育新模式新业态，充分释放“互联网＋”的力量，加快推动“中国制造”提质增效升级，实现从工业大国向工业强国迈进

续表

序号	部门	发布时间	文件名称	主要内容
16	全国人大	2016 年 3 月	《中华人民共和国国民经济和社会发展第十三个五年规划纲要》	提出促进制造业朝高端、智能、绿色、服务方向发展，培育制造业竞争新优势
17	国务院	2015 年 5 月	《中国制造 2025》	提出强化工业基础能力；鼓励推动核心信息电信设备体系化发展与规模化应用
18	国家发改委等五部委	2011 年 6 月	《当前优先发展的高技术产业化重点领域指南》（2011 年度）	鼓励发展适用于下一代高速宽带信息网和三网融合应用的网络产品，能够提供端到端服务质量、支持多功能多业务、安全的网络技术及设备，新一代移动通信系统（含移动互联网）的网络设备、智能终端
19	国务院	2009 年 4 月	《电子信息产业调整和振兴规划》	将计算机、电信设备列入电子信息产业调整和振兴的重点领域，明确指出要加速电信设备制造业大发展，推进产品和服务的融合创新，以规模应用促进电信设备制造业发展
20	国家发改委、科技部、商务部、国家知识产权局	2007 年 1 月	《当前优先发展的高技术产业化重点领域指南（2007 年度）》	提出将精密零部件成套加工技术，精密成形加工技术（如精密铸造、精密锻压、超塑性成形、精密焊接）等作为先进制造十八项技术中重点发展的技术之一
21	国务院	2006 年 2 月	《国家中长期科学和技术发展规划纲要（2006—2020 年）》	提出重点突破极端制造、系统集成和协同技术、智能制造与应用技术、成套装备与系统的设计验证技术、基于高可靠性的大型复杂系统和装备的系统设计技术

近年来，多项政策的出台，促使中国电子信息产业迅速发展，成果十分显著。2020 年，工信部发布的《2019 年中国电子信息制造业综合发展指数报告》指出，我国电子信息制造业在长期发展中，形成产业链相对完整等方面

的相对竞争优势，并开始逐步突破技术门槛，市场份额和产业地位不断提升。作为全球消费电子制造中心，我国手机、计算机和彩电产量已占全球总产量的90%、90%和70%以上，同时2018年通信系统设备制造业收入同比增长14.6%，比全球同类行业收入增速（下降1.1%）高15.7个百分点，集成电路产业销售额同比增长20.7%，比全球半导体市场销售额增速（15.9%）高4.8个百分点。

电子信息制造业投资占制造业比指标得分为150.58，其上升幅度近三年连续保持在9个分值以上。2018年，电子信息制造业固定资产投资增长16.6%，快于整体制造业投资增速7.1个百分点，在制造业固定资产投资中占比提升0.6个百分点。电子器件制造、电子元件及电子专用材料制造和通信设备制造领域三个细分行业投资规模最大，占全行业投资近一半，其中前两个领域投资增长最快，增速分别达到37.8%和44.9%。行业固定资产投资方向表现出聚焦产业技术升级的新特点，其中电子器件领域最典型，12英寸晶圆厂是目前最先进的集成电路产线，2018年我国新投产和扩产扩建的12英寸产线有11条，总投资超过4400亿元，是电子器件固定资产投资的主要组成部分。❶

1.2.3　山东省内政策环境

表1－3为山东省内政策环境解析，具体来说，自《山东省电子信息产业调整振兴规划》出台以来，2009年1～8月山东省电子信息产业统计规模以上企业2221家。按企业全球经营数字统计，实现主营业务收入4150.49亿元。按在地原则和规模以上统计，实现主营业务收入3548.51亿元，同比增长15.27%，比上月增幅提高1.09个百分点；实现利润165.48亿元，同比增长21.93%，比上月增幅提高5.03个百分点；实现利税259.43亿元，同比增长21.71%，比上月增幅提高2.45个百分点。❷

❶ 工业和信息化部．2019年中国电子信息制造业综合发展指数报告［R］．

❷ 2009年1～8月份山东省电子信息产业经济运行情况通报［J］．信息技术与信息化，2009（5）．

表1-3 山东省内政策环境

发布时间	文件名称	内容
2020年1月	《加快推动软件产业高质量发展的实施意见》	着眼未来趋势和技术前沿，培育云计算、大数据、工业互联网等平台体系，发展小程序、快应用等轻量化移动互联网平台，培育平台经济等新业态和新模式
2019年11月	《山东省推进5G产业发展实施方案》	加快推动碳化硅、氮化镓等5G关键环节材料的研发和产业化，打造全球领先的宽禁带半导体产业高地。加强5G芯片、天线、光纤光缆、射频模块、功率器件、传感器等基础器件的核心关键技术研发和产业化
2019年8月	《山东省支持数字经济发展的意见》	大力发展智能制造装备和产品，支持工业机器人、核心工业软件、传感器等发展，加快智能工厂、智能车间建设
2018年11月	《山东省人民政府关于印发山东省新一代信息技术产业专项规划（2018—2022年）》	大力推进大数据产业发展，加速数据聚合应用、互联互通，创新技术服务模式，打造技术先进、生态完备的产品体系；提升集成电路产业发展水平，照“先两头（设计、封装测试）、后中间（制造）”的发展思路，巩固材料环节优势，壮大设计、封装测试环节，全力突破制造环节，打造集成电路“强芯”工程，形成集成电路材料、设计、制造、封装、应用的完整产业体系
2018年2月	《山东省新旧动能转换重大工程实施规划》	云计算、物联网、大数据、移动互联网等新一代信息技术迅猛发展，新能源、新材料、现代海洋等产业快速成长
2017年3月	《山东省“十三五”战略性新兴产业发展规划》	紧跟网络强国、“互联网+”、大数据等国家战略，重点推进网络基础设施、高端整机、核心应用软件、物联网等核心技术的开发、应用及产业化，推动新一代信息技术产业相关领域协同跨越发展，打造互联、融合、智能、安全的信息技术产业体系，全方位拓展网络经济新空间
2015年7月	《山东省“互联网+”发展意见》	推进“互联网+传统产业”，创新经济转型新路径；发展“互联网+新兴产业”，培育经济新业态

续表

发布时间	文件名称	内 容
2011 年 6 月	《山东省集成电路产业“十二五”发展规划》	加快完善集成电路公共服务平台建设，加快集成电路设计中心和设计基地建设，加快推动集成电路生产线建设，积极发展封装测试业，积极发展封装测试业
2011 年 6 月	《工业转方式调结构 1000 个重点技术改造项目》	加强新材料、新医药、新一代信息产业、节能环保、高端装备制造等新兴产业项目 556 项项目管理，提升投资质量
2009 年 4 月	《山东省电子信息产业调整振兴规划》	加快推进应用电子产业发展。加快实施软件及计算机信息系统集成产业、半导体照明、集成电路、新型电子元器件等重点发展项目

自《工业转方式调结构1000个重点技术改造项目》和《山东省集成电路产业“十二五”发展规划》发布以来，2011 年 1 ~8 月，山东省电子信息产业（制造业、软件业）规模以上企业 2949 家；按企业全球经营数字统计，实现主营业务收入 5852. 46 亿元；按在地原则统计，实现主营业务收入 5228. 46 亿元，同比增长 24. 07%；实现利润 265. 72 亿元，同比增长 21. 89%；实现利税 359. 62 亿元，同比增长 20. 4%。山东省电子信息制造业规模以上企业 1342 家，按在地原则统计，实现主营业务收入 4412. 28 亿元，同比增长 20. 82%，电子器件增长较快，其中电子元件产量同比增长 10. 23%；半导体分立器件产量同比增长 4. 22%。数据处理和运营服务收入 80. 9 亿元，同比增长 88. 7%；嵌入式系统软件收入 140. 54 亿元，同比增长 47. 7%；信息系统集成服务收入 170. 49 亿元，同比增长 45. 9%。IC 设计收入 4. 52 亿元，同比增长 43. 1%。[1]

自《山东省新旧动能转换重大工程实施规划》发布以来，2018 年山东省规模以上工业增加值增长约为 5. 5%；信息技术产业主营业务收入约为 1 万亿元，增长约为 7%，其中新一代信息技术产业同比增长 6%，软件和信息技术服务业收入 4800 亿元，增长 14%左右。大数据、云计算、工业互联网等新技术的广泛应用带动了软件业快速发展，济南、济宁等产业融合新区上升势头明

[1] 2011 年 1 ~8 月份山东省电子信息产业经济指标完成情况 [J]. 信息技术与信息化，2011 (5).

显；集成电路、服务器等技术密集型高附加值产品产量持续高速增长，成为信息技术制造业新驱动。❶

通过《山东省支持数字经济发展的意见》和《山东省推进5G产业发展实施方案》的实施，2019年，全省完成全部工业增加值2.3万亿元，总量占全国的7.2%，营业收入占全国比重10%以上的大类行业有10个，5%以上的有29个，2020年有14个县（市）、11个区入围中国工业百强县（市）和百强区；市场主体实力显著增强，全省市场主体数量达到1170.9万户，其中规模以上工业企业26363户，青岛海尔、滨州魏桥2家企业进入世界500强，83家企业上榜中国制造业500强，高新技术企业达到1.15万家，比2015年年末增长近2倍。技术创新能力加快提升，累计培育国家技术创新示范企业53家，国家工业设计中心24家，培育省级制造业创新中心15家，认定“一企一技术”研发中心1581家，2020年高新技术产业产值占工业总产值比重可达45%左右；数字赋能形成先发优势，累计开通5G基站5.1万个，实现全省16市城区5G网络全覆盖，全省软件产业综合实力跻身国内第一梯队，济南、青岛被命名为“中国软件名城”，“云行齐鲁”企业上云行动推动上云企业超过22.6万家，实施“现代优势产业集群+人工智能”试点示范项目370个。在《中国智能化发展指数报告（2019）》中，山东智能化发展指数为67.20，居全国第六，其中智能制造指数则居全国首位。

2020年1～10月，山东省规模以上工业实施500万元以上技改项目9558个，技改投资增长10.5%，其中制造业技改投资增长10.3%，计算机通信和其他电子设备制造增长36.3%。新一代信息技术、高端装备、新材料、高端化工四大产业领域一批带动力强的新项目相继落地实施。❷

1.2.4 临沂市政策环境

表1-4为临沂市电子信息产业相关政策文件解析，具体来说，《临沂市国民经济和社会发展第十二个五年规划纲要》发布后，根据《2011年1～8月份山东省电子信息产业经济指标完成情况》，2011年上半年临沂市电子信息制造

❶ 王万良. 2018年山东省信息技术产业运行报告［R］.

❷ 山东省工业和信息化厅. 辉煌“十三五”丨山东制造业较快增长拐点初显［EB/OL］.（2020-12-16）［2021-01-13］. http://sdenews.com/html/2020/12/306186.shtml.

业主营业务收入增幅超过全省平均增幅，临沂的利润增长超过60.15%，超过全省平均水平。同时软件业务也高于全省增速。

表1-4 临沂市政策解析

发布时间	文件名称	内 容
2011年3月	《临沂市国民经济和社会发展第十二个五年规划纲要》	以临沂经济技术开发区信息产业园为载体，大力发展管理软件、行业应用软件、嵌入式软件、系统集成软件和网络增值服务等相关产业
2016年3月	《临沂市国民经济和社会发展第十三个五年规划纲要》	发展电子信息、新能源汽车、新材料、生物医药、装备制造和科技服务产业。打造全市科技创新高地，完善创新创业环境，牢牢抓住高端人才、核心技术、新型业态等高端要素，成为助推临沂争创国家级创新型城市的主力军
2017年12月	《临沂市人民政府关于助推新旧动能转换进一步做好就业创业工作的实施意见》	大力发展新兴业态，推动平台经济、众包经济、分享经济等创新发展，不断拓展就业新领域。以新一代信息和网络技术为支撑，加强技术集成和商业模式创新
2019年11月	《关于加快推进5G通信网络基础设施建设的实施意见》	加强5G基础设施建设规划，推进资源开放利用，大力推进智慧杆建设，推进重点区域场所通信网络覆盖，加大电力保障。在远程医疗、智慧安防、智慧物流、智慧工厂、智慧园区、车联网、AR/VR等典型领域，打造一批5G行业应用示范标杆项目
2019年12月	《临沂市“十优”产业规划（2019~2025年）》	依托高新区电子信息产业园、郯城高科技电子产业园，支持现有电子元器件企业将产品向微型化、低功耗、宽频化、集成化和绿色环保方向发展，向终端产品发展，形成上下游配套、比较完整的产业链，将产业做大做强
2020年5月	《关于开展临沂市工业企业技术改造三年行动（2020—2022年）的实施意见》	支持引导工业企业采用智能装备与先进工艺、智能机器人、新一代信息技术开展智能化技术改造，优化工艺技术流程，提高劳动生产率和产品优质率

《临沂市国民经济和社会发展第十三个五年规划纲要》发布后，《张术平同志在临沂市第十九届人民代表大会第一次会议上的政府工作报告》指出，2017 年临沂市工业总产值年均增长 10.8%，成为山东省第 6 个、全国第 29 个工业产值过万亿元的地级市；战略性新兴产业、高新技术产业产值年均分别增长 13.4% 和 18.2%；经济技术开发区和蒙阴县、临沭县成功创建全国知名品牌示范区，数量居全国地级市首位。新旧动能转换加快，高新技术产业产值占比提高到 28.5%。

《临沂市人民政府关于助推新旧动能转换进一步做好就业创业工作的实施意见》发布后，临沂市工信局的《2018 年上半年全市工业经济运行情况》显示，2018 年上半年临沂市规模以上工业企业增加值增长 7%，实现主营业务收入 4923.5 亿元，增长 10.7%；实现利润 266.3 亿元，增长 17.4%。新兴产业增势强劲，高端装备制造、新医药、新材料、新信息、新能源等新兴产业完成产值 1011.2 亿元，增长 21%；传统产业平稳增长，八大传统产业完成工业总产值 4080.3 亿元，同比增长 11.9%，对全市工业产值的贡献率达 84.4%。

在《关于加快推进 5G 通信网络基础设施建设的实施意见》和《临沂市“十优”产业规划（2019～2025 年）》的影响下，《2020 年临沂市第十九届人民代表大会第五次会议政府工作报告》显示，2019 年临沂市生产总值增长 3%，新增高新技术企业 99 家，信息技术、软件等“四新”经济增加值占比提高 4 个百分点，高新技术企业净增 164 家。2020 年 1～5 月，全市规模以上工业增加值增速高于全国 4.5 个百分点，高于全省 3.4 个百分点，一般公共预算收入增速高于全省 5.2 个百分点，进出口总额增速高于全国 14.8 个百分点，高于全省 13.3 个百分点，固定资产投资增速高于全国 5.9 个百分点。

1.3 技术现状分析

1.3.1 全球现状

电子信息产业是指为了实现制作、加工、处理、传播或接收信息等功能或目的，利用电子技术和信息技术所从事的与电子信息产品相关的设备生产、硬件制造、系统集成、软件开发以及应用服务等作业过程的集合。新一代信息技术与传统制造业的结合，为制造业发展提供了新动能，互联网、移动互联网的普及，以云计算、大数据为代表的规模经济的出现，催生了大量新兴服务与新业态。电子信息产业的发展和转型升级是美国多项国家级重大战略和计划的关键，无线通信与雷达、电子数据处理、电子元器件等行业保持迅猛发展。[1]

在全球电子信息产业的竞争格局上，美国、日本、欧洲、韩国等处于第一梯队，在核心技术、中高端产品、品牌上占据优势地位。尤其是美国的软件和集成电路行业长期占据产业的顶端，操作系统、数据库、开发工具等核心软件在全球市场的占有率高达 80%，通用处理器、高端网络芯片、高端模拟芯片和可编程逻辑芯片、半导体加工设备等集成电路产品和设备在全球市场居于领先地位。欧洲有一批实力雄厚的大企业，西门子、飞利浦、诺基亚、爱立信、意法半导体在工业控制、家电、医疗、通信、半导体行业的排名位居前列。日本在家电、通信、计算机、平板显示器、半导体等行业均有比较完整的产业配套体系，尤以材料工业见长。韩国组建了以三星、LG 为核心的大企业财团，半导体、平板显示器、通信产品等具有很强的竞争力，产品线之间可形成互补和支撑。

国际电子信息产业面临新趋势，以计算机、视听等低附加值、低技术含量的整机加工制造产业的步伐已经逐渐放缓，以集成电路、新型显示器件、关键元器件、专用设备为代表的技术和密集型产业全球转移的步伐逐渐加快。美国、日本、西欧等发达国家和地区在电子信息产业的市场份额开始下调，而中国等新型经济体的市场份额逐步扩大，整体上仍以美国、日本、中国为主导。[2] 2019 年，全球集成电路的销售额在半导体领域略有下降，是由于物联网等新兴应用场景的发展初期，对半导体分离器件、半导体光电器件、半导体敏感器件等产品的需求更大。同时智能终端创新步伐放缓，使得存储器等集成电路产品的需求增速下降。[3]

数据显示，中国电子信息产业规模巨大，但实际上存在许多弊端，比如没

---

[1] 陶于祥. 全球电子信息制造业发展趋势与经验借鉴［J］. 重庆邮电大学学报，2018，30（1）：89－95.

[2] 黄咏梅，史一哲. 全球电子信息产业的发展趋势分析［J］. 全球化，2012，7（10）：42－45.

[3] 游子安，李鹏飞. 全球集成电路产业发展分析与展望［J］. 海外投资与出口信贷，2020（1）：38－42.

有形成规模性效应，缺少核心技术而致使国际竞争力不高。而美国在高端电子产品生产居世界首位。同时，在欧洲有一批企业级电信产品生产的大企业，如德国的紧密仪器、英国的通信设备等。日本、韩国则在智能终端元器件、LED显示屏等产品占有着绝大多数的市场。❶

美国在电子信息产业前沿领域具有广泛优势，拥有大批世界知名品牌，掌握一流的系统集成技术。例如，美国在以集成电路设计与制造、元器件、半导体工艺、封装测试等技术为代表的基础技术方面一直走在世界的最前沿，汇集了包括英特尔（Intel）、高通、美国超威半导体公司（AMD）、德州仪器（TI）等一大批巨头企业，为美国电子信息产业的持续、快速发展，掌握核心竞争力提供了坚实的基础。美国半导体分立器件目前居于全球领先地位，拥有一大批如德州仪器、国际整流器公司、达尔科技、仙童半导体公司、安森美半导体、威世等拥有绝对影响力的分立器件制造商。同时在以操作系统、搜索、社交网络、数据库等为代表的软件技术、网络技术等领域保持领先优势，汇集了微软、谷歌、脸书（Facebook）等现代软件和网络公司，产品技术过硬、种类丰富，为美国电子信息产业高附加值提供了持续的保障。同时，作为大数据产业的发祥地，美国在20世纪80年代率先提出了“大数据”的概念，随着大数据技术研究和应用的迅速发展，2012年美国政府将促进大数据产业发展上升为最高国策，将其视为“未来的新石油”。大数据以爆炸式的发展速度迅速蔓延至全球各行各业。❷

日本在当今全球电子信息产业中处于核心圈内和产业链的高端位置，在无源元件（电容、电阻、电感、晶振等）、精密光学仪器和元件、新型平板显示、数码产品、汽车电子、家电以及半导体等领域处于世界领先地位，索尼、松下、东芝、佳能等国际知名企业形成了日本电子信息产业的战斗团队。消费电子设备受中国、美国等移动终端企业冲击，产值较低。日本也是全球半导体分立器件厂商主力国，主要有东芝、瑞萨、罗姆、富士电机等半导体厂商，日本厂商在半导体分立器件方面具有较强竞争力且厂家众多，但很多厂商的核心

---

❶ 郭佳冰．基于中美日韩四国电子信息产业国际竞争力的研究［D］．天津：天津大学，2015：9－16．

❷ 汪晓文，曲思宇，张云晟．中、日、美大数据产业的竞争优势比较与启示［J］．图书与情报，2016（3）：67－74．

业务并非半导体分立器件，从整体市场份额来看，日本厂商落后于美国厂商。❶ 目前的大多数磁性材料都是由日本发明并实现产业化的，因此日本有着传统优势，中高端产品和技术掌握在日本手中。日本有 60 多家企业从事磁性材料的研发和生产，其中东京电气化学工业株式会社（TDK）是全球磁性材料生产历史最长且品种最多的企业，铁氧软磁和永磁技术长期走在世界最前端，是磁性材料领域的龙头。❷

在韩国，电子信息产业举足轻重，已经成为国民经济的支柱性产业。近年来，全球市场中韩国的份额越来越大，竞争力也越来越强，尤其是在硬件产品领域，扮演着重要的角色。三星（Samsung）、LG 等世界知名企业以及韩国国内大批电子信息中小型企业带动了韩国的电子信息产业发展。韩国电子信息产业生产规模庞大，在满足国内市场需求的同时，产品还在国际拥有巨大的市场。韩国在世界电子信息产品的特点为硬件产品强势，比如智能手机、计算机等。

欧洲主要有英飞凌、恩智浦半导体有限公司（NXP）、意法半导体等全球知名半导体厂商，产品线齐全，无论是 IC 还是分立器件都具有领先实力。从市场客户分布来看，亚太地区也是欧洲厂商最大的应用市场，其次是欧洲市场。其中德国是欧洲最大的信息和通信技术（ICT）产品与服务的出口国，信息和通信技术产业服务出口年收入超过 1000 亿美元。德国也在顺应时代的潮流，促进工业制造业、能源产业等各种传统产业、新兴产业与电子信息技术的融合，提高产业融合度和各类高新技术产业的竞争力，促进现代信息产业的发展，实现人工智能、电子仪器的跨越式发展。

1.3.2　国内现状

电子信息制造业有着低消耗、无污染、研发快、高增值等特点，吸引着一大批人的目光，大力发展电子信息制造业，加速国民经济的稳步提高，是我国实现后发赶超，追求跨越式发展的重要途径。并且随着当下以家用电器类产品、电子类产品以及手机等智能终端类产品的迸发式发展，极大地带动了电子

---

❶ 半导体分立器件市场分析：中国话语权正在提升［J］. 半导体信息，2017（1）：29－33.

❷ 车声雷. 磁性材料产业的现状和今后的发展［J］. 第五届全国高性能软磁、永磁材料及应用研讨会，2014（9）：1－5.

制造业的飞速发展。2020 年 1～10 月，规模以上电子信息制造业增加值同比增长6.9%，比上半年提速1.2 个百分点，比上月累计增速下滑0.3 个百分点；10 月当月增加值环比下滑 3 个百分点，降至5%。❶

面对复杂多变的国内外竞争形势，我国电子信息产业稳中求进，不断发展新的增长点，转变产业结构，优化产品市场，使得电子信息产业在同类产业中高于平均水平的发展速度，通过网络化带来的不断扩大的市场，在经济结构中扮演着越来越重要的角色。作为世界第二大经济体，我国已经成为电子信息产品的主要生产与出口国家之一。我国的电子信息产业的进步主要表现为：（1）产业规模逐渐扩大，国际地位日趋稳固。（2）创新能力不断增强、知识产权保护逐步改善。（3）外贸增速高位趋稳，出口结构持续优化。（4）信息化与工业化融合，云计算、大数据的应用加深。❷

我国在全球电子信息产业中有日益重要的地位，特别是在消费电子领域，我国是全球最大的消费电子产品生产国、消费国和出口国。集成电路是高度依赖于下游终端设备拉动需求的中间投入品，因此我国在电子信息产品生产方面巨大的规模优势，会让国内集成电路企业通过“干中学”来促进学习曲线迅速下移，从而不断提升国际市场竞争力。此外，我国是推动大数据、物联网、云计算、人工智能、智慧城市等新兴应用场景力度最大的国家之一，在 5G + 万物互联（IoT）+ 人工智能（AI）大潮扑面而来的背景下，我国集成电路企业面临在部分前沿领域率先实现技术和产品创新的难得机遇。在中美贸易摩擦尚未得到根本性解决的背景下，我国集成电路市场的优势将会更快地转化为产业优势。

我国大数据产业仍处于起步阶段，数字化数据资源总量偏低且数据开放程度较低，但国内市场规模快速增长，已经初步形成由互联网企业（以百度、阿里、腾讯等为代表）、传统 IT 厂商（以华为、联想、曙光等为代表）、大数据企业（以亿赞普、拓尔思、海量数据、九次方等为代表）共同组成的市场供给关系。目前，国内大数据已被广泛应用到政府公共管理、金融、交通、零售、医疗、工业制造等领域，并催生出万亿级产业。随着大数据应用范围的不

---

❶ 2020 年中国电子信息制造业发展情况及未来发展前景分析，中国产业信息网，[EB/0L]，[2020 年 12 月 16 日]，http：//chyxx. com/industry/202012/916935. html.

❷ 赵杰，李晓燕，董琛. 我国电子信息产业发展态势及对策研究［J］. 山西科技，2017，32（1）：73－76.

断扩大，大数据所形成的价值将不断提升。[1]

但是我国电子信息产业的发展受到跨国公司的制约，跨国公司在全球电子信息技术中处于主导地位，通常采用独资的形式达到控制核心技术的目的，我国电子信息技术行业在竞争中由于自身条件等原因，仅涉及电子制造、通信产品制造、计算机组装等内容，对于技术的研发以及制造的创新能力较弱，只能够凭借提供的廉价劳动力在世界范围内站稳脚跟。核心技术依赖外资企业或者进口设备，自主创新能力弱。[2]

目前，我国电子信息产业的总体结构存在一定的问题，我国电子信息产业内诸如华为、联想、中兴等大型龙头企业较少，以中小企业为主。根据创新经济学理论，新技术的产生路径是，大企业首先进行新产品的创新、开发和生产制造，然后中小企业进行模仿、改进、消化、吸收和再创新，由于进行创新的大企业数量少，导致整个产业内新技术的改造和升级数量和频率较少，具有自主知识产权的新技术、新产品不多，真正的核心技术仍掌握在发达国家手中，我国企业多是依靠进口。究其原因，一方面，电子信息产业进行创新的动力不足，山寨产品较多；另一方面，我国研发经费的短缺也造成了这种现象。这种现象一旦形成恶性循环，将会严重制约我国整个电子信息产业的发展。[3]

1.3.3　山东现状

山东位于环渤海地区，处于东北亚地区中心地带，邻近日本、韩国，各种产业资源在此高效整合和交汇。在视听产业领域具有较强实力，培育了海尔、海信等优秀本土品牌企业。[4]在软件和信息技术服务业方面，山东也居于成长创新指数全国前三位，在创新能力、新业态发展、大企业培育、产业集聚以及国际化方面综合实力较强。2010 年，为加快山东省集成电路产业发展，中国信息通信研究院管理中心就牵头成立了山东省集成电路设计产业技术创新战略联盟，聚集了 30 家企业协同创新，形成了覆盖 EDA 设计工具、集成电路设计、封装测试、系统应用等各个环节的产业链条，有效实现了整合现有资源，

[1] 方申国，谢楠．国内外大数据产业发展现状与趋势研究［J］．信息化建设，2017（6）：30－33．

[2] 张义伟．我国电子信息产业发展环境分析［J］．南方论坛，2019（8）：1－2．

[3] 朱磊．我国电子信息产业国际竞争力研究［D］．北京：对外经济贸易大学，2015：11－25．

[4] 冯明．我国电子信息产业国际化问题研究［D］．北京：首都经济贸易大学，2014：70－77．

形成资源共享、优势互补，产业快速发展的局面。❶山东省在加强基础电子信息技术研究的同时，省政府还大力扶持和鼓励中小型企业的创新，推动海尔、浪潮、歌尔等集团不断做大做强。近几年，在政府的政策支持下，企业和科研院所的大力投入，使得山东省电子信息领域的专利申请量快速上升，居于全国前列。❷目前山东智能制造的整体水平与江浙沪一带仍有差距，很多企业还是靠“大”支撑，其创新性和灵活性不足。

1.3.4 临沂市电子信息产业现状及主要问题

2019 年 12 月 31 日，临沂市人民政府关于印发《临沂市“十优”产业规划（2019—2025 年)》的通知中提到，2018 年，全市信息通信技术产业共有规模以上企业 65 家，其中亿元以上企业 13 家，实现产值（收入）102 亿元。其中，电子信息产品制造业列入统计的规模以上企业 30 家，实现产值 27.5 亿元。主要产品有触控屏、晶体管、连接器、陶瓷电容、电感等电子元器件、磁性材料及计算机外设、半导体照明、汽车电子、医疗电子等。软件和信息技术服务业有规模以上企业 35 家，实现利润 19.5 亿元，主要涉及智慧教育、智慧物流、数据管理、服务外包等领域。

通过实地考察及专利文献分析，目前临沂市电子信息产业面临的主要问题有以下几点。

（1）专利密集型的大型企业数量少，专利申请分散，未针对企业或行业的具体发展情况进行深入挖掘和分析，无法形成有效专利布局。

（2）多数企业的主打产品集中在技术较为成熟的传统产品，处于产业链的中下游，产品缺乏市场主导能力。技术研发能力较弱，创新能力不足，专利数量较少，品牌建设重视不够，对市场缺乏专利技术控制力和品牌影响力。比如，临沂市虽然处在磁性材料及磁性元件产业的上游方向上，产量居亚洲首位，但仍然以传统产品制造和生产为主，而在新一代磁性元件材料及相关产业上，磁性元件传感器相关的磁性薄膜材料、磁致伸缩材料方面仍然存在较大的提高空间，进行保量提质、转换发展动能方面，还有待进一步转型升级，以保

---

❶ 刘梅梅. 山东电子信息产业正以创新优势追赶超［EB/OL］.（2017-08-15）［2021-01-13］. http://www.cxsdw.com/content-1-10401-1.html.

❷ 北京国睿中晟知识产权咨询有限公司. 山东省电子信息技术产业专利分析报告［M/OL］.（2018-10-10）［2021-01-13］. https://www.doc88.com/p-9119144415990.html.

障产业持续健康发展的需求。

（3）企业产学研结合较弱，联合研发及联合申请专利较少，不利于加快开发进度、减少研发投入、降低创新风险，在技术引进、转化和落地实施方面还有相当大的发展空间。

（4）临沂市近年来着力发展电子元件等技术领域。临沂海纳电子、龙立电子等企业在电连接器领域已经独占鳌头。政府扶持、技术引进、强强联手，是临沂市探索出的一条适合自身特点的发展途径。临沂市在集成电路模块封装、电子元件领域的专利申请尚可，但在载带制造、芯片设计领域的专利申请则是空白。可见，临沂市在集成电路的技术研发集中在模块封装、电子元件这两个集成电路的下游技术领域，而在载带制造、芯片设计这两个技术领域的研发能力明显不足。

（5）临沂市磁性材料及相关元件领域创新主体产业主要集中在磁性材料方向，没有磁性传感器/芯片进行研发的创新主体。由此可知，临沂市主要集中在磁性原材料的生产，材料的高端应用研究较薄弱，专利申请数量和创新能力明显不足。临沂磁性材料及元件产业龙头企业专利技术与该行业的国内龙头企业相比，有效专利数量明显不足，仅在材料和元件有专利申请，在产业链大部分的核心技术和应用均未有专利布局，暂时没有可以与国内外龙头企业相抗衡的优势企业。反观国内外的龙头企业，在磁性材料、磁性元件、传感器/芯片等产业链各环节，均布局了较多专利，临沂市企业应加强专利侵权预警分析，规避产品专利侵权风险。

（6）全球半导体分立器件行业整体上呈现蓬勃发展态势，专利技术发展重点均集中在 MOSFET 和 IGBT 器件，新型的 RC－IGBT、RB－IGBT 以及超结 IGBT 是未来的主要发展方向。临沂市的专利申请主要布局在二极管等方向，与全球热点主流趋势及热点方向有差别。

1.4 项目分解依据

项目组成员根据资料调研、会议座谈、实地调研三者结合的方式得出最贴合临沂市电子信息产业的分析领域。

1.4.1 资料调研

1.4.1.1 初步框架

目前，电子信息应用广泛，几乎融入人们生活的各个层面，人们的生产生活已经离不开电子信息技术。电子信息产业内涵非常丰富，包括微电子、光电子、软件、计算机、通信、网络、消费电子以及信息服务业等众多领域，但每个领域几乎都涉及设备、软件和服务业三大部分。

由中华人民共和国工业和信息化部制定，中华人民共和国国家统计局批准的《电子信息制造业统计报表制度》（2017—2018）中点明《电子信息产业行业分类目录》，经资料查证，并与临沂市实际情况初步检索得如图 1 –1 所示框架分支。

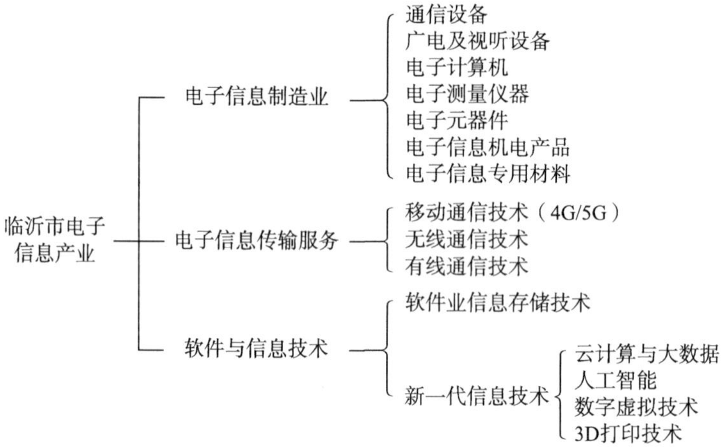

图 1 –1 框架分支

1.4.1.2 相关企业

采取以下两种方式得出临沂市电子信息重点企业名单：一是通过初步检索临沂市内专利得出相关企业专利情况，然后进行筛选得出重点企业；二是查找临沂市相关政策及新闻报告中提到的重点企业名录。对于市内企业未涉及的分支选取相关领域龙头企业为例，相关成果如表 1 –5 所示。

表 1－5　企业—分支分类统计

一级	二级	三级	相关企业
电子信息制造业	电子元器件		发光器件：山东浪潮华光照明有限公司、山东飞光达光电技术有限公司； 电连接器：临沂市海纳电子有限公司、山东龙立电子有限公司、临沂市亿通电子有限公司、临沂市国连电子有限公司； 磁性材料及变压器（电感器）：山东中瑞电子股份有限公司、山东凯通电子有限公司、临沂春光磁业有限公司（磁性材料）、临沂正上电子科技有限公司、临沂市乐盈电子科技有限公司（电感器）、山东鲁磁电子有限公司（磁性材料及变压器）、山东特恩思电子有限公司（电感线圈）； 电容器：山东同方鲁颖电子有限公司（电容器、电感器）、临沂金成电子有限公司； 光通信、光电子器件和激光晶体：山东新光量子科技股份有限公司； 电子功能陶瓷、电真空管、电子元器件：山东临沂临虹无机材料有限公司； 电子器件－电子真空器件（点光源）：山东广达源照明电器有限公司； 半导体分立器件：山东沂光电子股份有限公司、山东沂光集成电路有限公司（集成电路、半导体分立器件）、山东元捷电子科技有限公司、临沂金霖电子有限公司、山东科宝电子有限公司； 电子敏感元件及传感器：临沂科锐电子有限公司［脉冲抑制器（有一个相关专利）］
	电子计算机		终端显示设备－触控屏：临沂长弓电子有限公司 显示屏：山东汉华光电科技有限公司
	电子测量仪器		水表、电表：山东信友电器有限公司、山东宏卡电子科技有限公司、临沂市浪淘水表有限公司、山东江花水表有限公司、山东冠翔仪表有限公司、高翔水表有限公司、临沂汇泉仪表有限公司； 汽车用电子仪器制造：临沂科锐电子有限公司； 应用电子仪器制造（环境监测）：山东润通科技有限公司
	通信设备		该领域临沂大部分为批发零售企业； 该领域龙头企业：苹果、三星、华为、爱立信、西门子、中兴通讯、中天科技、亨通光电、烽火通信、凯乐科技等

续表

一级	二级	三级	相关企业
电子信息制造业	广电及视听设备		该领域龙头企业：美国博通公司、索尼、松下、飞利浦、三洋； 歌尔声学股份有限公司、深圳市同洲电子股份有限公司、摩比天线技术深圳有限公司、四川汇源科技发展股份有限公司、江苏银河电子股份有限公司、郴州高斯贝尔数码科技有限公司、苏州上声电子有限公司、浙江大立科技有限公司、佑图物理应用科技发展（武汉）有限公司
	电子信息机电产品		电子电线电缆：友光电线电缆有限公司、莒南县美达电力实业有限公司、山东中迈电缆有限公司； 电池：临沂华太电池有限公司
	电子信息专用材料		半导体材料制造－铜箔：山东金盛源电子材料有限公司
电子信息传输服务	移动通信技术（4G/5G）		龙头企业：移动、联通、电信、华为、中兴、爱立信
	无线通信技术		龙头企业：吴通通讯、烽火通信、三维通信、盛路通信
	有线通信技术		龙头企业：电信科学技术第五研究所有限公司
软件与信息技术	软件业		山东同其智能科技有限公司、山东阿帕网络技术有限公司、临沂市拓普网络股份有限公司、临沂秀目网络技术有限公司、临沂市当代电子有限责任公司、山东华夏高科信息股份有限公司
	信息存储技术		龙头企业：浪潮
	新一代信息技术	云计算与大数据	山东华夏高科信息股份有限公司、山东六牛网络科技有限公司、临沂大数据研究院、临沂市拓普网络股份有限公司
		人工智能	临沂秀目网络技术有限公司、临沂中科人工智能创新研究院有限公司、临沂阿东人工智能公共服务平台有限公司
		数字虚拟技术	山东旭兴网络科技有限公司、临沂市亿境数字科技有限公司
		3D 打印技术	山东中科智能设备有限公司、临沂天工三维科技有限公司、临沂拓普三维科技有限公司

1.4.1.3 企业专利分布

表 1－6 为临沂市电子信息产业企业专利技术领域分布及该公司业务情况介绍（检索日期截至 2020 年 3 月 20 日）。

表1-6　临沂市电子信息重点企业基本情况

公司名称	所在区县	所属大分支	小分支	公司业务简介	专利数量（件）	专利情况	是否为政策规划中的企业
山东浪潮华光照明有限公司	临沂经济技术开发区	电子元器件	电子器件-发光器件	半导体发光材料、管芯器件及照明应用产品的开发、生产、销售、安装实施（需经许可经营的凭许可证经营）；计算机软硬件及外部设备、无线数据终端、智能电视、一体机、数字机顶盒产品、卫星电视广播地面接收设备、直播卫星专用卫星电视广播地面接收设备、自助终端产品、网络产品、通信设备（不含无线电发射器材）、电子设备、税控收款机、商业收款机的技术开发、销售；网络工程安装；系统集成	61	实用新型46；外观设计8；发明授权7。专利多涉及二极管、LED灯	否
山东飞光达光电技术有限公司	高新区	电子元器件	电子器件-发光器件	专业从事LED新型照明产品的技术开发、产品设计与制造及其相关的工程施工与推广业务。公司与山东大学和厦门知名光电照明研究机构建有战略合作关系。并在北京设有光电研发中心，专门开展LED照明产品的研发。产品涵盖LED路灯、LED草坪灯、LED景观灯、LED墙角灯、LED插地灯、LED水底灯、LED串灯、LED背光源、LED洗墙灯、LED射灯、LED手电筒及其他LED应用产品	2	实用新型2，均已失效	否

续表

公司名称	所在区县	所属大分支	小分支	公司业务简介	专利数量（件）	专利情况	是否为政策规划中的企业
临沂市海纳电子有限公司	高新区	电子元器件	电子元件－电连接元件	集电子元器件、线缆组件、光电连接器、滑环、电子设备、机电设备、通信设备、导航设备、检测设备、仪器仪表、防雷产品、不锈钢制品、金属构件的研制、生产、销售、检测、维修服务于一体的专业化军工企业	62	实用新型 38；外观设计 15；发明授权 9。专利多涉及连接器、分配器	是
山东龙立电子有限公司	高新区	电子元器件	电子元件（电连接器）	集研发、生产、销售高端电连接器于一体的国家高新技术企业	21	曾用名临沂市龙立电子有限公司，专利权人检索：实用新型 10；外观设计 9；发明授权 2。专利多涉及连接器、充电枪	是
临沂市亿通电子有限公司	河东区	电子元器件	电子元件（电连接器）	一家专业从事各类光、电连接器的研发、生产、销售并致力于为广大用户提供互联技术全方位解决方案的高新技术企业。产品广泛应用于航空、航天、船舶、电子、轨道交通、汽车、通信、机床、电力、新能源等领域	20	实用新型 10；外观设计 10	否
临沂市国连电子有限公司	高新区	电子元器件	电连接器	公司专业生产汽车刹车报警传感器、电子连接器，品种多达数百种，广泛应用于汽车行业和其他领域	16	实用新型 15；发明授权 1	否

续表

公司名称	所在区县	所属大分支	小分支	公司业务简介	专利数量（件）	专利情况	是否为政策规划中的企业
山东中瑞电子股份有限公司	高新区	电子元器件	电子元件-磁性材料及变压器（电感器）	一家集研发、生产、销售磁性材料、电子元器件于一体的国家级高新技术企业。公司自主开发的“中瑞”和“ZRK”牌高性能铁氧体材料磁芯及电子元器件产品共有10多个大类200多种规格型号，产品广泛应用于开关电源、消费电子、通信电子、家用电器及太阳能发电、新能源、汽车电子以及LED照明等领域	28	实用新型23；外观设计2；发明授权3。专利与电子信息相关性较大，发明授权为电感、铁氧体材料	是
山东凯通电子有限公司	高新区	电子元器件	电子元件-磁性材料及变压器（电感器）	专业从事软磁铁氧体研发、生产制造以及配套加工电子元器件的高科技企业。拥有多条不同特点的磁心专业生产线和电子元器件加工生产线。铁氧体主要生产五大系列产品。公司建有电子元器件加工生产线专业为客户配套加工滤波器、电感器、振流圈、电子变压器等各种电子元器件	26	实用新型17；外观设计7；发明授权2。专利多设计磁芯、滤波器、锰锌铁氧体	是
临沂春光磁业有限公司	高新区	电子元器件	磁性材料及变压器	专业从事磁性材料及相关电子产品研究、开发、生产。公司主要生产销售功率Mn Zn软磁铁氧体和高磁导率Mn Zn软磁铁氧体	11	实用新型9；外观设计1；发明授权1。专利更多涉及工业设备，与本电子信息相关专利较少，其中1项相关已失效，1项在审	是

续表

公司名称	所在区县	所属大分支	小分支	公司业务简介	专利数量（件）	专利情况	是否为政策规划中的企业
临沂正上电子科技有限公司	高新区	电子元器件	磁性材料及变压器	研发、生产和销售非晶、纳米晶新型软磁材料及其元器件的高科技企业。根据客户需求可提供环形、矩形、椭圆形、条形等不同外观形状的非晶、纳米晶铁芯和部分成品器件，产品包括各类非晶、纳米晶互感器铁芯、电抗器铁芯、传感器铁芯、滤波器铁芯、变压器铁芯等系列产品，已很好地应用于电流互感器、漏电保护开关、数字式电能表、共模电感、大功率开关电源、逆变电源、磁放大器、高频变压器、高频变换器、高频扼流线圈、霍尔电流传感器等电子电器产品中，在电力、家电、新能源、信息及通信、仪器仪表、军事、航空航天领域应用广泛。公司与北京科技大学、西安交通大学等院所建立了密切的产学研合作关系	11	实用新型 11。专利多涉及磁芯	否
临沂市乐盈电子科技有限公司	沂南县	电子元器件	电感器	电子元器件、电子产品开发、设计、生产、销售；电子产品购销；货物进出口	1	实用新型1。专利均为电感器	是
山东鲁磁电子有限公司	沂南县	电子元器件	磁性材料及变压器	软磁铁氧体及磁性元器件、安防产品、电子元器件、电子产品开发、设计、生产、销售；电子产品购销	0		是

续表

公司名称	所在区县	所属大分支	小分支	公司业务简介	专利数量（件）	专利情况	是否为政策规划中的企业
山东特恩思电子有限公司	莒南县	电子元器件	磁性材料及变压器（电感线圈）	韩国独资企业，总部设在韩国。公司生产电感线圈（滤波器），产品主要供应三星、LG、日本SONY等著名电子企业	0		否
山东同方鲁颖电子有限公司	沂南县	电子元器件	电容器、电感器	同方股份有限公司控股子公司，是专业从事新型高性能电子元器件研发、生产和经营的高新技术企业，具有40余年的电子元器件制作经验。主导产品有瓷介电容器、叠层片式电感器/磁珠、陶瓷基板三大系列。公司是国内专业生产中高压和交流安规瓷介电容器生产企业。公司采用自主研制的高性能软磁铁氧体材料和低介电常数介质材料制作叠层片式电感器/磁珠等产品。新型微波介质陶瓷天线采用自主知识产权的系列微波介质陶瓷材料制作、产品主要技术指标达到国际先进水平。产品广泛应用于全球卫星定位与导航、无线宽带网络等领域。公司成功研发了LED封装陶瓷基板，现已发展成为国内专业的LED封装陶瓷基板生产基地	4	发明授权4。专利多涉及陶瓷电容器	是
临沂金成电子有限公司	沂南县	电子元器件	电容器	电子陶瓷介质材料、陶瓷电容器、半导体整流器件及其他电子器件的研发、生产、销售	9	实用新型6；发明授权3。专利多涉及电子陶瓷材料、电子陶瓷介质材料、制备方法等	是

续表

公司名称	所在区县	所属大分支	小分支	公司业务简介	专利数量（件）	专利情况	是否为政策规划中的企业
山东新光量子科技股份有限公司	高新区	电子元器件	激光器件	主要开发、研制、生产、销售具有国际先进、国内领先的激光晶体材料和各种绿、蓝光激光器及激光洗眉机、光子嫩肤仪、激光打标机等应用产品。公司通过引进吸收国内激光晶体材料、激光器行业专家，自主开发研制的多项科技成果，分别获得多项专利；其中，多功能半导体激光医疗仪获国家科技部、国家财政部、国家计委、国家经贸委四部委颁发的“九五国家重点科技攻关计划优秀科技成果”奖；自主研发的掺钕钒酸钆晶体及器件，分别获得2项发明和2项实用新型专利	0	发明授权1。已失效，未缴年费	否
山东临沂临虹无机材料有限公司	临沂市经济技术开发区	电子元器件	电子功能陶瓷、电真空管、电子元器件	生产、销售电子功能陶瓷、电真空管、电子元器件；销售机械配件。 专业生产氧化锆、氧化铝承烧板，产品采用氧化锆、氧化铝新型材料高温烧结而成，用于软磁铁氧体磁芯烧结、片式陶瓷电容器、片式电感、PTC、MLCC等电子陶瓷元件烧结生产使用。 主要产品：氧化锆承烧板、氧化铝承烧板、氧化锆支柱、氧化铝支柱、匣钵、坩埚、MLCC（片式电容）专用定位涂层板、氧化锆箱体波纹板、氧化锆球、氧化锆粉、电真空陶瓷管壳、陶瓷金属化、北斗导航用微波介质陶瓷天线基板及电子标签用陶瓷天线基板、泡沫陶瓷、LED陶瓷散热基板、氧化锆搅拌棒等。 公司在国外销售用户主要有美国KEMET、英国GE、日本京瓷公司、日本TDK、日本赢赛拉、日本FDK、韩国三和等，质量获得国际认可，产品达到其生产要求并签订长期供货合同；国内销售用户主要有清华同方、中科三环、越峰电子、江佳电子、嘉康电子、东磁电子、南玻电子等大型企业集团，为其提供配套产品，荣获“山东省高新技术产品”称号	0		否

续表

公司名称	所在区县	所属大分支	小分支	公司业务简介	专利数量（件）	专利情况	是否为政策规划中的企业
山东广达源照明电器有限公司	蒙阴县	电子元器件	电子器件－电子真空器件（点光源）	以产、学、研相结合的生产制造型企业。公司主要产品有普通照明白炽灯、卤素灯泡、紧凑型节能荧光灯、LED 家居照明、LED 道路照明、LED 亮化工程、LED 太阳能系列产品、农用杀虫灯系列、红外线灯泡，室内、车载和办公用等离子微尘（PM2.5）清除机等。产品主要出口欧洲、南美、中东、非洲及东南亚等国家	14	实用新型 10；发明授权 4	否
山东沂光电子股份有限公司	罗庄区	电子器件	半导体分立器件	公司主要从事 DIP、SMD 二三极管、压电陶瓷器件、整流桥的生产和销售。公司于 1999 年进入全国电子工业半导体分立器件行业最大生产规模企业四强。2000 年度“沂光”品牌被中国电子商会评为电子元器件行业十大著名品牌之一。公司生产的 DIP 二极管有整流管、开关管、稳压管等 400 多个品种，年产量达到 15 亿只。6MHz～40MHz 高频压电陶瓷谐振器，是公司与山东大学联合开发的新产品，被国家经贸委列入国家级重点新产品生产计划，该项目各项指标已达到国际先进水平，年产量达到 1 亿只	18	实用新型 18。专利多涉及二极管	否

续表

公司名称	所在区县	所属大分支	小分支	公司业务简介	专利数量（件）	专利情况	是否为政策规划中的企业
山东沂光集成电路有限公司	郯城县	电子元器件	集成电路、半导体分立器件	公司前身是山东临沂半导体总厂，是一家致力于半导体分立器件及集成电路研制、生产与销售于一体的国家级高新技术企业。公司主要生产各类硅整流器、稳压、开关、肖特基二极管，发光管、发光管组件，小信号片式二、三极管，小功率MOS晶体管，各类数字三极管，各类压电陶瓷换能器等。主要为各著名大型整机厂家（如TCL、长虹、创维、四川九州集团、海尔、海信、广州三雄照明、康佳等）提供配套，部分产品销往日本、韩国、印度、欧美等多个国家和地区。研发人员30余人，主要从事新型片式元器件、照明用节能环保的发光器件、压电新材料及换能器敏感元件、电子设备仪器的研发。公司与山东省科学院、山东大学、临沂大学等院校建立了联合研发的合作关系	13	实用新型12；发明授权1。专利多涉及二极管、三极管	是
山东元捷电子科技有限公司	郯城县	电子元器件	半导体分立器件	半导体芯片及材料、封装产品的研发、生产和销售；电子器件和材料的销售；电子设备和电子产品的销售和应用技术服务；半导体器件的研发和设计；货物及技术进出口	2	实用新型2。专利多涉及二极管	是

续表

公司名称	所在区县	所属大分支	小分支	公司业务简介	专利数量（件）	专利情况	是否为政策规划中的企业
临沂金霖电子有限公司	高新区	电子元器件	半导体分立器件	一家专业从事半导体器件研发、生产、销售的高新技术企业。 公司系列产品，规格型号齐全。二极管涵盖整流、开关、稳压、TVS 等；中小功率三极管有直插、贴片封装；整流桥正向电流从 0.5 安培至 30 安培；多种封装 LED 等。公司产品全部符合欧盟有害物质管控要求（ROHS 及 REACH 指令），并可根据客户需求提供无卤产品。 公司产品广泛应用于各类家用电器、控制板、电源、充电器、节能灯具、数码产品、电子通信产品及设备等，产品畅销海内外市场，在消费者当中享有较高的荣誉和地位。公司还与多家国内外知名半导体企业签订了长期战略合作协议，完善的产品配套服务功能，最大限度地为客户提供优质的产品和服务，赢得了广大客户的信任	3	实用新型 2；发明授权 1。专利涉及二极管封装、引线框架等	否
山东科宝电子有限公司	高新区	电子元器件	半导体分立器件－二极管	生产电子元器件、电子整机产品和附属产品、电子软件产品；销售自产产品。 以开发、生产、销售高低压漏电保护电器、高压二极管、高压硅堆等产品为主，公司组建于 2004 年，总公司在韩国。 公司主导产品有高压二极管、高压硅堆系列产品；小型断路器、塑壳断路器、漏电断路器、交流接触器、工业插座、墙壁开关等	0		否

续表

公司名称	所在区县	所属大分支	小分支	公司业务简介	专利数量（件）	专利情况	是否为政策规划中的企业
临沂长弓电子有限公司	沂水县	电子计算机制造	终端显示设备	为青岛长弓电子有限公司全资子公司，专注于工业触控显示解决方案。拥有电阻，电容式触摸屏及光学 Bonding 全工序。主要设备来自中国台湾地区、日本，团队主要成员来自 FOXCONN。目前已形成从 1.5 英寸 ~42 英寸全尺寸方案，提供手套、湿屏、悬浮、宽温（ −40 ~ 85℃）、6 毫米厚盖板、电磁屏蔽、阳光下可视方案。目前产品广泛用于手持设备、智慧家居、教育、医疗、工业、军工金融等各种行业	0	0	是
山东汉华光电科技有限公司	兰山区	电子计算机	终端显示设备	公司主要经营销售电子显示屏、LED 光电产品、广告材料、电子监控设备；弱电工程、道路信号工程、音响灯光工程、智能照明工程、楼宇亮化工程、外漏灯广告工程、光电技术研发	0		否
山东信友电器有限公司	临沂经济技术开发区	电子测量仪器制造	应用电子仪器制造	设有新产品研发中心、科研成果转化基地，电能计量实验室、机械加工车间、电子装配车间等完善的配套设施，是集科、工、贸于一体的高新技术企业。公司自行研发的 IC 卡电费预付费电量控制器、智能电度表、电力线载波远程集中抄表系统，GPRS 远程集中抄表系统等 8 项产品获国家专利，并已形成产品系列化、生产规模化的格局。公司生产的 KYN28 型、XGN 型 35KV、10KV 输配电高压开关柜，通过国家电网公司高低压强电流实验室检测合格，并获取认证证书。公司生产的 GCK、GCS、MNS、GGD、PGL 等低压开关柜箱式变电站、XGN 楼宇配电箱等产品全部获取国家强制性 CCC 认证证书	26	实用新型 25；发明授权 1	否

续表

公司名称	所在区县	所属大分支	小分支	公司业务简介	专利数量（件）	专利情况	是否为政策规划中的企业
山东宏卡电子科技有限公司	高新区	电子测量仪器	应用电子仪器	一直专业从事智能卡产品研发、设计、生产、销售为一体的高新技术型企业，在软件技术、硬件技术、IC 智能卡应用技术等领域具有深厚经验的积淀，通过多年的经营和技术的积累，公司拥有一批优秀的高科技人才、以智能卡控水器为主导，我们紧紧围绕着电子识别系统和感应卡系统市场，不断创新、设计、研发出 IC 卡水控机、IC 卡自助刷卡投币售水机主板、手持充值机等各类智能卡设备。 产品涵盖售水机主板、刷卡水控系统、企业管道式直饮水系统、工厂学校企事业单位等场合用豪华型管线机、管线机主板、IC 卡饮水机、工厂学校一卡通产品、手持充值机、IC 卡员工澡堂热水控制器、投币/刷卡控制器、投币/刷卡式售水机、自动售水机及主板控制系统应用控制研发	7	实用新型 4；外观设计 3	否
临沂市浪淘水表有限公司	兰山区	电子测量仪器	应用电子仪器	一家集科研生产销售机械式热能表、超声波热能表、IC 卡水表及普通水表为一体的现代化的新型企业	7	实用新型 7	否

续表

公司名称	所在区县	所属大分支	小分支	公司业务简介	专利数量（件）	专利情况	是否为政策规划中的企业
山东江花水表有限公司	兰山区	电子测量仪器	应用电子仪器	开发了远传水表、防盗水表、高灵敏水表等新产品，又以先进的科技开发了IC卡水表、预付费大口径IC卡水表等系列水表，同时公司又在开发和研制热量表。 公司下设铜件分厂、纸箱厂、水暖销售公司；铜件分厂生产加工水表、汽车、电器、水暖等相应配件，水暖销售公司销售水表、阀门、管件、消防器材、太阳能、暖气片等相应水暖器材	12	实用新型11；外观设计1	否
山东冠翔仪表有限公司	兰山区	电子测量仪器	应用电子仪器	是一家集研发、生产、销售、服务为一体的专业化仪表生产企业。主要产品有各种规格型号的水表（含预付费IC卡水表、光电直读远传水表）、各种规格型号的热量表，及以上仪表的铜配件、机芯等塑料配件、环保型水表壳体	16	实用新型12；外观设计2；发明授权2	否
高翔水表有限公司	兰山区	电子测量仪器	应用电子仪器	生产销售仪器仪表、水表及配件；销售阀门；计算机应用软件开发、销售、技术服务；货物进出口	15	实用新型14；发明授权1。专利多涉及水表、智能水表等	否

续表

公司名称	所在区县	所属大分支	小分支	公司业务简介	专利数量（件）	专利情况	是否为政策规划中的企业
临沂汇泉仪表有限公司	兰山区	电子测量仪器制造	应用电子仪器制造	集研发、生产、销售、服务为一体的专业化仪表生产企业，主要生产各种规格型号的民用及工业用预付费 IC 卡水表、光电直读水表、电子有线和无线远传水表，热能表等，及以上仪表的各种铜壳体接管螺母、铜表罩，机芯等，环保型水表壳体等。产品主要用于城镇供水管网，农村安全饮水工程，农田灌溉及工业用水计量等广泛领域。销售市场遍布全国各地市场，部分产品已走出国门，并深受广大用户好评	11	实用新型 11	否
临沂科锐电子有限公司	临沂经济技术开发区	电子元器件/电子测量仪器	电子元件–电子敏感元件及传感器［脉冲抑制器（有 1 件相关专利）］电子测量仪器（汽车用电子仪器制造）	生产、销售挖掘机监控器、汽车 GPS 监控器、大型工程机械附件、扶手箱、电子产品、机械产品、安防设备、炉具、智能平衡车；软件开发、销售及其咨询、服务；计算机硬件开发、销售；相关货物与技术进出口	57	实用新型 48；外观设计 9。专利多与取暖炉相关	否

续表

公司名称	所在区县	所属大分支	小分支	公司业务简介	专利数量（件）	专利情况	是否为政策规划中的企业
山东润通科技有限公司	高新区	电子测量仪器	应用电子仪器制造（环境监测）	致力于环境在线监测系统、数据采集传输系统、大数据云智慧平台的研发、生产、销售及技术服务为一体的高新技术企业。企业主要产品有 RAIN－VI 型移动实验室、气体检测系统、TVOC 在线监测系统、VOC 手持监测系统以及 RAIN－VI 型水质在线分析仪。目前企业通过与兰山区政府、河东区政府、临工集团等企业合作共同搭建润通云智慧平台	33	实用新型 28；外观设计 4；发明授权 1。专利多涉及水质检测、气相色谱仪等	否
友光电线电缆有限公司	河东区	电子信息机电产品	电子电线电缆	主要生产电力电缆、架空电缆、控制电缆、橡套电缆、农用地埋线、钢芯铝绞线、铝绞线、铜绞线及绝缘电线等 16 个系列 1500 多种规格	21	实用新型 18；发明授权 3	否
莒南县美达电力实业有限公司	莒南县	电子信息机电产品	电子电线电缆	是专业从事电线电缆、特种电缆设计开发、生产、销售与服务的高新技术企业，公司主要生产经营 35KV 以下交联电力电缆、架空绝缘导线、平行集束绝缘导线、架空绞线、控制电缆、电器装备用电缆、太阳能光伏电缆、变频器专用电缆、环保型低烟·无卤·阻燃·耐火·防鼠·防蚁电线电缆等 9 大类产品	11	实用新型 8；发明授权 3	否

续表

公司名称	所在区县	所属大分支	小分支	公司业务简介	专利数量（件）	专利情况	是否为政策规划中的企业
山东中迈电缆有限公司	兰山区	电子信息机电产品制造	电子电线电缆	专业生产、销售低压电线电缆	14	实用新型 14	否
临沂华太电池有限公司	河东区	电子信息机电产品制造	电池制造	拥有各类先进的全自动电池生产线 40 余条，年产电池近 27 亿只，产品覆盖 R20S、R20P、R14S、R6S、R6P、R03P、LR6、LR03、6F22 9V 电池等九大系列几十个品种，生产规模在中国同行业前列，其中 R6C 电池产量在世界占有率高	15	实用新型 15	否
山东金盛源电子材料有限公司	沂南县	电子信息产品专用材料	半导体材料制造	是一家专业研发、生产、销售高精度电子电解铜箔的高新技术企业。公司主导产品为 5～12 微米单面光铜箔、双面光铜箔、PCB 印刷线路板铜箔、三维多孔集流体铜箔、高温高延性铜箔、锂电池负极集流体铜箔、镍铜合金箔等，年可生产各类铜箔 5000 吨。产品主要用于电动汽车锂离子电池负极集流体、手机及数码产品锂电池、数码电子屏蔽及线路板等领域	11	实用新型 8；发明授权 3	否
山东同其智能科技有限公司	临港经济开发区	软件		信息技术咨询服务，计算机软件开发、经营，智能科技研发，知识产权信息咨询	32	实用新型 28；发明授权 4	否

续表

公司名称	所在区县	所属大分支	小分支	公司业务简介	专利数量（件）	专利情况	是否为政策规划中的企业
山东阿帕网络技术有限公司	高新区	软件		供应链解决方案一站式服务商，公司联合华为共同打造的“华为 & 阿帕智慧物流云”覆盖采购、运输、仓储、终端四大领域，包含 32 款“SaaS”产品和 16 款行业解决方案，目前已服务 10000 余家会员企业，实现制造业、运输业和商贸业的信息互联互通，致力于打通供应链，成就您的智慧企业	6	实用新型 6	是
临沂市拓普网络股份有限公司	河东区	软件、新一代信息技术－云计算与大数据		专业从事智慧教育产业的高新技术企业，与印度 SRM 集团、印度 SRM 大学、印度 IIHT 集团、乌克兰国立技术大学等建立了长期的合作关系。公司是“教育大数据应用技术国家工程实验室”共建单位，并与华中师范大学、北京师范大学、江西师范大学共建“智慧教育研究院”。在智慧教育产业发展方面。公司投资建设的大数据中心，可容纳 1500 台服务器，致力于打造社会化区域大数据中心和环渤海地区重要的数据中心。中心已获得工信部 IDC/ISP/ICP 资质认证、可信云服务认证等资质，正在建设运营推广“教育云”“社区云”等云平台服务	11	实用新型 6；发明授权 5	是

续表

公司名称	所在区县	所属大分支	小分支	公司业务简介	专利数量（件）	专利情况	是否为政策规划中的企业
临沂秀目网络技术有限公司	兰山区	软件、新一代信息技术－人工智能		目前是山东地区最大的传媒类互联网公司，旗下娱乐传媒网站“尚之潮网”每月访问量超过亿人次，为超过5000万人群提供优质内容服务。秀目传媒覆盖国内所有一、二、三线明星代言及商务活动，与国内知名艺人的经纪公司及工作室都直接对接和合作。 网络信息技术咨询服务；软件开发；计算机技术开发、技术服务；网页设计、制作；广告设计、制作、代理、发布；网络平台搭建；网站建设；网络技术服务；会务服务；展览展示服务；企业营销策划；组织文化艺术交流活动（不含演出培训）；文艺演出；摄影服务；影视制作；企业形象策划；品牌营销策划；商业活动策划；文艺创作；艺人经纪	0		否
临沂市当代电子有限责任公司	兰山区	软件		一家从事企业管理软件（ERP软件）销售、实施、服务、远程网络解决方案为一体的信息化企业。 公司目前已与金蝶软件建立了长期合作伙伴关系，代理金蝶KIS迷你/标准版/KIS专业版/KIS旗舰版、K/3WISE、金蝶OA、金蝶配套产品，是金蝶软件在临沂地区核心合作伙伴	0		否

续表

公司名称	所在区县	所属大分支	小分支	公司业务简介	专利数量（件）	专利情况	是否为政策规划中的企业
山东华夏高科信息股份有限公司	兰山区	软件、新一代信息技术－云计算与大数据		公司是国内智能化、信息化建设领域优秀的系统服务供应商，是国内领先的集科技研发、生产销售、系统集成为一体的高新技术企业。公司专注于智慧城市、智慧交通、智慧农业、科技研发等业务领域，为政府、行业和个人用户提供定制化的解决方案。公司以“大安防”理念为中心，不断拓展安防应用领域和服务范围，依托高新技术，发展智慧交通、智慧农业、智慧教育、智慧金融等公共安全、平安城市、智慧城市业务。公司坚持“技术＋应用”的发展战略，利用“互联网＋”、大数据、云计算等新信息技术，进行移动端手机APP开发、智能硬件设备研发和智慧农业服务业务，形成集行业系统解决方案与配套软硬件开发于一体的业务融合模式，成功实现公司从传统安防企业向高新技术企业的转型	1	实用新型1。专利多涉及避让非灯控路口预警系统、车辆避让警示系统等智慧交通等	否
山东六牛网络科技有限公司	河东区	软件		国内专业互联网解决方案提供商，专注于移动互联网技术开发和产品运营。提供高端APP定制开发、微信营销系统、高品质网站设计和各行业解决方案等服务。同时，提供知识产权服务，包含专利申请、商标注册、版权登记、ISO体系认证、高新技术企业认定、“双软”认定、山东省品牌申报、各项财政补助资金申请、法律诉讼、金融服务、知识产权贯标认证、“两化”融合贯标认证等服务	4	实用新型4	是

续表

公司名称	所在区县	所属大分支	小分支	公司业务简介	专利数量（件）	专利情况	是否为政策规划中的企业
临沂大数据研究院		软件		临沂大数据研究院是在临沂市大数据局的领导下，临沂大学、临沂市财金投资集团共同成立的研究院。临沂大学信息科学与工程学院城校融合、产教协同签约揭牌，临沂大数据研究院、区块链协同创新中心、新一代信息技术协同创新中心等3个城校融合、产教协同项目先后揭牌	0		是
临沂中科人工智能创新研究院、有限公司	经济技术开发区	新一代信息技术	人工智能	中国科学院计算机技术研究所临沂分所的全资子公司，以人工智能基础理论和基本方法研究为核心，推进大跨度的学科交叉融合、技术产业融合、院所企业融合，充分发挥中科院人才科技优势，在人工智能的基础理论和基本方法上开展源头性和颠覆性创新，力争打造成全国领先的高端研究机构	0		否
临沂阿东人工智能公共服务平台有限公司	兰山区	新一代信息技术	人工智能	人工智能公共服务平台建设、运营、管理	0		否
临沂市亿境数字科技有限公司	兰山区	新一代信息技术	数字虚拟技术	虚拟现实、增强现实、人工智能多媒体数字技术、影像技术、数字交互软件系统的研发及服务；数字多媒体系统集成；单机和网络游戏研发	0		否

续表

公司名称	所在区县	所属大分支	小分支	公司业务简介	专利数量（件）	专利情况	是否为政策规划中的企业
山东中科智能设备有限公司	经济技术开发区	新一代信息技术	3D 打印技术	公司拥有自主研发的工业级 SLM 金属 3D 打印设备、超细线宽微喷射柔性电路 3D 打印机、高频感应金属丝材打印机、DLP 数字光处理打印机等系列产品，面向教育文创领域的中小尺度陶泥陶艺快速成型 3D 打印机。 同时也拥有从 3D 扫描到先进数字化制造设计理念的专业设计应用团队，公司致力于利用完善的 3D 生态系统、丰富的 3D 打印应用技术和设备，以及专业应用软件，重塑产品的创新方式，为高端制造、精准医疗、个性定制等领域用户提供从 3D 数字化设计到快速原型的制造解决方案。 同时依托中国科学院在人才培养方面的深厚积累，为创新教育提供从课程设置到实训应用的创新人才培养方案，是专注于 3D 打印专用设备、材料，专用软件的研发、生产、销售及 3D 打印应用服务和教育培训于一体的创新型高科技企业	13	实用新型 8；外观设计 3；发明授权 2	否
临沂拓普三维科技有限公司	高新区	新一代信息技术	3D 打印技术	是一家以 3D 打印机研发、生产、销售为主的创新型科技企业，同时提供 3D 打印机的 OEM 和 ODM 服务以及 3D 打印机的售后维修服务、3D 打印机耗材和相关零配件的销售	9	实用新型 9	否

1.4.2　会议座谈

2020 年 8 月 21 日，在临沂市市场监督管理局的组织协调下，项目组成员赴临沂市，针对临沂市电子信息产业专利导航的技术分解及需求进行确认，会议采取座谈和发放问卷相结合的方式进行。参会的人员主要有市发改委、工信局、科学技术局、统计局、大数据局、临沂大学、龙立电子、中瑞电子、沂光电子、拓普网络、华为大数据中心沂蒙云谷的相关专家。

根据座谈会议现场及问卷情况，对分支进行了相应的调整，并确定下一步实地调研的 10 家企业（见表 1－7）。

表 1－7　调整分支及企业

<table>
<tr><th>一级</th><th>二级</th><th>三级</th><th>计划调研企业</th><th>备注</th></tr>
<tr><td rowspan="7">临沂市电子信息</td><td rowspan="6">电子信息制造业</td><td>软磁材料</td><td rowspan="4">山东春光磁电科技有限公司（高新区）、山东中瑞电子股份有限公司（高新区）、山东龙立电子有限公司（高新区）、临沂市海纳电子有限公司（高新区）、山东同方鲁颖电子有限公司（沂南）、山东沂光集成电路有限公司（郯城）</td><td rowspan="4"></td></tr>
<tr><td>半导体分立器件</td></tr>
<tr><td>电子元件及组件</td></tr>
<tr><td>集成电路</td></tr>
<tr><td>广播电视设备</td><td>沂水歌尔电子有限公司（沂水县）</td><td>现场所提三家企业均无专利：沂水歌尔电子有限公司、沂水乾源电子有限公司、山东享井电子有限公司</td></tr>
<tr><td>光电子器件</td><td>山东广达源照明电器有限公司（蒙阴县）</td><td></td></tr>
<tr><td>软件和信息技术服务业</td><td>大数据和人工智能在教育、物流行业的应用</td><td>临沂市拓普网络股份有限公司（临沂经济技术开发区）、山东阿帕网络技术有限公司（高新区）</td><td></td></tr>
</table>

1.4.3　实地调研

2020 年 9 月 22～24 日，临沂市开展 10 家企业的实地调研工作。本次实地调研采用与企业管理人员、知识产权从业人员、技术人员进行会议座谈和深入企业参观学习相结合的方式进行。

实地调研企业包括山东春光磁电科技有限公司、山东中瑞电子股份有限公司、山东龙立电子有限公司、临沂市海纳电子有限公司、山东阿帕网络技术有限公司、山东元捷电子科技有限公司、山东隽宇电子科技有限公司、山东同方鲁颖电子有限公司、山东广达源照明电器有限公司、临沂市拓普网络股份有限公司（因少数企业时间等情况不允许，调研企业与上文有所差别）。项目组成员深入了解了企业技术现状、知识产权现状及相应的诉求。

1.5 本书框架

针对梳理结果与临沂市相关政府部门及企业代表进行座谈，从政府宏观层面把脉临沂市电子信息产业的发展现状及发展规划；实地走访 10 家临沂市电子信息领域重点企业，从企业微观层面把握企业专利导航需求；并通过向相关政府部门及电子信息产业重点企业发放调查问卷，修订和校正本项目研究的具体技术分支，最终确定本项目研究技术边界为电子信息产业中的集成电路及电子元件、磁性元件及相关材料、半导体分立器件、大数据应用四个技术领域，根据临沂市电子信息产业现状及企业调查文件统计分析，对上述四个领域分解的具体技术分支如图 1－2 所示。

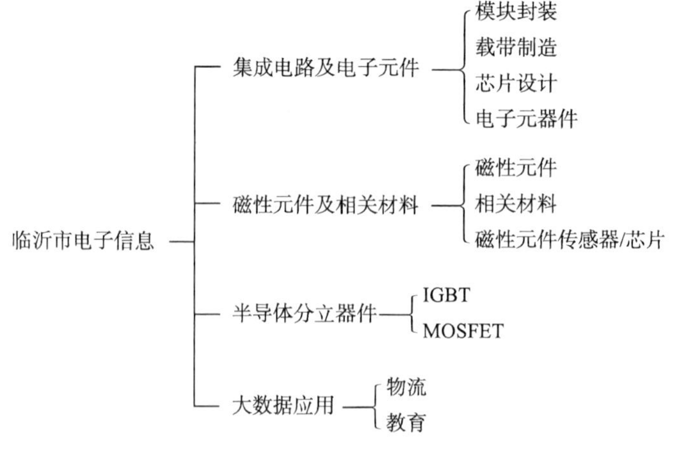

图 1－2　分析框架及分支

第二章　集成电路及元件产业专利导航分析

2.1　引言

集成电路技术是新一代新兴技术发展的基础与关键。在新一轮科技革命和产业变革的大背景下，随着大数据、物联网、云计算等新兴技术的发展，集成电路产业格局将会重塑、产业结构将会优化、市场集中度不断聚焦攀升。1904年，电子管的发明标志着电子时代的到来。为了克服电子管的缺陷，科学家对半导体进行了深入研究，为晶体管的发明做好了理论和实践准备。正是在这样的背景下，1947年年底，贝尔实验室发现点接触晶体管的放大现象；1948年年初，肖克莱提出结型晶体管理论；1951年，结型晶体管问世；1953年、1955年先后发明了锗合金晶体管、扩散基区锗合金晶体管；1957年，美国仙童公司制造出世界上第一只硅平面晶体管；1958年，美国得州仪器公司发明出第一块集成电路，从而拉开了人类信息时代的序幕。随后，1960年年初，美国仙童公司的诺依思制造出第一块实用化的集成电路芯片。由电路应用性的发明开辟了微电子产业的新纪元。❶

2.1.1　发展现状

2.1.1.1　全球现状

集成电路（IC）产业链的核心环节包括：IC设计、IC制造、IC封装测试。同时集成电路产业链还包括整个产业链上游的半导体设备和半导体原料的供应商等，以及位于产业链下游的芯片需求客户。在集成电路产业中，存在两

❶ 邹坦永．集成电路技术与产业的发展演变及启示［J］．中国集成电路，2020（12）：33－43.

种主要的业态，即 IDM 模式和垂直分工模式。IDM 模式整合了集成电路的设计、制造、封装测试等集成电路产业链由上至下的核心环节，从而获得客户要求的最终 IC 产品，整个过程由 IDM 厂商完成。IDM 的优势是能够更好地整合内部资源、发挥研发和技术积累优势，效率高。代表企业有：美国英特尔、韩国三星、美国得州仪器。

随着集成电路的发展，出现了越来越精细的分工，包括知识产权核、IC 设计、晶圆代工厂以及封装测试等垂直分工模式。知识产权核指一段具有特定电路功能的硬件描述语言程序，代表厂商为英国 ARM；IC 设计的代表厂商有美国高通、中国的联发科以及海思半导体；晶圆代工厂代表厂商有中国台积电、联华电子和中芯国际。IC 设计和晶圆代工的分工使各自企业发挥自己的特长，大大加速了集成电路产业链的发展。目前集成电路仍以 IDM 厂商为主流，两种模式均具有优势，在较长的一段时间内并存发展。❶

进入 21 世纪以来，电子信息技术的不断进步，以及信息化、网络化、智能化的持续推进，全球集成电路产业规模大幅扩张。2019 年，全球 IC 封装测试排名前 5 位的厂商有日月光（ASE）、安靠（Amkor）、长电科技（JCET）、矽品（SPIL）、力成（PTI）。全球 IC 封装测试业发展最显著的特点是先进封装（Advanced Package）形式开始成为封装测试业的主流，而传统封装形式（如 SOP、TSOP、QFP 等）越来越多地被先进封装所取代。不仅在专业的封装测试厂商中如此，而且在全球晶圆制造大厂，如英特尔、台积电和三星等，更是将先进的晶圆制造技术与先进封装形式紧密结合，以造就集成电路产品制造的技术优势。近几年来，扇出型封装（Fan - out）已成为先进封装技术发展的热点。自 2016 年苹果公司采用台积电 Fan - out 封装技术制造 iPhone 7 应用处理器以来，Fan - out 封装形式已经大量应用于制造各类高质量电子产品的芯片，如手机等移动设备芯片甚至汽车电子模块等。Fan - out 封装可以很好地适应这些产品对产品性能、设计灵活性和及时上市等多方面的要求。同时，Fan - out 封装形式也给封装技术带来了多方面的优越性。❷

从集成电路产业内部的产品结构看，近年来，存储器与逻辑电路的占比差距不断缩小，并于 2018 年起超过逻辑电路成为占比最高的一项，2018 年其占

---

❶ 杨铁军. 产业专利分析报告（第 40 册）［M］. 北京：知识产权出版社，2016：1 - 13.

❷ 王龙兴. 全球集成电路设计和制造业的发展状况［J］. 研究与设计，2019，36（3）：21 - 34.

比已达到40.2%，但2019年回落至32.5%；逻辑电路的占比基本稳定在30%左右，而模拟电路、微器件的比重则分别在16%、20%上下波动。技术含量更高的存储器的销售额占比的大幅下滑，在一定程度上表明集成电路产业的产品结构高级化步伐有所放缓。

2.1.1.2 国内现状

2019年，我国IC设计产业规模为2947.7亿元，芯片制造产业规模为2149.1亿元，封装测试产业规模则为2494.5亿元。2019年中国集成电路产量达到2018.2亿块，同比增长7.2%。2020年3月，中国集成电路月产量为212.1亿块，同比增长20%。2020年1~3月中国集成电路产量达到508.2亿块，去年同期产量为345.20亿块。2020年1~3月中国集成电路进口金额达到721.05亿美元，相比上年同期增长71.288亿美元，累计增长10.6%。尽管国内半导体市场广阔、发展迅速，但在集成电路进口额节节高升的背后，是半导体对外依赖程度高、自给率低下的市场现实。中国半导体产业经过多年的发展，仍存在产业结构与需求之间失配，核心集成电路的国产芯片占有率低的现象。高端芯片领域国产集成电路的占有率很低，一直依赖进口，自给率只有8%左右。[1]

集成电路产业链分为设计环节、制造环节、封装和测试三个环节，各自形成相对独立的产业。三者之中，设计业对科研水平要求最高；制造业对装备技术水平要求最高；封装和测试业技术壁垒相对较小，但利润率也较低。当然该产业链还有更上游的制造设备、材料等。目前我国的情况是，虽然终端产品遍销全球，但是从芯片设计、制造水平上来看，还是与美国存在很大差距，并且在材料、制造设备方面还是完全依赖进口。目前，国内的集成电路产业设计、制造、封装测试三业并举，封装测试与美国的差距并不很大，差距最大的地方在于设计和晶圆加工。[2]

我国集成电路封装测试业居于世界前列，依托技术转移、并购重组先进企业及国家战略引领。在国内资本海外并购难度加大、并购趋缓的情况下，我国集成电路封装测试企业将发展重点从通过海外并购取得高阶封装技术及市场占有

---

[1] 2020年中国集成电路行业现状、进出口情况及集成电路发展前景分析［EB/OL］.（2020-05-28）［2021-01-13］. https://www.chyxx.com/industry/202005/868050.html.

[2] 高乔子. 中国集成电路产业发展现状及破局策略研究［J］. 管理观察，2019（23）：63-65.

率转而着力于自主开发 Fan - out 和 SiP 等先进封装技术。目前国内集成电路产品中，中高端先进封装的占比约为 33%，国内部分主要封装测试企业的集成电路产品中先进封装的占比已达 40% ~60%。2019 年国内先进封装的占比进一步提升到 37%。❶

从设计和制造环节看，我国与国际顶尖水平相差甚远。集成电路设计业和制造业所需的原材料（如硅材料）和设计软件几乎完全依赖进口。2018 年，华为海思发布 7nm 工艺水平紧跟美国高通，除华为海思外，国内设计大多停留在中低端水平；制造环节上，唯独中芯国际在 2019 年 10 月宣布量产 14nm 芯片。总体来说，我国集成电路产业虽然发展很快，但在“质”上仍与国外顶尖水平有着显著差距。设计、制造领域创新能力不足，知识产权和发明专利少等亟待解决。❷

进入 21 世纪以来，我国集成电路产业取得了一批具有自主知识产权的“中国芯”，在应用领域涵盖了身份识别、通信、信息管理、社会保障、交通、银行等诸多方面。虽然，目前集成电路产业化的进程还存在比较大困难，但这些都为我国今后在处理器市场与国际主流品牌同台竞争打下了坚实的基础。❸

在国家政策扶持和具有广阔应用市场的条件下，我国集成电路产业发展迅速。在产业结构优化方面，我国集成电路产业结构正在实现由“大封测—中制造—小设计”到“大设计—中封测—中制造”的转型，设计业占比逐年提高，不断从价值链低端走向高端。加之未来伴随着我国制造业的转型升级，市场对于高端芯片的需求持续增长，这将进一步加快我国集成电路行业的发展和全球半导体产业向我国迁移的进程。

2.1.2 相关政策分析

2014 年 6 月，国务院印发的《国家集成电路产业发展推进纲要》提出，到 2020 年，集成电路产业与国际先进水平的差距逐步缩小，全行业销售收入年均增速超过 20%，企业可持续发展能力大幅增强；到 2030 年，集成电路产业链主要环节达到国际先进水平，一批企业进入国际第一梯队，实现跨越发展。

---

❶ 王龙兴. 2019 年中国集成电路封装测试业的状况［J］. 行业分析，2020，37（7）：1 -3.

❷ 吴松强，徐子鉴，金鑫. 我国集成电路产业突围路径探究：中美贸易摩擦视角［J］. 科技创新，2020，20（10）：16 -23.

❸ 王鹏飞. 中国集成电路产业发展研究［D］. 武汉：武汉大学，2014：60 -65.

2016 年 12 月，国家发改委、工信部印发的《信息产业发展指南》提出，信息产业、集成电路产业着力提升集成电路设计水平；建成技术先进、安全可靠的集成电路产业体系。

2017 年 4 月，科技部印发的《国家高新技术产业开发区“十三五”发展规划》提出，优化产业结构，推进集成电路及专用装备关键核心技术突破和应用。

2018 年 12 月 29 日，《山东省装备制造业转型升级实施方案》中提到要以集成电路、通信设备、工业操作系统及设备、智能制造核心信息设备为主攻方向，重点发展高性能服务器、高端容错计算机、嵌入式 CPU、海量存储设备、智能计算芯片、无线移动通信、新一代网络、量子通信、工业大数据、工业互联网平台、制造物联和制造信息安全等设备，加快应用新材料、新工艺、先进制造技术，合力攻克端到端的工业软件、工业大数据管理与分析、数据驱动的构件组合、工业互联网平台、增强现实、制造信息互联互通标准与接口等关键技术，构建新一代信息技术装备产业体系。

2019 年 7 月 12 日，《山东省支持数字经济发展的意见》中提到提升数字产业化水平，巩固发展集成电路、基础电子等关键基础产业，全面提升高性能计算机、高端软件、智能家居等特色优势产业。

2.1.3　项目分解

本部分报告分别对模块封装、载带制造、芯片设计、电子元件及组件四个行业的专利信息进行多维度分析，在现状分析的基础上提出创新发展建议。

2.2　模块封装技术专利分析

封装是指安装半导体集成电路芯片用的外壳，它不仅起着安放、固定、密封、保护芯片和增强电热性能的作用，而且是沟通芯片内部世界与外部电路的桥梁——芯片上的接点用导线连接到封装外壳的引脚上，这些引脚又通过印制板上的导线与其他器件建立连接。因此，封装对集成电路起着重要的作用。新一代集成电路模块的出现常常伴随着新的封装形式的使用。

集成电路的封装技术已经历了好几代变迁，从 DIP、QFP、PGA、BGA 到 CSP 再到 MCM，技术指标一代比一代先进，芯片面积与封装面积之比越来越接近于1，适用频率越来越高，耐温性能越来越好，引脚数增多，引脚间距减小，重量减小，可能性提高，使用更加方便，等等。本章对于集成电路模块封装技术的专利态势进行整体分析，得到集成电路模块封装的技术现状，为山东省在集成电路模块封装技术领域的发展提供建议。

2.2.1 全球专利分析

2.2.1.1 全球专利申请趋势分析

截至2020年9月30日，集成电路模块封装技术的全球专利申请已有约20万项，按照申请年份进行统计后得到图2－1所示的集成电路模块封装技术全球专利申请趋势。可以看出，在20世纪80年代以前模块封装的专利申请量极少，一直处于基础理论性的研究探索过程；20世纪90年代初期，申请量有一定的增长，集成电路模块封装进入缓慢发展期；1997~2001年，随着技术进步以及互联网通信的发展，申请量快速增长，模块封装进入迅速发展期；2002~2009年模块封装进入技术调整期，在这段时间，虽申请数量不低，但申请量的增长放缓，且出现了一定的下降，说明此时技术在一些方面的研究的局限性导致了技术创新的瓶颈；2009年之后，经过研究的不断深入以及芯片生产及设计的进步推动了模块封装技术的发展，迎来新一波的快速增长。

图2－1　集成电路模块封装技术全球专利申请趋势

2.2.1.2　全球专利申请地域分析

对集成电路模块封装全球专利申请地域进行研究，包括对技术来源国的专利分析以及对技术目标国的专利分布态势分析。技术来源国分析反映了主要技术研发力量的分布情况，有助于了解各国家或地区的技术创新能力；而技术目标国分析则体现了各创新主体的全球市场布局意图，将有助于从宏观层面了解世界范围的技术和市场变化趋势，为国家产业政策制定、行业技术方向规划、企业技术研发和布局提供帮助。

就集成电路模块封装技术专利申请而言，经统计分析和筛选，专利申请技术来源国和目标市场均主要集中在日本、美国、中国、韩国和德国。

1. 技术来源国

从图 2－2 集成电路模块封装技术来源国区域分布可以看出，专利申请技术来源国主要为日本、美国、中国、韩国和德国。日本有 79395 项集成电路模块封装技术相关专利，申请数量位居全球第一，占全球集成电路模块封装相关专利申请总量的 39%；其次分别为美国、中国、韩国和德国，申请量分别占比为 21%、20%、9% 以及 6%。

2. 技术目标国

从图 2－3 集成电路模块封装技术目标国区域分布可以看出，技术目标国主要集中在美国、日本、中国、韩国和德国，技术目标国和技术来源国几乎是一致的。

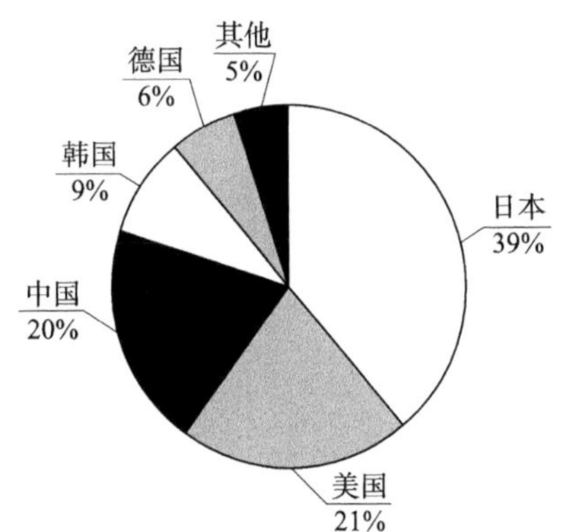

图 2－2　集成电路模块封装技术来源国区域分布

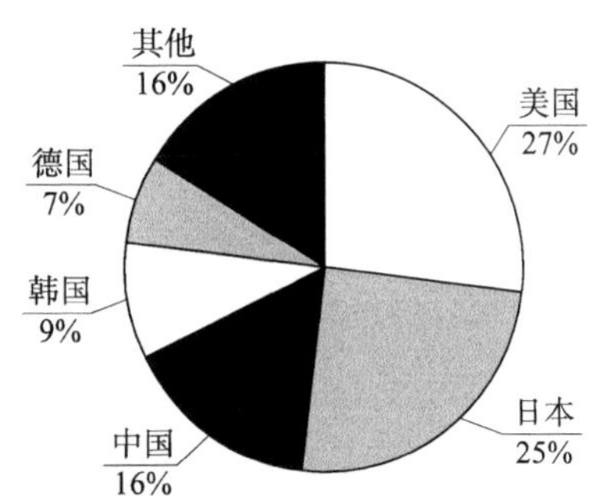

图 2－3　集成电路模块封装技术目标国区域分布

美国和日本是全球各国争相布局的重要目标市场国，其专利布局的占比分别为 27% 和 25%。虽然日本相比于美国的集成电路模块封装技术的专利申请量高出近一倍，但是各国申请人在美国的专利布局占比仍略高于在日本的专利布局占比，可见，由于美国汇集了当今的先进技术，其强大的经济实力吸引了更多国家的申请人在美国进行专利布局。中国、韩国和德国作为技术目标国的专利布局占比分别为 16%、9% 和 7%，相比于美国和日本而言还存在明显的差距。

2.2.1.3 全球专利申请人分析

图 2－4 显示了全球集成电路模块封装技术相关专利申请的排名前十名主要申请人的申请数量状况。

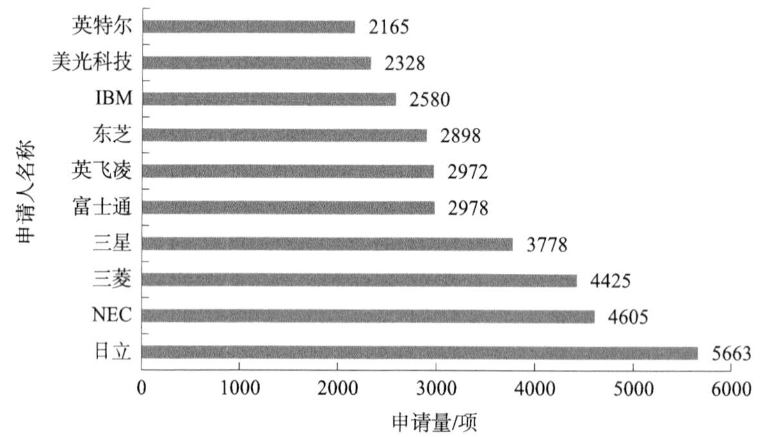

图 2－4 集成电路模块封装申请人全球排名

从全球排名前十的申请人的国别构成来看，作为集成电路模块封装主要技术来源国的日本、韩国、德国和美国均有企业上榜。其中，排名前四位的日立、日本电气（NEC）、三菱均是日本企业，并且另有两家日本企业东芝和富士通也跻身前十，体现出日本申请人十分重视集成电路模块封装技术的潜在市场价值，对该技术的研究投入了较多关注，并且积极申请专利保护以争取技术领先，从而抢占未来的市场份额，使日本在该领域几乎处于技术垄断的地位；其余的四位分别是韩国的三星、德国的英飞凌、美国的 IBM 和英特尔。

2.2.1.4 全球专利技术构成分析

图 2－5 显示了全球范围内集成电路模块封装的主要技术构成。如图 2－5 所

示，集成电路模块封装技术主要集中在导电结构、智能卡封装、密封层、冷却、安装架等技术主题。具体地说，导电结构主要包括用于向或自处于工作中的固态物体通电的装置，例如引线或接线端装置，涉及导电结构的设计、制作工艺和装置的改进等方面；智能卡封装主要包括智能卡封装结构的设计和制作工艺的改进；密封层主要包括密封层的成分、结构的改进；冷却主要包括散热结构的设计；安装架主要包括不可拆卸的绝缘衬底，例如框架、载带中的绝缘衬底等结构的设计和制作工艺。可以看出，导电结构和智能卡封装是研究者的重点关注领域。

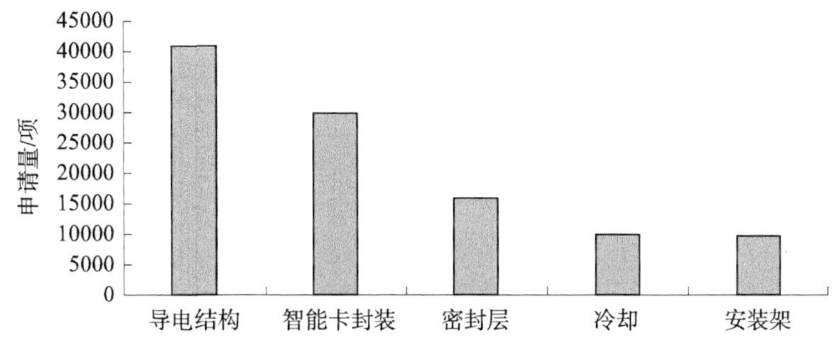

图 2－5　集成电路模块封装主要技术构成

2.2.2 中国专利分析

2.2.2.1 中国专利申请趋势分析

截至 2020 年 9 月 30 日，中国在集成电路模块封装相关的专利申请总量为 36192 项。图 2－6 是中国集成电路模块封装技术专利申请量的变化趋势。从该图可以看出，集成电路模块封装技术在中国的专利申请趋势与全球专利申请趋势呈现一定的差异性。从 20 世纪 90 年代开始，国内集成电路申请量缓慢增加，这段时间为缓慢发展期，2000～2006 年国内紧跟世界潮流，申请量快速增长，模块封装进入迅速发展期，之后模块封装进入技术调整期（2007～2013 年），2014 年之后再次表现为快速增长。

虽然与全球集成电路模块封装专利申请趋势的对比来看，中国在集成电路模块封装领域的专利申请出现得相对较晚。随着集成电路模块技术的不断进步，集成电路模块对于尺寸、散热、成本等多方面的要求趋于极致，产生技术突破的难度越来越高，中国在集成电路模块封装技术领域的专利申请在未来几年也有可能出现如日本、美国、韩国等申请量增长趋于平缓并下降的趋势。

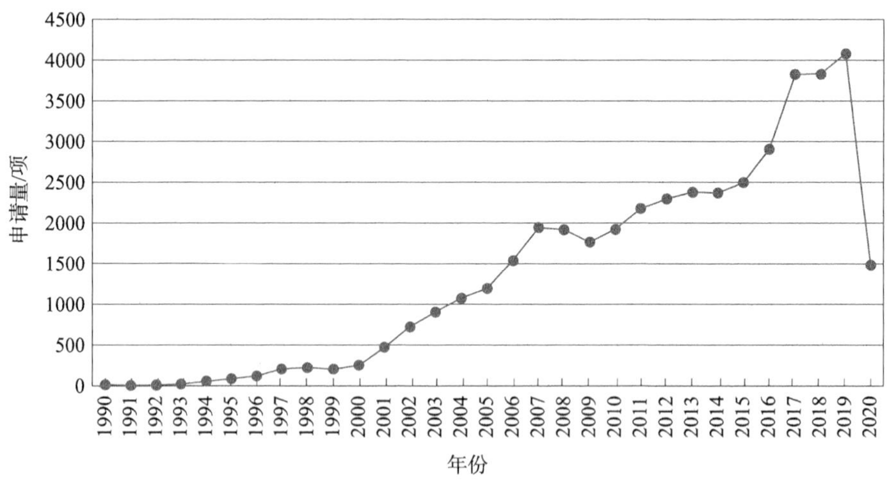

图 2－6　中国集成电路模块封装专利申请趋势

2.2.2.2　中国专利申请地域分析

1. 技术来源国分析

图 2－7 为集成电路模块封装专利的国内外申请人在华申请量趋势变化，通过分析可知：

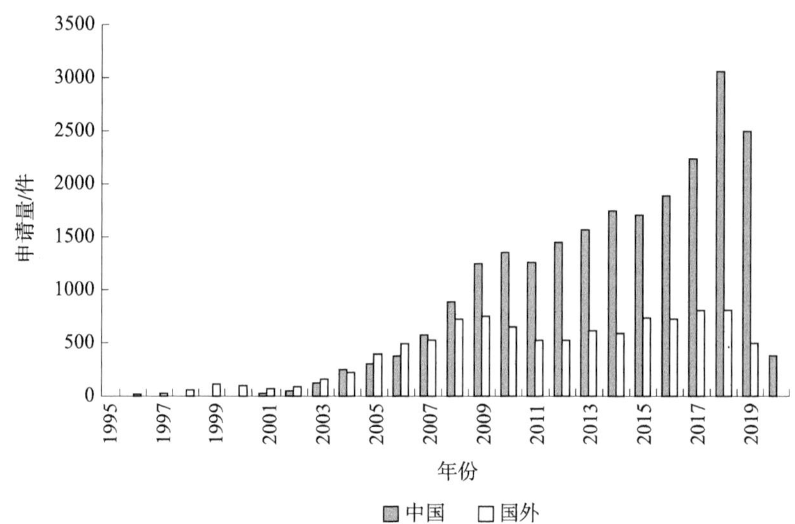

图 2－7　集成电路模块封装国内外申请人在华申请量趋势

（1）国外申请人早期在中国的专利申请量具有一定的优势。1994～2000年，国外申请人在中国的专利申请量出现快速增长，明显超过国内申请人的专利申请量，这说明国外申请人，尤其是大型跨国企业、集团意识到中国这一巨大的新兴市场，在此期间纷纷来华进行专利布局，占领技术制高点，掌握核心专利技术，以期利用专利壁垒排挤竞争对手，同时获取高额利润回报。

（2）中国近年来在本国申请趋势增长迅猛，申请量远超国外申请人。2000年时，国内申请人的申请量低于国外申请人的申请量，到2005年二者几乎持平，而从2007年开始，国内申请人的申请量呈现爆炸式增长，开始超过国外申请人的申请量，并在之后将差距越拉越大。分析其原因，可能与2000年开始的以中央政府为导向、以地方政府和民间资本为主要推手的集成电路市场化发展有关，集成电路的快速发展激起了研究人员对于集成电路模块封装技术的极大研究兴趣，迎来集成电路模块封装技术研发的高潮。

接下来具体分析集成电路模块封装技术在华专利申请的来源国分布情况。从图2－8可以看出，在华专利申请中，国内申请人申请占比占申请总量的68%左右。在中国进行专利申请的国外申请人主要来源于日本、美国、韩国和德国，其占比分别为13%、8%、4%和3%。可以看出日本和美国依然是集成电路模块封装技术领域国外在华专利申请的主要力量。

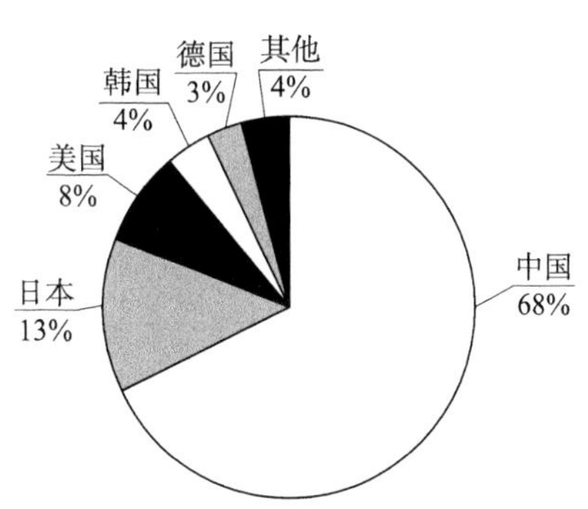

图2－8 中国集成电路模块封装专利申请来源国分布

2. 省市分析

图2－9显示出中国集成电路模块封装领域专利申请量排名前十位的省份。台湾地区依托于台积电、日月光等封装领域技术领先的企业，在该领域的专利申请量最大，约占国内专利申请总量的17%。江苏、广东、上海、北京和浙江作为科技企业和研究机构的聚集地，在国内集成电路模块封装领域的专利申请量依次排在第二位至第六位。山东在集成电路模块封装领域的专利申请量排在全国第十位，位于四川、安徽和陕西之后。可以看出，山东在该领域的技术并不具有优势。

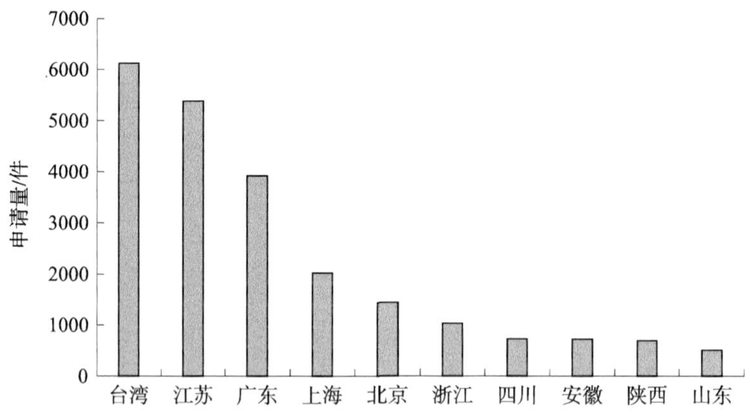

图 2-9　中国集成电路模块封装专利申请区域分布

2.2.2.3　中国专利申请人分析

1. 重点申请人分析

从图 2-10 给出的集成电路模块封装在华专利申请排名前十位的申请人情况可以体现出如下特点。

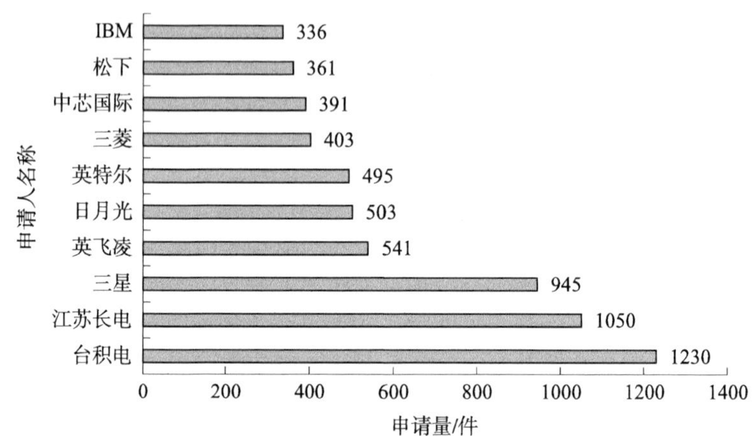

图 2-10　中国集成电路模块封装技术主要申请人

（1）国内申请人和国外申请人基本势均力敌，中国台湾地区申请人优势明显。集成电路模块封装在华申请排名前十位的申请人中，国内申请人和国外申请人分别占据其中的五位，表明中国的技术和市场同时受到国内外申请人的普遍重视。来自中国的台积电、江苏长电和日月光半导体分别占据第一位、第二位和第五位，在申请数量上占有明显优势；国内申请人中的中芯国际位于第八位，表现也较为突出。值得一提的是，中国台湾地区有台积电和日月光半导体两家企业同时上榜，成为国内集成电路模块封装技术发展的主要技术力量。

（2）国外大型跨国企业和集团对中国市场十分重视。进入前十位的国外申请人分别是韩国的三星、德国的英飞凌、美国的英特尔和 IBM 以及日本的三菱和松下。可见，全球主要技术来源国的大型跨国企业和集团非常看重中国的集成电路模块封装市场，纷纷来到中国进行专利布局。

（3）国内主要申请人全部来自企业，科研机构参与度不高。集成电路模块封装技术的国内主要申请人全部是企业申请人，没有出现高校和研究院等科研机构。一方面，集成电路模块技术的发展需要大量的资金支持，因此企业相比于科研机构在该领域具有无法比拟的优势；另一方面，集成电路模块封装技术是问题导向式的发展形式，企业站位于产业化的前沿，更能发现技术上存在的问题，从而能够更加有针对性地进行技术攻关，形成技术创新。

2. 申请人类型分析

根据上文的分析，国内主要申请人全部为企业申请人，因此接下来进一步分析国内申请人整体的类型分布。从图 2－11 可以清楚地看到，国内申请人中，企业申请人占比已经达到 90%，而个人申请人和科研机构申请人占比仅有 5% 和 4%，合作申请仅占 1%。

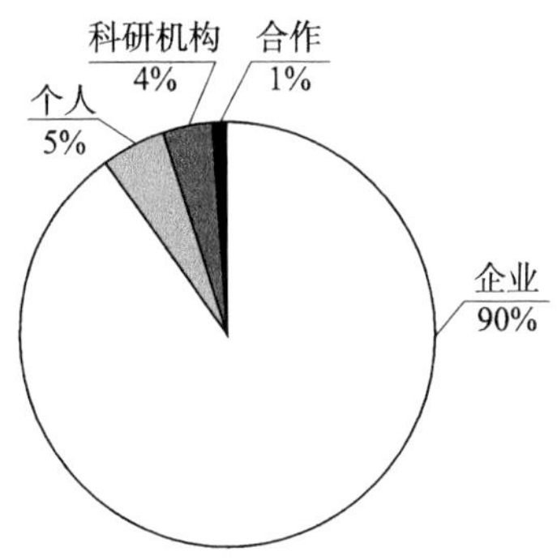

图 2－11　集成电路模块封装国内申请人类型分布

2.2.2.4　中国专利技术构成分析

由图 2－12 显示的中国集成电路模块封装的主要专利技术构成可以看出，

中国在该领域的主要技术分支与全球是保持一致的，都包括导电结构、密封层、冷却、智能卡封装和安装架等技术分支。其中，全球和中国都将导电结构作为最重要的研究领域，而全球领域对于密封层、冷却、安装架的研究则相对较少；中国智能卡封装领域所占比例低于全球技术构成中所占比例。可见，中国在智能卡封装技术领域的研究相比于全球其他国家在该领域的研究热度较低，需要在该领域加大投入，从而占据有利地位。

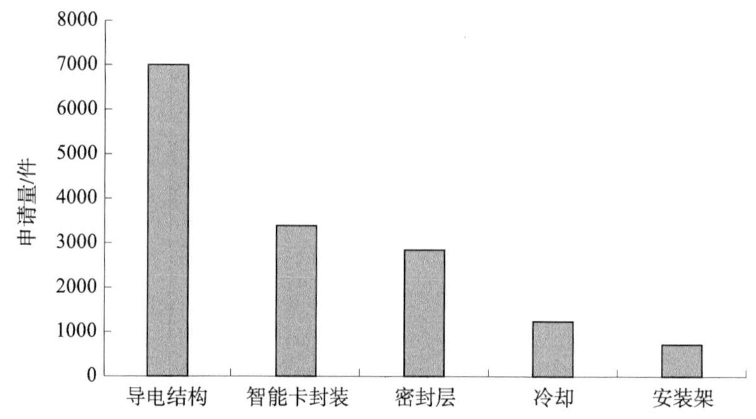

图 2-12　中国集成电路模块封装主要技术构成

2.2.2.5　中国专利申请法律状态分析

中国集成电路模块封装专利申请法律状态分布如图 2-13 所示。其中，有效专利 15929 件，占比 44%；失效专利 13897 件，占比 38%；在审专利 6366 件，占比 18%。可见，目前有效专利所占比例相对较高，在进行专利布局时需要重点关注这部分专利，避免发生专利侵权状况。

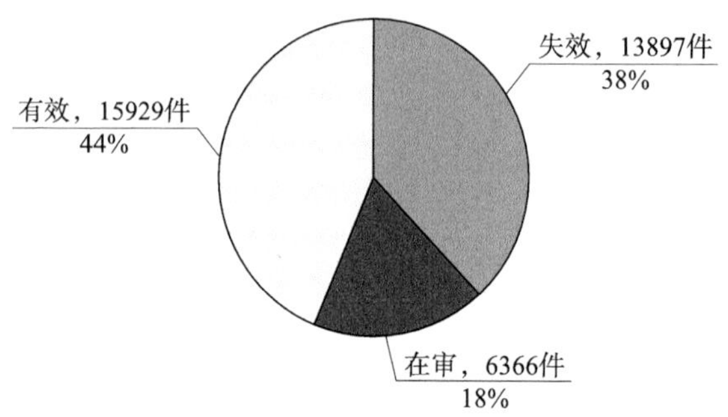

图 2-13　中国集成电路模块封装专利申请法律状态

2.2.3 山东省专利分析

2.2.3.1 山东省专利申请总体分析

1. 申请量趋势分析

山东省在集成电路模块封装领域的专利申请量为433件。从图2－14显示的山东省的专利申请趋势可以看出，山东省在该领域的专利申请从1985年开始，并先后经历了如下三个时期。

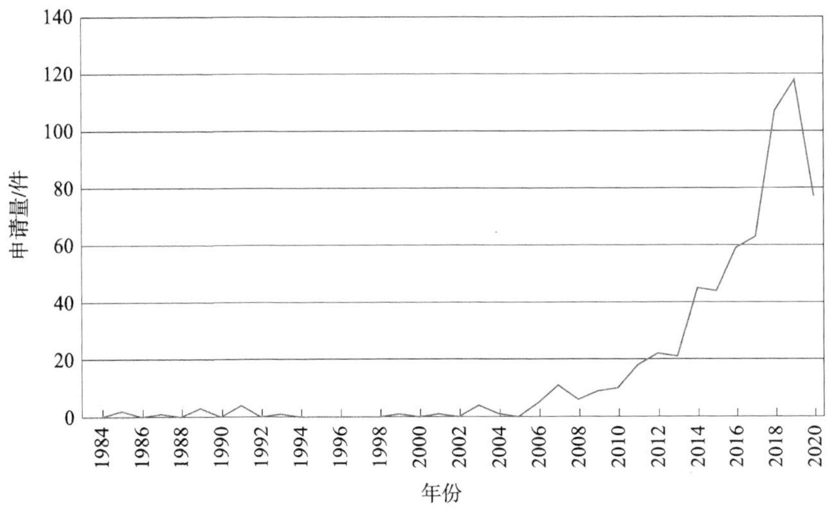

图2－14 山东省集成电路模块封装专利申请趋势

技术萌芽期（1985～2005年）：1985年在华申请的10件专利申请中，山东省即包揽了其中的2件，申请人均为山东大学，说明山东省的集成电路模块封装技术起步早，专利保护意识强；然而直到2005年，山东省在该领域的专利申请量仅有18件，说明山东省在这20年间的封装技术仍处于艰难开拓的阶段。

缓慢发展期（2006～2010年）：在山东省政府的政策引导下，2006～2010年，山东省在集成电路模块封装领域的专利申请呈现出逐渐上升的趋势，进入缓慢发展期。

快速增长期（2011年至今）：随着国内在集成电路模块封装领域的专利申请量的爆发式增长，山东省从2011年起专利申请量极速上升，到2018年的专利申请量已经达到100余件。这段时期为专利申请的快速增长期。

2. 山东省集成电路模块封装领域专利申请量排名前十地市专利分布

山东省集成电路模块封装领域的专利申请量排名前十地方分布如图2-15所示。济南、青岛依托于山东省各大科研机构和重点企业的集群优势，在该领域的专利申请量分别居第一位和第二位；临沂排名第七位。可见，临沂市与济南、青岛两个山东省经济和技术发展优势集中的城市相比还存在明显的差距。

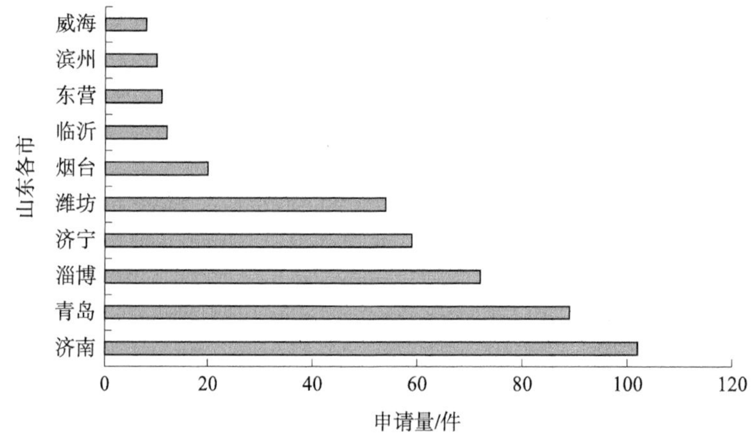

图2-15　山东省集成电路模块封装领域专利申请量排名前十地市分布

2.2.3.2　山东省专利申请主要创新主体分析

1. 重点申请人分析

从图2-16可以看出，山东省在集成电路模块封装领域的专利申请量排名前15位的申请人中有12家企业和3所科研机构，表明山东省在集成电路模块封装的创新主体仍以企业为主。

这12家企业中，歌尔股份有限公司以远超其他申请人的专利申请量的绝对优势占据第一位。2019年，歌尔股份有限公司购买了MACOM Wireless (HK) Limited公司51%的股权，利用MACOM在硅基GaN领域的领先技术，进一步发展无线通信射频芯片及模组。

排入山东省申请人前十位的科研机构包括山东大学、济南市半导体元件研究所和山东省半导体研究所，分别位于第五位、第七位和第十二位。山东大学是国内首批在集成电路模块封装领域进行专利申请的申请人之一，然而在过去

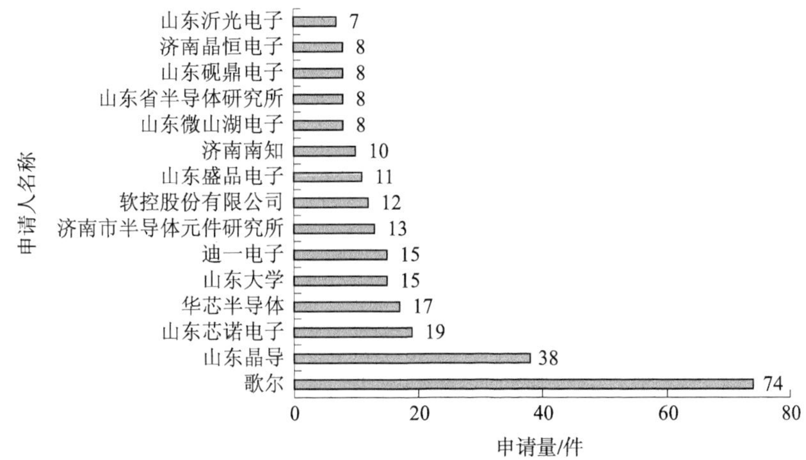

图 2－16　山东省集成电路模块封装重要申请人

的 30 多年里在该领域仅提交了共 15 件专利申请，说明山东省的科研机构在该领域的技术研发和专利布局动力不足。

2. 申请人类型分析

如图 2－17 所示，对山东省在集成电路模块封装的申请人类型分析可以看出，企业申请人所占比例很高，达 79%；科研机构和个人申请人的占比相对较低，分别为 11% 和 9%；合作申请占比仅为 1%。从山东省申请人类型和重要申请人分布结合的分析结果来看，山东省的企业构成了该省集成电路模块封装技术的主要研发力量。

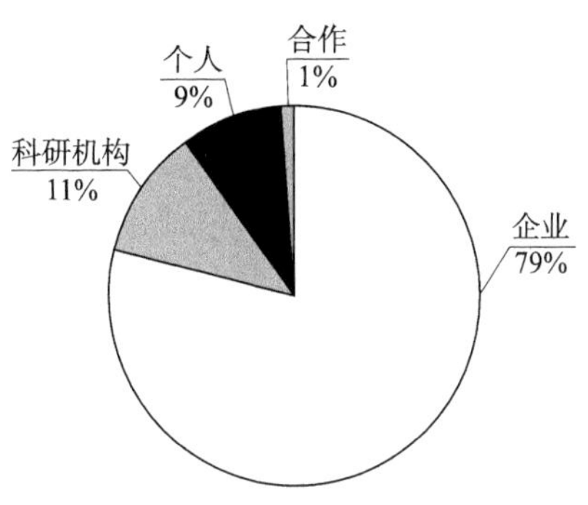

图 2－17　山东省集成电路模块封装申请人类型

3. 主要发明人

山东省集成电路封装模块的主要发明人情况如图 2－18 所示。排名前十位的发明人中，孔凡伟、段花山和朱坤恒来自山东晶导微电子股份有限公司，刘昭麟来自山东盛品电子，端木鲁玉来自歌尔股份有限公司，陈钢全、吴南来自山东芯诺电子科技股份有限公司。可以看出，山东省集成电路模块封装技术的主要发明人全部来自排名前十位的重点申请人，可见优秀的研发团队在企业技术创新中的重要作用。

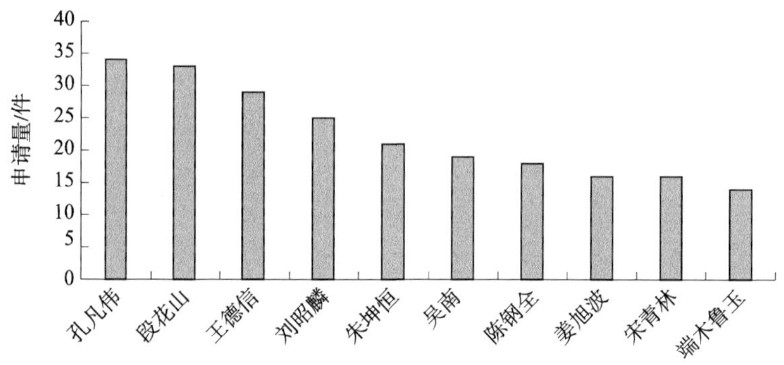

图 2－18　山东省集成电路模块封装主要发明人

2.2.3.3　山东省专利技术构成分析

如图 2－19 所示，山东省在集成电路模块封装的专利技术构成与国内在该领域的专利技术构成基本一致，不同的是，智能卡封装在山东省的技术分支中排在第三位，说明山东省比较重视智能卡封装的技术研发。

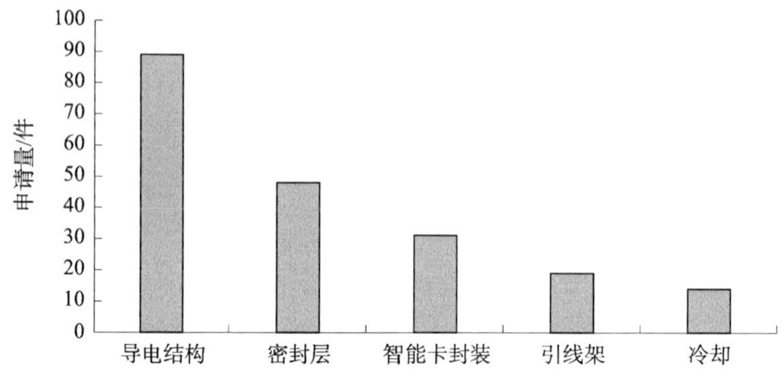

图 2－19　山东省集成电路模块封装主要技术构成

2.2.4　临沂市专利分析

根据前述分析，在集成电路模块封装技术领域，临沂市的申请量为 12 件，在山东省各地中排在第七位。在这 12 件专利申请中，山东沂光电子的申请量最大，为 7 件，占比超过一半，其他企业的专利申请数量更少。可见，临沂市在该领域的专利申请很分散，很多企业仅有该领域的几项专利申请。为更好地促进临沂市集成电路模块封装领域的发展，现将集成电路领域相关重点发明人整理如表2－1所示，政府或企业在进行相关人才引进时作参考。

表2－1　我国集成电路领域相关重点发明人

排名	发明人	申请数量（件）	所属公司名称
1	梁志忠	990	江苏长电科技股份有限公司
2	王新潮	853	江阴芯智联电子科技有限公司
3	余振华	398	台湾积体电路制造股份有限公司
4	林正忠	323	中芯长电半导体（江阴）有限公司
5	李维平	256	江苏长电科技股份有限公司
6	陈彦亨	242	中芯长电半导体（江阴）有限公司
7	陈宪伟	233	台湾积体电路制造股份有限公司
8	冯宇翔	214	美的集团股份有限公司
9	石磊	193	通富微电子股份有限公司
10	赖志明	189	江阴长电先进封装有限公司

2.2.5　模块封装技术发展路线

在集成电路产业市场和技术的推动下，集成电路封装技术不断发展，大体经历了以下三个技术阶段的发展过程。

第一阶段是1980年之前的通孔插装（THD）时代。这个阶段技术特点是插孔安装到PCB上，主要技术代表包括三极管（TO）和双列直插封装(DIP)，其优点是结实、可靠、散热好、功耗大，缺点是功能较少，封装密度及引脚数难以提高，难以满足高效自动化生产的要求。

代表专利申请：US611104，双列直插式封装互连矩阵，申请日1967年1月23日，申请人Elco公司。一种双列直插式封装互连矩阵，包括两排平行排布的引脚，由绝缘条带隔开的扁平的导电带。

第二阶段是从1980年开始的表面贴装（SMT）时代。该阶段技术的主要特点是引线代替针脚，由于引线为翼形或丁形，从两边或四边引出，较THD插装形式可大大提高引脚数和组装密度。最早出现的表面贴装类型以两边或四边引线封装为主，主要技术代表包括小外形晶体管（SOT）、小外形封装(SOP)、四方扁平封装（QFP）等。采用该类技术封装后的电路产品轻、薄、小，提升了电路性能。性价比高，是当前市场的主流封装类型。

在电子产品趋小型化、多功能化需求驱动下，20世纪末期开始出现以焊球代替引线、按面积阵列形式分布的表面贴装技术。这种封装的 I/O 是以置球技术以及其他工艺把金属焊球（凸点）矩阵式地分布在基板底部，以实现芯片与 PCB 板等的外部连接。该阶段主要的封装形式包括球状栅格阵列封装（BGA）、芯片尺寸封装（CSP）、晶圆级芯片封装（WLP）、多芯片封装（MCP）等。BGA 等技术的成功开发，解决了多功能、高集成度、高速低功耗、多引线集成电路电路芯片的封装问题。

代表专利申请：US07844075，三维多芯片焊盘阵列载体，申请日 1992 年 3 月 2 日，申请人摩托罗拉公司。一种可堆叠的三维多芯片组件（MCM）（59），其中一个芯片载体（42）通过焊点（29）互连到另一个芯片载体（48），该可堆叠的三维多芯片组件（59）包括顶部芯片载体（42）在衬底（46）的下表面上具有焊球（23）。下芯片载体（48）在基板（52）的上表面上具有焊球（16），在下表面上具有焊球（15）。盖（60）可用于密封器件（50），盖的高度将用作载体平面之间的自然正间隔，从而产生沙漏形焊点（29），其使焊点的疲劳寿命最大化。在这种堆叠方法中，可以容易地容纳散热器以进一步增强 MCM 的散热。此外，每个衬底能够承载多个芯片，因此模块在三维生长的同时并入了平面芯片密度生长。

代表专利申请：US08805317，具有球栅阵列型封装结构半导体器件和半导体器件单元，申请日 1997 年 2 月 24 日，申请人富士通株式会社。一种具有球栅阵列型封装结构的半导体器件或半导体器件单元，包括半导体元件、具有安装表面和彼此相对的连接表面的基座、在连接表面上设置的用作外部连接端子的多个球、密封半导体元件的密封树脂和导电电极构件，电极构件的第一端在基座的安装表面上电连接到半导体元件，电极构件的第二端电连接到外部端子。可穿过密封树脂的导电销可用作电极构件。即使在将半导体器件安装在电路板上之后，也可以对半导体元件进行测试。另外，能够提高电器的可靠性和散热效率。

代表专利申请：US13338820，封装半导体器件和封装半导体器件方法，申请日 2011 年 12 月 28 日，申请人台积电。提供了在半导体器件衬底上形成模塑化合物以实现晶片级封装（WLP）中的扇出结构的机制。该机制涉及覆盖围绕接触焊盘的绝缘层的表面的部分。该机制提高了封装的可靠性和封装过程的过程控制。该机制还降低了界面脱层的风险，以及在后续处理期间绝缘层的过度放气。该机构进一步提高了平面化终点。通过利用接触焊盘与绝缘层之间的保护层，可以减少铜向外扩散，并且还可以提高接触焊盘与绝缘层之间的黏合性。

第三阶段是21世纪开始的高密度封装时代。随着电子产品进一步向小型化和多功能化发展，依靠减小特征尺寸来不断提高集成度的方式因为特征尺寸越来越小而逐渐接近极限，以3D堆叠、硅穿孔（TSV）为代表的三维封装技术成为延续摩尔定律的最佳选择。其中3D堆叠技术是把不同功能的芯片或结构，通过堆叠技术，使其在Z轴方向上形成立体集成、信号连通以及圆片级、芯片级、硅帽封装等封装和可靠性技术为目标的三维立体堆叠加工技术，用于微系统集成。TSV是通过在芯片和芯片之间、晶圆和晶圆之间制作垂直导通，实现芯片之间互连的最新技术。与以往IC封装键合和使用凸点的叠加技术不同，三维封装技术能够使芯片在三维方向堆叠的密度最大，外形尺寸最小，大大改善芯片速度和低功耗的性能。为了在允许的成本范围内跟上摩尔定律的步伐，在主流器件设计和生产过程中采用三维互联技术将会成为必然。

代表专利申请：US10209823，具有使用硅通孔连接的背面重新分布的半导体管芯和组件，申请日2002年7月31日，申请人美光科技。一种从半导体衬底的有源表面重新布线到半导体衬底的背面的装置和方法，以及组装和封装单个和多个半导体管芯，在其上形成这种重新布线的再分布线。半导体衬底包括其中形成有导电材料的一个或多个通孔，并且该通孔从半导体衬底的有源表面延伸到背面。重新分布图案图案化在半导体衬底的背面上，从通孔中的导电材料延伸到半导体衬底的背面上的预定位置，该预定位置对应于另一衬底的互联图案，用于与其互连。

2.2.6 小结

从全球专利申请趋势来看，截至2020年，全球范围内针对集成电路模块封装技术的专利申请总量已有约20万项；其中在华专利申请36192项。美国和德国开始集成电路模块封装专利申请年代较早，日本的起步稍稍落后于美国和德国，中国和韩国起步最晚。然而，国内专利申请从20世纪90年代开始缓慢增加，2014年后进入快速增长阶段。

从全球专利布局来看，美国是各个国家除了在本国专利申请之外的最主要的布局国家，是该领域十分重要的市场。在华申请中，国外申请人早期在中国的专利申请量具有一定的优势，但国内申请人近年来在本国申请趋势增长迅猛，申请量远超国外申请人。

从全球主要申请人来看，全球前十位的申请人中有 4 家日本企业。全球前十位重要申请人中没有出现科研机构。在华申请中，国内申请人和国外申请人基本相当，中国台湾地区申请人优势明显。

从国内专利申请类型和法律状态来看，目前有效的授权专利所占比例相对较高，在进行专利布局时需要重点关注这部分专利，避免侵权。

山东省的集成电路模块封装技术专利申请量有 433 件。山东省在集成电路模块封装领域的专利申请量排名前十五位的申请人中包括 12 家企业和 3 所科研机构。歌尔股份有限公司以远超其他申请人的专利申请量的绝对优势占据第一位；相关科研机构中，山东大学的苗庆海课题组和山东省半导体研究所的崔振华课题组的专利申请量相对较高，虽然这两个研发团队均未能排入山东省排名前十位的主要发明人，但是这两个研发团队为山东省在集成电路模块封装技术的发展提供了人才储备。

临沂市的申请量为 12 件，在山东省各个城市中排在第七位。在这 12 件专利申请中，山东沂光电子的申请量最大，为 7 件，占比超过一半；其他申请人的专利数量更少。可见，临沂市在该领域的专利申请很分散，很多企业仅有该领域的几项专利申请。

2.3 载带制造技术专利分析

载带按照材质可以分为纸质载带和塑料载带。纸质载带的原材料原纸由针叶木浆和阔叶木浆等原生纤维浆通过打浆、调浆和抄造制作而成，且利用施胶和精密烧毛等技术有效控制毛屑，再依据需求制成分切纸带、打孔纸带和压孔纸带。纸质载带具备回弹好、价格低廉、回收处理方便等特点，被电子元器件厂商优先采用。

塑料载带以 PC（聚碳酸酯）粒子、聚乙烯等为原料，采用粒子一体化高速成型工艺和多层共挤技术制成。塑料载带又可分为 PC 载带、聚苯乙烯（PS）载带和丙烯腈 - 丁二烯 - 苯乙烯共聚树脂（ABS）载带，此外也有少量的聚对苯二甲酸乙二醇酯（PET）载带和非结晶化聚对苯二甲酸乙二醇酯（APET）载带。宽度规格有 8mm、12mm、16mm 等。塑料载带主要用于封装厚度超过1mm的电子元器件，主要是半导体分立器件、集成电路和LED。其中黑色塑料载带具有良好的导电性能，广泛应用于电晶体、二极体、半导体等对静电敏感的元器件封装。

电子元器件薄型载带行业目前主要以中、日、韩等国企业为主，占据了大部分的市场份额，其中，日本生产企业的起步较早，技术相对较为领先，韩国生产企业在最近几年发展较快、海外销售持续增长，中国也陆续涌现出优秀的生产企业，其竞争力水平逐步接近并在一些方面超越了日韩企业。

2.3.1 全球专利分析

2.3.1.1 全球专利申请趋势分析

截至2020年9月30日，载带制造技术的全球专利申请共有4119项，图2-20显示出按照申请年份进行统计后得到载带制造技术全球专利申请趋势。从图中可以看出，全球范围内载带制造技术的专利申请已先后经历了技术萌芽期、缓慢发展期、技术调整期和快速增长期。

技术萌芽期（1970~1985年）：这段时间，全球每年载带制造技术的专利申请量仅有不到50项，因此是载带制造技术发展的萌芽期。1976年，日本的日立集团和NEC株式会社公司开始介入载带制造技术的专利申请，由此推动了该领域技术的向前发展。

缓慢发展期（1986~2001年）：在此期间，载带制造技术的专利申请量出现了较缓慢的增长，集成电路技术的发展带动了与之相关的产业发展和技术突破，尤其是芯片自动化生产对载带的制造技术提出了更高的要求，由此引发了载带制造技术的第一次飞跃。

技术调整期（2002~2009年）：这段时期中，载带制造技术已日趋完善，并且载带制造技术基本已被日本的各大企业垄断，其他企业很难继续介入，因此载带制造技术的发展进入了一个相对瓶颈的阶段，相关专利申请量出现了一定的持续性回落，成为载带制造发展的技术调整期。

快速增长期（2010年至今）：从2010年开始，中国对于集成电路领域的关注度越来越高，国内部分企业纷纷介入载带制造技术的研发，由此引发了载带制造技术的第二次飞跃，截至2018年的年专利申请量达300余项。在此期间，产生了洁美科技等载带制造业的优秀企业。

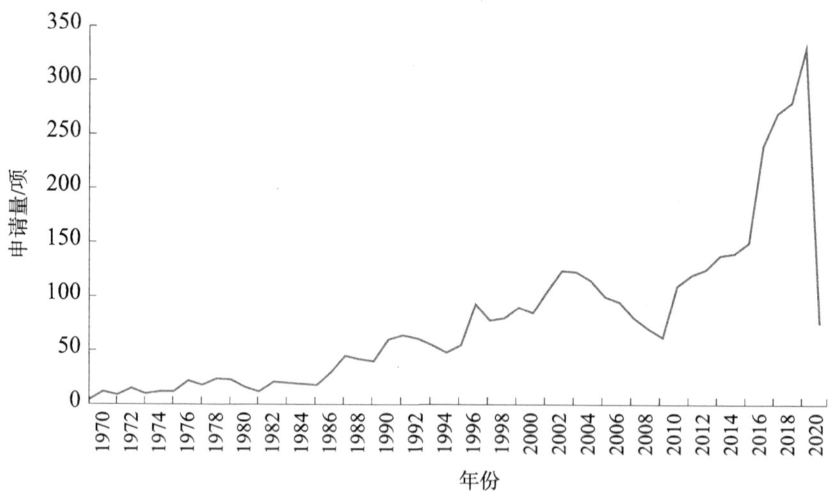

图2－20　全球载带制造技术专利申请趋势

2.3.1.2　全球专利申请地域分析

表2－2显示出全球载带制造的主要技术来源国向主要技术目标国家/地区的专利布局情况。从该表中可以看出，日本向主要技术目标国家/地区均进行了相对大量的专利布局，抢占全球载带制造技术市场；中国、美国和韩国向其他主要技术目标国家/地区的专利布局数量相对日本较少，表明海外布局意识不强。另外，各国在中国的专利布局有很大的占比，表明中国的市场被主要技术来源国所看好。

表2－2　全球载带制造技术专利申请流向分布　　单位：项

来源国	目标国/地区				
	日本	中国	韩国	美国	欧洲
日本	1384	254	197	206	91
中国	12	1217	6	17	2
美国	39	55	20	188	45
韩国	8	41	321	16	0

2.3.1.3　全球专利申请人分析

图2－21显示了全球载带制造技术相关专利申请人的排名情况，该图宏观

地反映了全球前8位申请人的申请数量状况。

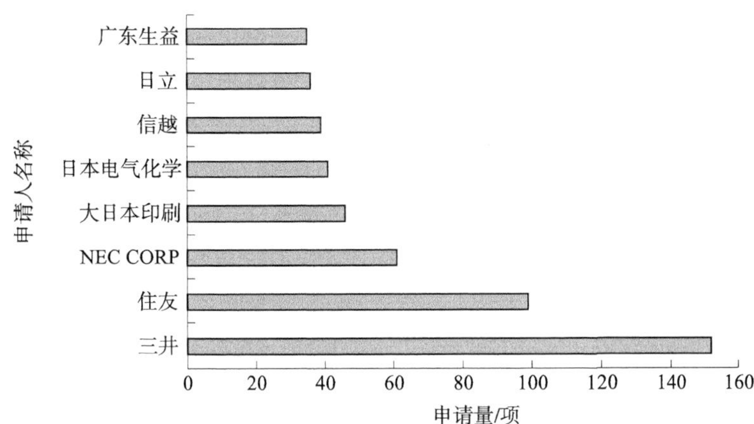

图2-21 全球载带制造技术申请人排名

作为载带制造最大的技术来源国，日本有7家企业上榜，排名依次为三井集团、住友集团、日本电气（NEC株式会社）、大日本印刷株式会社、日本电气化学工业株式会社、信越集团、日立集团，可见日本企业在全球范围内保持着绝对优势，甚至可以说是占据着垄断地位。

值得注意的是，载带制造领域的重点申请人全部是企业申请人，证明载带制造领域同样是问题导向型的发展模式，因此很少有科研机构介入该领域的研发，企业贡献了该领域的主要技术力量。

2.3.1.4 全球专利技术构成分析

图2-22显示了全球范围内对载带制造技术研究的主要技术构成分布。全球主要专利技术构成包括载带的基本结构设计、电连接结构设计、加工方法和装置、组分设计四个技术分支。其中，基本结构设计主要包括载带的主要叠层结构以及用于安装集成电路的机械连接结构设计和制造方法；电连接结构设计主要包括载带上与集成电路形成电性连接结构的设计，例如引线框架等；加工方法和装置主要包括对载带进行缠绕、运输以及后期进行切割、钻孔的方法和装置；组分设计主要包括对于载带材料的具体组分设计与合成方法。可见，全球在载带制造领域中的主要研究方向集中在载带的基本结构设计和电连接结构设计两个方面。

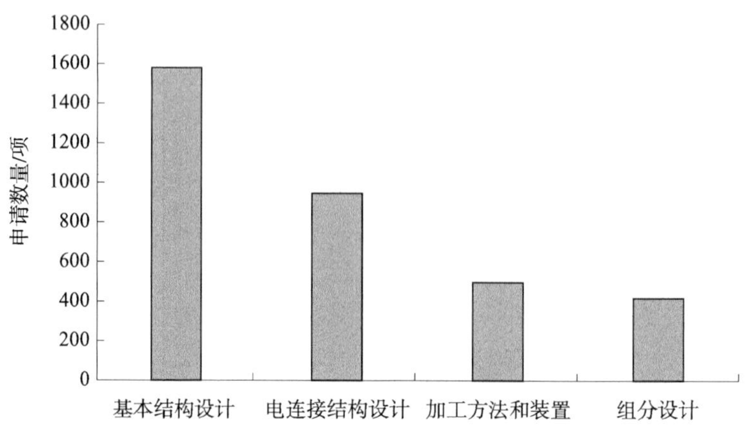

图 2-22　全球载带制造技术主要技术构成

2.3.2　中国专利分析

2.3.2.1　中国专利申请趋势分析

截止到2020年9月30日，中国载带制造相关的专利申请总量为1645件。图2-23显示的是中国载带制造技术专利申请量的变化趋势。从该图可以看出，载带制造技术在中国的专利申请趋势与全球专利申请趋势表现出明显的差异。中国在载带制造领域的专利申请先后经历了技术萌芽期（1994~2001年）、缓慢上升期（2002~2010年）和迅猛增长期（2011年至今）。到目前为止，在其他国家载带制造相关专利申请量逐渐下降的整体趋势下，中国在载带制造领域的专利申请仍处于上升的态势，并由此带动了全球载带制造领域的持续发展。

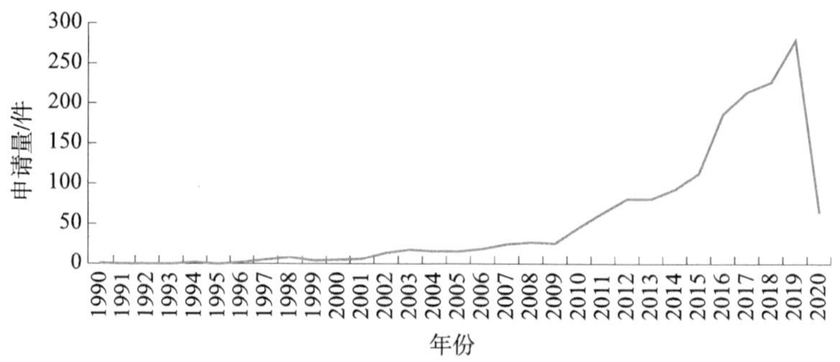

图 2-23　中国载带制造技术专利申请趋势

2.3.2.2 中国专利申请地域分析

图2－24显示出中国载带制造领域专利申请量排名前十位的省份。广东、江苏的申请量分别为412件和406件，这两个省份依托于沿海经济发展优势和企业集群特点，以超过第三位两倍以上申请量的绝对优势分别占据国内的第一位和第二位；浙江、上海分别以127件和99件申请量位居第三位和第四位，成为国内载带制造领域的重要省份；台湾、天津、山东、福建、江西和湖北依次排在第五位到第十位。山东虽然位列全国第七位，但是在该领域的申请总量仅有36件，可见山东在载带制造领域的技术创能能力有待继续提升。

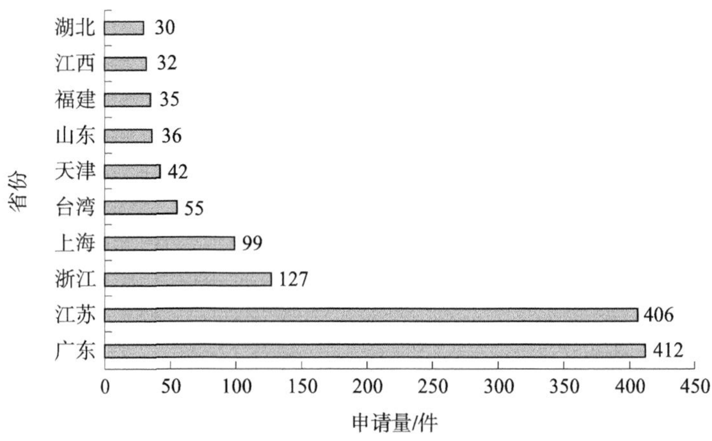

图2－24 中国载带制造技术专利申请区域分布

2.3.2.3 中国专利申请人分析

图2－25给出了载带制造在中国专利申请排名前十位的重要申请人情况，从中可以得出以下结论。

（1）国内申请人占据主导地位，日本积极在中国布局。中国专利申请排名前十位的申请人中，国内申请人占据了其中的八位，并且排名前三位的都是国内申请人，表明虽然国内申请人与国外申请人相比技术起步晚，但是发展极为迅速，短时间内即成为国内载带制造的重要技术创新主体，贡献了该领域的主要技术来源。

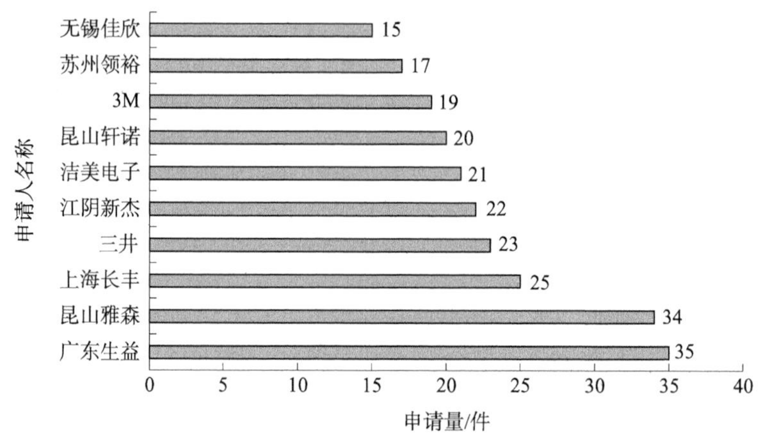

图 2-25　中国载带制造技术专利申请的主要申请人分布

（2）国内申请人的研究方向覆盖面广泛。国内重要申请人中，洁美电子、新杰科技、轩诺电子的主要研究方向包括载带制造方法和加工制造设备，长丰智能的研究方向主要集中在智能卡载带结构设计和制造方法。可见，国内企业的研究方向从载带的结构设计、制造方法、加工制造设备等支撑技术研发，到在具体应用领域中的综合设计，覆盖面十分广泛，这也是国内申请人在短期内迅速占领国内市场的主要原因之一。

（3）国内专利申请量排名靠前的申请人全部是企业申请人，科研机构参与度不高。载带制造技术的国内主要申请人全部是企业申请人，没有出现高校和研究院等科研机构。这种情况与全球重要创新主体的现状是一致的。载带制造技术作为集成电路领域的一个与产业化应用密切相关的具体技术分支，更需要的是企业在生产制作过程中发现问题并研究具体的解决方法，从而实现技术上的创新。

2.3.2.4　中国专利技术构成分析

中国载带制造技术研究的主要专利技术构成分布如图 2-26 所示。中国的主要专利技术与全球范围内的主要专利技术构成是完全一致的，同样包括载带的基本结构设计、加工方法和装置、组分设计和电连接结构设计四个技术分支。不同的是，国内申请更侧重于载带的基本结构设计、加工方法和装置这两个技术分支，另外两个技术分支的申请量相对较少。这可能是由于前两个技术分支的技术创新难度相对较低，而后两个技术分支更需要专业性的技术储备。经过前面的分析，国内的重点申请人中的主要研究方向也集中在前两个技术分支。可见，国内创新主体仍然徘徊在载带制造领域的外沿技术，对于更加核心的技术缺乏深入的研究。

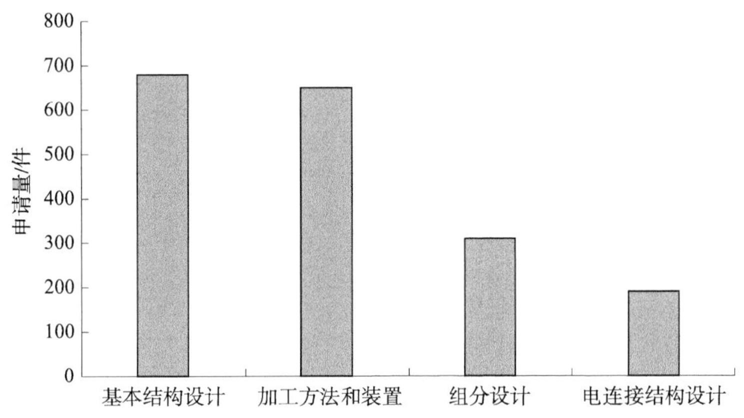

图 2－26 中国载带制造技术专利申请主要技术分布

2.3.2.5 中国专利申请类型和法律状态分析

图 2－27 显示出中国载带制造相关的专利申请的专利申请类型和法律状态。从专利类型分布可以看出，中国载带制造相关的专利申请中，发明申请、实用新型申请以及 PCT 申请所占比例分别为 41%、53% 和 6%，可见，国内申请以实用新型为主，超过申请总量的一半。实用新型申请与发明申请相比，创造性高度略低，专利权期限短，表明国内申请人的技术创新能力仍存在一定的不足。

从中国专利申请的法律状态分布来看，国内大部分的专利申请是授权状态，比例为 53%，实用新型申请只有在授权之后才被公开，因此授权的专利申请的比例与实用新型专利的比例十分相关；权利终止占 19%，权利放弃占 1%，这两部分专利分别是由于专利权到期和专利权人主动放弃而不再受到法律保护，可以成为其他企业的技术基础；撤回和驳回分别占 7% 和 6%，待审比例为 1%。授权、权利终止以及放弃表明该项专利申请已经获得专利权或者曾经获得专利权，可见在载带制造领域的专利申请授权比例比较高。

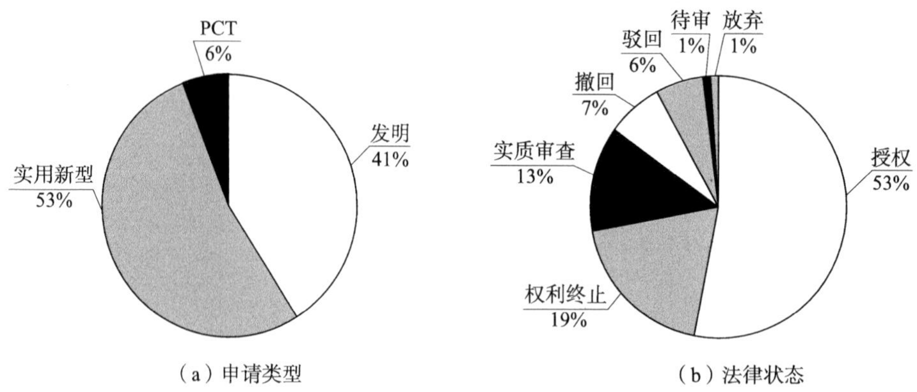

图 2-27　中国载带制造技术专利申请类型和法律状态分布

2.3.3　山东省专利分析

2.3.3.1　山东省专利申请总体分析

山东省在载带制造领域的专利申请量仅有 41 件，图 2-28 显示出山东省在该领域的专利申请分布。从中可以看出，山东省在载带制造领域的专利申请非常分散，并没有呈现出一定的规律性。

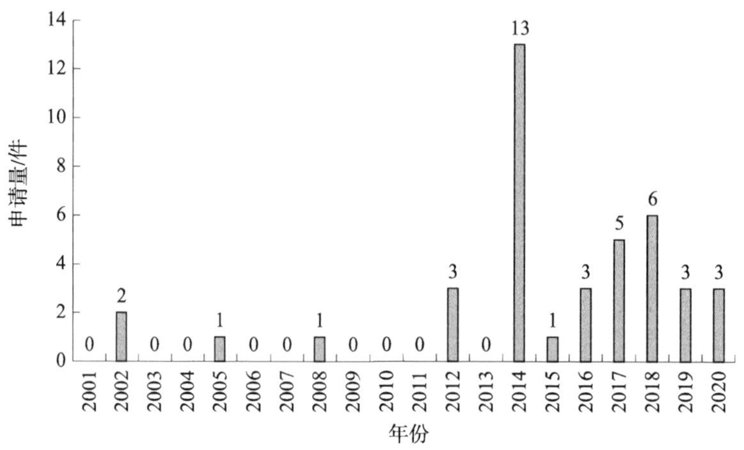

图 2-28　山东省载带制造技术专利申请趋势

2.3.3.2　山东省专利申请创新主体分析

由于山东省在载带制造领域的专利申请总量较少，因此仅对山东省的重要申请人进行介绍。从申请量来看，山东省的新恒汇在载带制造领域的申请量最高，有15件专利申请。山东省排名第二位的申请人是歌尔公司，在该领域有8件专利申请。此外，凯胜电子、泰宝防伪等企业申请人也在该领域有1~3项专利申请。个人申请人陈同胜有2件专利申请，然而，陈同胜现为新恒汇的副董事长，因此这两项申请应该是与新恒汇的合作申请。可见，山东省载带制造技术研发的创新主体很分散，除了两家规模较大的企业之外，其他企业和个人仅在该领域略有涉足。

2.3.3.3　山东省专利申请技术构成分析

在山东省的41件与载带制造领域相关的专利申请中，有24件涉及载带的结构设计，12件涉及载带的制造方法，8件涉及载带的制造加工装置（其中有重叠）。可见，载带结构设计是山东省在载带制造领域的主要研究方向，这与国内的总体研究热点是基本吻合的。

2.3.4　临沂市专利分析

临沂市在载带制造领域暂无专利申请。

临沂市可采用相关的招商引资政策，建设专业载带制造产业园区，吸引国内载带制造领域龙头企业在临沂市设立生产、研发基地，现将载带制造相关企业进行整理如表2-3所示，供临沂市政府在招商引资时作为参考。

表2-3　载带制造相关企业

序号	企业名称
1	广东生益科技股份有限公司
2	昆山雅森电子材料科技有限公司
3	浙江洁美电子科技股份有限公司
4	上海长丰智能卡有限公司
5	江阴新杰科技有限公司
6	苏州领裕电子科技有限公司
7	无锡佳欣电子产品有限公司

续表

序号	企业名称
8	深圳市宝尔威精密机械有限公司
9	厦门市海德龙电子股份有限公司
10	东莞市百达半导体材料有限公司

2.3.5 技术发展路线

载带组装技术是20世纪70年代提出的，最初发展时期的研究对象是以聚酰亚胺为材料的塑料载带，在聚酰亚胺胶带的表面通过层叠或者镀覆铜层并形成引线结构以使载带与芯片的引脚键合。然而与大多数新技术相同，早期的载带制造存在成本高、良品率低的问题。1972年，3M公司提出了一种载带及其制造方法，使载带经过冲压形成与元件端子的头部形状相同的凹陷图案，以提高元件端子的安装对位精度（专利申请号US3920121A）。这项技术为塑料载带后续的技术创新提供了基础。

芯片引脚需要与载带表面的金属引线进行焊接从而使芯片固定在载带上，然而焊接的位点往往由于应力集中而容易产生断裂。1978年，西电公司在美国提交了一项专利申请US42346666A，通过合理设计铜箔层的引线图案使其成为中心大致对称的布局，从而减小芯片引脚与载带引线的接合应力，提高连接可靠性。该项专利申请被美国、日本、欧洲等国家/地区引用了共计186次。在此之后，日本电气公司、安靠（Amkor）公司继续对塑料载带的引线结构进行改进，从而推动了塑料载带的持续发展。

为了进一步降低成本，载带的重复使用成为人们开始关注的问题。塑料载带的基本结构包括承载带、盖带以及承载带和盖带之间的黏合剂，承载带上留有空腔部以容纳电子元件，盖带通过黏合剂覆盖在承载带和电子元件表面以对电子元件进行保护。然而，如果要实现载带的重复使用，无法避免的问题就是盖带与承载带分离之后的黏合剂残留。1987年，伊利诺斯工具公司提出了一种盖带与承载带之间锁合固定的载带结构，从而避免黏合剂的使用，降低了载带的成本。

1992年，日东电工株式会社在日本提交了专利申请JP04193252A，首次提出了以纸质载带作为元件的承载体。1999年，北越造纸公司提交了专利申请

JP11004370A，其中对纸质载带制造方法进行改进，以降低纸质载带对电子元件的静电干扰，从而推进了纸质载带的继续向前发展。

作为全球纸业巨头的大王制纸株式会社从2002年起介入纸质载带的研发，是全球纸质载带最主要的创新主体之一，为纸质载带的技术发展提供了重要的技术支撑。纸质载带由含浆料纤维的原料制成，强度较低，容易断裂，一般要在载带材料表面涂布聚乙烯醇、淀粉等水溶性高分子组成的液体，提高表面强度。然而，在表面涂布水溶性高分子组成的液体时，使用时在热封中有可能发生载带和盖带剥离的问题。大王制纸株式会社在2002年提出，在纸质载带的表面与背面的至少一面涂布按有效成分质量比90：10~50：50的比例含有水溶性高分子和熔点80~120℃的苯乙烯-丙烯酸树脂的液体，可以很好地解决这个问题，具体可以参见专利申请JP2002296584。2010年，大王制纸株式会社在专利申请JP2010291114中，针对纸质载带长期暴露在高温高湿环境下容易损坏的问题，重新设计了纸质载带的结构，包括总厚度为300μm以上的一个表层、一个中间层和一个底层；其中底层的密度在0.5~0.85g/cm^3，使载带具有良好的热绝缘性，防止高温传导到载带内部；中间层和/或底层的密度高于表层的密度，使载带具有良好的加工性。这种结构的载带在吸水之后不易膨胀而保持良好的尺寸稳定性。

同样地，针对纸质载带加工性较差、容易产生粉尘且表面光滑性和回弹性差的问题，浙江洁美电子对纸质载带的成分进行改进。2012年在专利申请WOCN12072203中，洁美电子根据载带原纸的性能要求，表层、中间层、底层采用不同的纸浆原料，添加不同的辅料进行调浆经抄造而成，包括打浆、调浆、抄造、压光和卷取步骤，该原纸具有强度大、防水及黏结性好、对电子元件物理损伤小、回弹性好等优点。

2016年，洁美电子在专利申请CN201610585944.3中对纸质载带的盖带结构也进行了改进，其包括基材层、位于所述基材层之上的中间层、依次设置在中间层之上的第一功能层和第二功能层，且第一功能层与第二功能层之间的连接力小于第二功能层与纸质载带之间的连接力；第一功能层的主成分为乙烯丙烯共聚物以及聚苯乙烯和聚丁二烯加氢得到的乙烯-丁烯为中间弹性嵌段的线性三嵌共聚物；第二功能层包括纳米级氧化锡及锑混合物、蜡、SEBS、丙烯酸酯。通过选择合适的第一功能层和第二功能层，剥离时第二功能层残留在载带上，解决了拉起纸纤维问题且不影响元器件的取用；一定程度上提高了盖带软化点，在高温高湿下不会出现融胶现象。

2.3.6 小结

从全球专利申请趋势来看，截至2020年，全球范围内针对载带制造技术的专利申请总量共4119项；其中在华专利申请1273项。美国开展载带制造技术研究最早，日本和韩国的起步稍稍落后于美国，中国开始载带制造技术的研究相对较晚，首件申请出现在1994年，比上述三个国家要晚20年左右。中国载带制造的专利申请虽然开展较晚，但是在经过了短暂的发展后，相关的专利申请量几乎呈现指数型增长的态势。

从全球专利布局来看，日本是全球最大的载带制造技术来源国，中国排在全球第二位；中国是全球最大的载带制造技术目标国，日本、美国、韩国和德国均在中国进行专利布局，其中，日本在中国的申请量占全部外国申请量的70%。

从全球主要申请人来看，全球专利申请量排名靠前的申请人中日本有7家企业上榜，在全球范围内保持着绝对优势；中国有一家企业上榜。在华申请中，中国申请人的申请量明显高于外国申请人的专利申请量，并且前期以国外申请人为主导，国内申请人后期占据明显优势。

从国内专利申请类型和法律状态来看，国内申请以实用新型为主，超过申请总量的一半，表明国内申请人的技术创新能力仍存在一定的不足；由于实用新型专利申请的比例较高，授权率也相对较高。

山东省的载带制造技术专利申请量仅有41件，其中临沂市无专利申请。省内没有科研机构开展相关研究，山东省在国内载带制造领域并没有优势。

2.4 芯片设计专利分析

2.4.1 全球专利分析

2.4.1.1 全球专利申请趋势分析

图2－29为全球芯片设计专利申请趋势，从图中可以看出，芯片设计类专

利最早出现在20世纪70年代，英特尔公司于这一时期推出了第一片DRAM芯片，1978年64KB动态随机存储器诞生，在不足0.5cm^{2}的硅片上集成了14万个晶体管，标志着集成电路超大规模集成电路时代的来临，70年代为芯片的缓慢发展期。1979年，英特尔推出了5MHz 8088微处理器，IBM基于8088推出全球第一台PC，随后更大容量的DRAM和SRAM出现，八九十年代为快速发展期，申请趋势呈上升走势，1988年16MB DRAM问世，1cm^{2}大小的硅片上集成了3500万个晶体管，集成电路正式进入超大规模集成电路（VLSI）阶段，1993年，66MHz奔腾处理器推出，1997年、1999年奔腾的第二代、第三代处理器相继问世。2000年以后申请量呈波动性增长，英特尔在这一阶段推出奔腾4系列处理器，采用了90nm制造工艺，2004～2009年英特尔相继推出65nm酷睿2系列、45nm high－k工艺酷睿2 E7/E8/E9系列和32nm的i系列处理器。

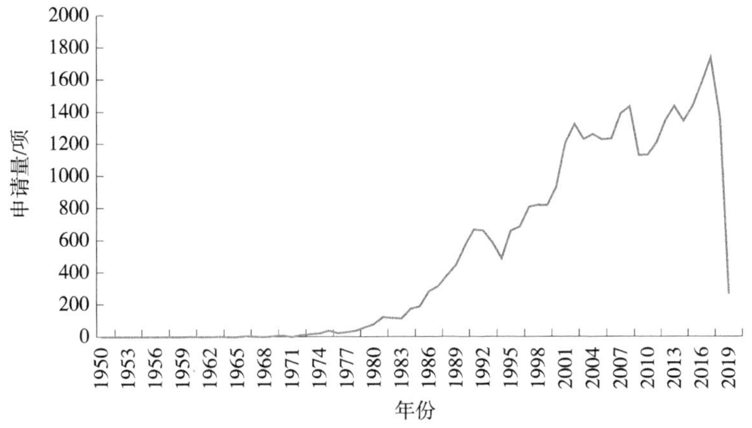

图2－29　全球芯片设计专利申请趋势

2.4.1.2　全球申请地域分析

从图2－30可以看出，芯片设计类专利申请量最大的国家是美国和日本，分别是14038项和9487项，美、日是集成电路产业的强国，美国拥有如英特尔、IBM等传统集成电路制造龙头企业，又拥有如楷登电子（Cadence）、新思科技（Synopsys）等电子设计自动化软件公司，掌握集成电路设计、制造的关键技术，日本拥有如日本电气、日立、富士通、三菱电子等企业。我国（包含台湾地区）专利申请量居全球第三位，拥有5954项专利申请。

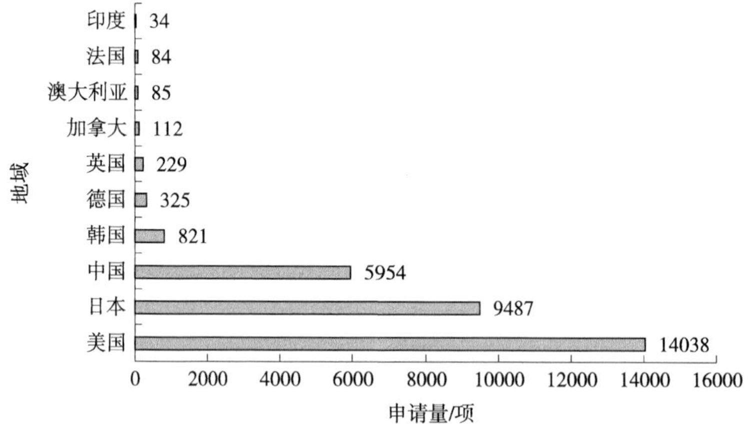

图 2－30　全球芯片设计专利申请前十国家

图 2－31 是将美、日、中三国的申请趋势进行比对，从中可知美日两国均早于中国开始申请，日本于 20 世纪 80 年代后期率先开始申请，石油危机后的第二年（1974 年），日本政府就批准了“VLSI（超大规模集成电路）计划”，设立 VLSI 技术研究所，在 80 年代，日本集成电路企业集中发力，专利申请量飞速上升。80 年代后期，美国通过 1985 年的反倾销诉讼、1986 年的美日半导体协议、1991 年的日美半导体协议，日本半导体产业受创；日本在 80 年代末达到泡沫经济顶峰，资本大量流向房地产，减少了对技术领域的投资。

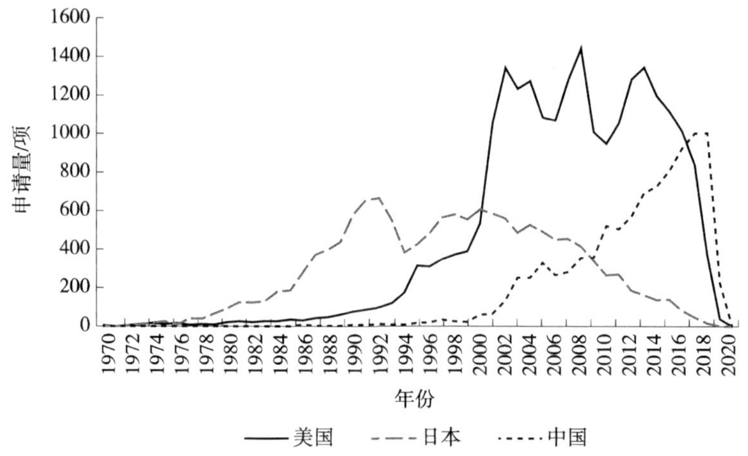

图 2－31　美、日、中芯片设计专利申请趋势

而美国在芯片设计中一直呈现上升趋势，起步略晚于日本，但发展迅速，2008 年受世界经济危机和国内次贷危机影响，芯片设计申请量首次出现大幅度下降，而经济危机之后芯片设计申请量再次上升。

中国在芯片设计领域的专利布局则较晚，在 20 世纪初少量的专利申请出现，得益于国家政策支持，“十二五”“十三五”发展规划、“中国制造 2020”等国家层面的激励，中国在芯片设计领域进展突飞猛进，仅用了不到 10 年的时间，在专利年申请量上已经超越了日本。

2.4.1.3 全球专利申请人分析

从图 2－32 中可以看到在芯片设计方面，全球排名前十的申请人均来自美国和日本，其中有 6 家企业来自日本，IBM 和日本电气在芯片设计方向申请量超过千项，分别达到 1800 项和 1148 项，中国没有企业进入前 10 位。

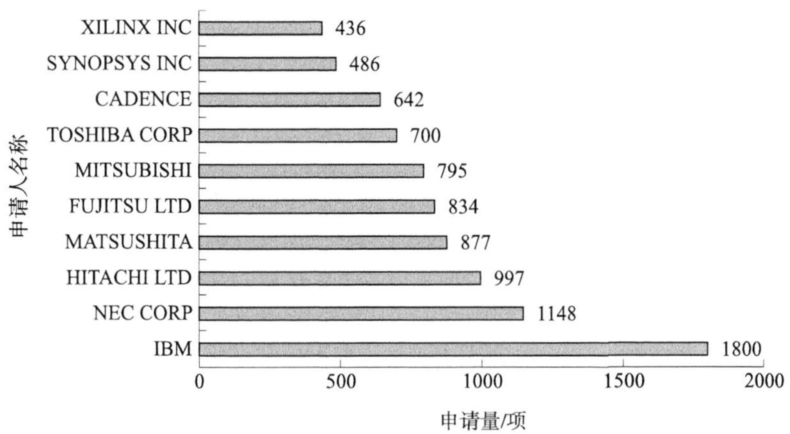

图 2－32 全球芯片设计重要申请人申请量

2.4.1.4 全球专利技术构成分析

图 2－33 是全球芯片设计专利技术构成图，从图中可以看到，全球范围内芯片设计方向占比最高（68%）的专利技术是计算机辅助设计，其中涉及 FP-GA、Verilog、VHDL、EDA、Protel 开发平台工具的使用，位于第二位（16%）的技术是芯片内部结构设计，其中涉及电路布局、逻辑电路结构、内核结构、模块集成等；占比第三位的是芯片测试（G01R：测量电变量；测量磁变量），

其中涉及电路仿真、错误检测、信号传输、信号存储等。

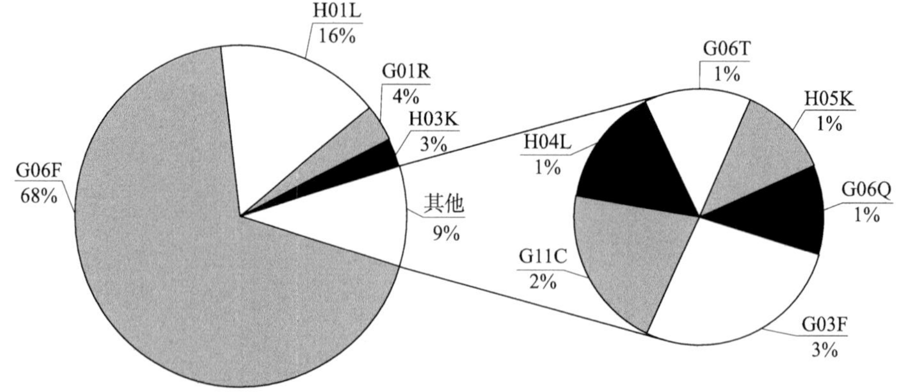

图 2-33　全球芯片设计专利技术 IPC 分类构成

2.4.2　中国专利分析

2.4.2.1　中国申请趋势分析

图 2-34 是中国芯片设计专利近 20 年的申请趋势图，从整体来看，近 20 年的年申请量呈现稳定逐步增长趋势，2009 年之前缓慢增长，2009 年之后呈快速增长。国家于 2000 年 6 月底公布了《鼓励软件产业和集成电路产业发展的若干政策》（18 号文件），在此文件鼓励下，在上海浦东张江开发区先后建立了中芯国际和宏力公司，先是中芯国际建成 3 条 8 英寸芯片生产线，紧随其后，宏力公司也建成 1 条 8 英寸线。

2014 年 6 月工信部印发《国家集成电路产业发展推进纲要》，将集成电路产业发展上升为国家战略；同年 9 月，国家集成电路产业投资基金设立，一期募资 1387 亿元，用于集成电路产业企业的股权投资，扶植产业链上的龙头企业。重点是加大对芯片制造业的投资力度，兼顾设计业和封测业。在国家的大力支持下，国内芯片开始迅猛发展，进入了快速增长期，截至 2017 年 9 月，大基金累计投资 1003 亿元，其中芯片制造业投资为主，占比为 65%，在芯片制造业中，重点投向三大企业：中芯国际、华虹—宏力—华力、长江存储，以组成国家团队。

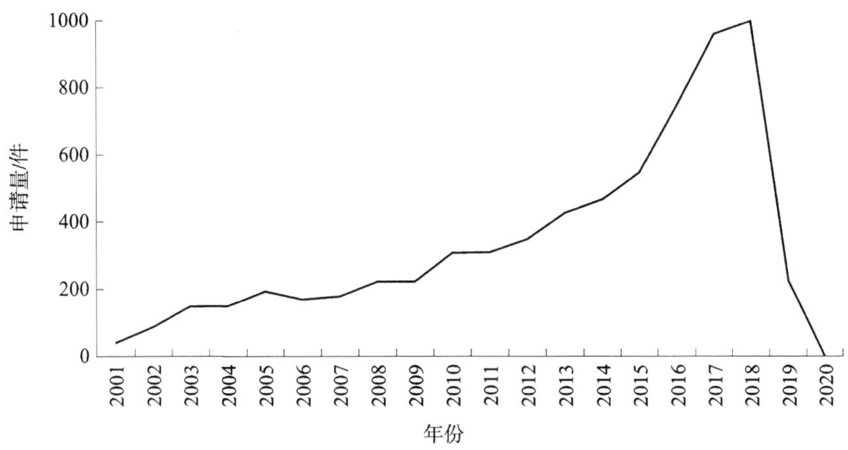

图 2－34　中国芯片设计专利申请趋势

2.4.2.2　中国专利申请区域分析

图 2－35 是中国主要省市在芯片设计领域的专利申请量分布，从图中可以看到，北京、上海、广东排名前三，其中北京申请量达到 1240 件，是第三位广东申请量的两倍，北京、上海、广州、深圳是中国大陆城市中综合实力和竞争实力相对处于领先的层次，拥有雄厚的经济基础和可观的政治资源，吸引了众多科技型企业和人才入驻，因此在技术研发上较其他省市突出。国内知名的半导体制造企业，如中芯国际、华虹半导体等均在北京、上海等地选址。排名

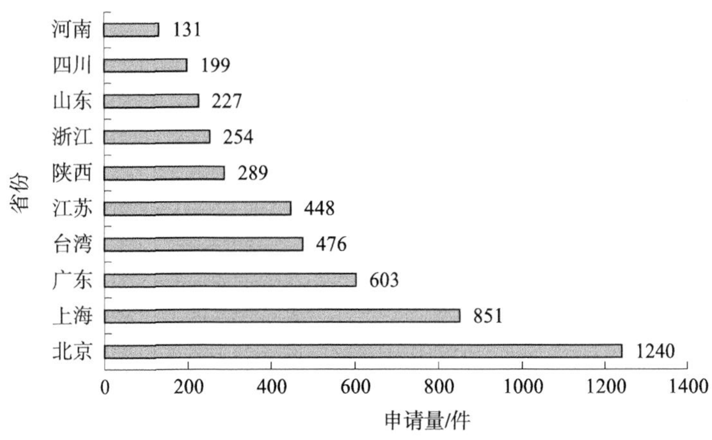

图 2－35　中国芯片设计主要省市专利申请量排名

紧随广东的是中国台湾地区，拥有如台湾半导体制造和台积电等国际知名企业，在芯片设计领域也是超过了大陆地区的多数省市。山东省位列第八，总申请量 227 项，不足北京申请量的 20%。

2.4.2.3　中国专利申请主要申请人分析

图 2 -36 和图 2 -37 分别是我国排名前 10 位的申请人和申请人类型，台积电排名第一，申请量 194 件，大陆地区排名第一的申请人为北京华大九天软件有限公司，申请量 145 件。从申请人类型上看，我国芯片设计领域以企业申请为主，大专院校和科研单位次之。

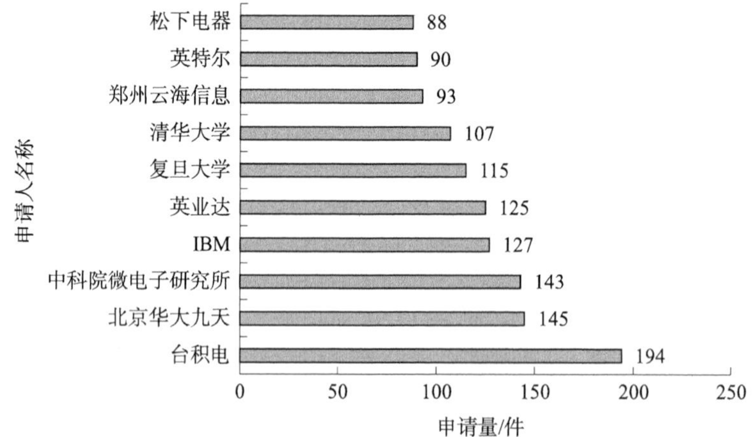

图 2 -36　中国芯片设计前 10 位申请人申请量

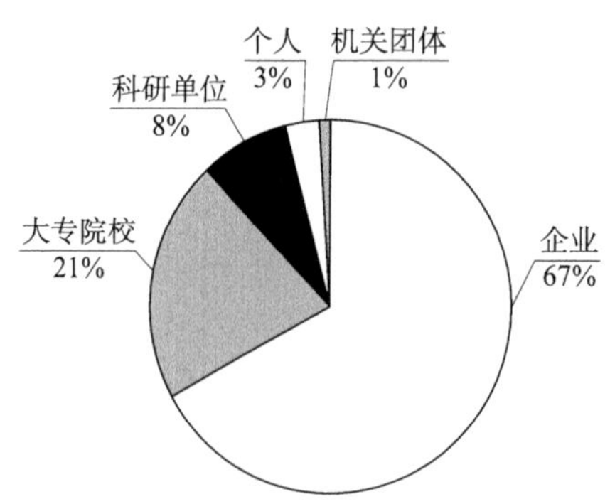

图 2 -37　中国芯片设计申请人类型分布

2.4.2.4　中国专利技术构成分析

从图2－38可以看到，中国专利技术构成与全球专利技术构成类似。计算机辅助设计占比84%，芯片内部结构设计6%，其余为芯片测试，我国芯片设计整体能够保持与全球芯片设计相同的方向发展，但整体申请量仍偏低，技术水平不高，没有自主研发的设计软件是目前制约我国集成电路产业发展的关键因素。

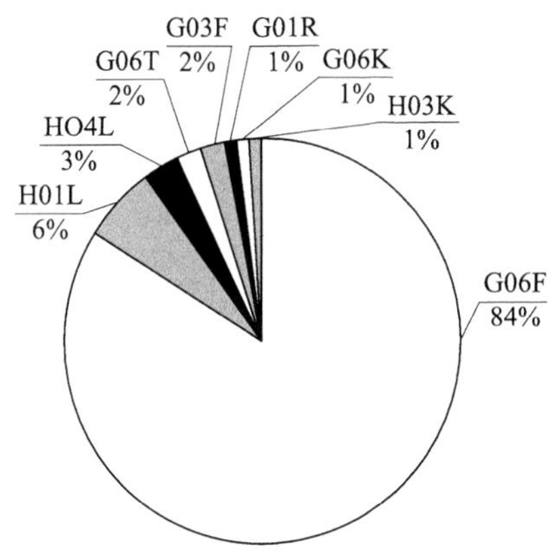

图2－38　中国芯片设计专利技术IPC分类构成

2.4.2.5　中国专利申请类型和法律状态分析

如图2－39所示，我国芯片设计领域专利申请以发明专利为主，占总申请的94%，国内申请（发明＋实用新型）授权占38.45%，驳回占6.33%，未缴年费占13.38%，撤回占12.81%；从图2－40有效性上来看，我国申请有效占38%，失效占34%，可以看出授权率与专利有效率占比相似，说明获得授权的专利权利范围稳定，行业处于快速发展的状态，产品和研发方向交叠较少，企业可以在各自研发方向上积极布局。

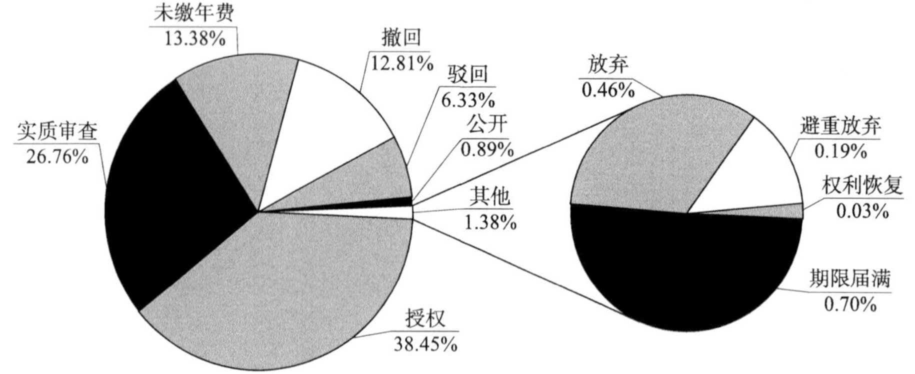

图 2－39　中国芯片设计专利法律状态

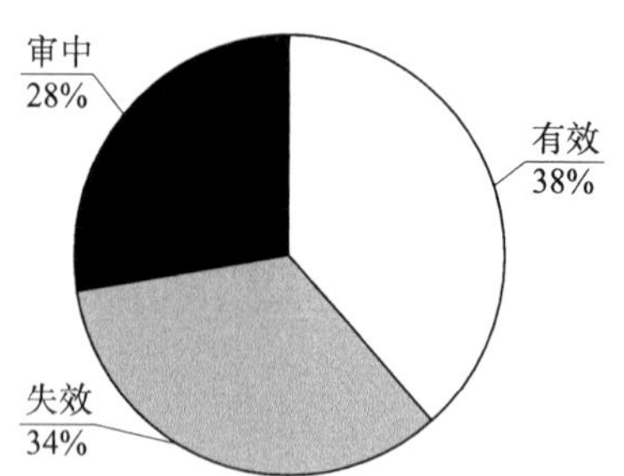

图 2－40　中国芯片设计专利有效性分布

2.4.3　山东省专利分析

2.4.3.1　申请趋势

山东省芯片设计从申请趋势上可以划分为四个阶段（见图 2－41）。

第一阶段为技术萌芽期（2003～2007 年），这一阶段山东省刚刚开始在芯片设计方向进行专利申请，申请量较少，处于技术初期阶段，企业大多在集中研发技术。第二阶段为技术成长期（2008～2013 年），这一阶段山东省开始出现了一些芯片设计方向的专利申请，申请人数量开始增多，各企业和高校纷纷开始进行专利申请，但整体申请量仍然处于较低水平。第三阶段为快速增长期（2014～2015 年），这一阶段，经过前期的技术积累以及市场发展，山东省申请量开始飞速增长，申请量和申请人数量开始增加，开发者开始大量介入，市场需求增大。第四阶段为技术成熟期（2016 年至今），此阶段国内的技术发展已经趋于成熟，技术创新放缓，行业发展趋于稳定，专利申请量开始出现下降趋势。

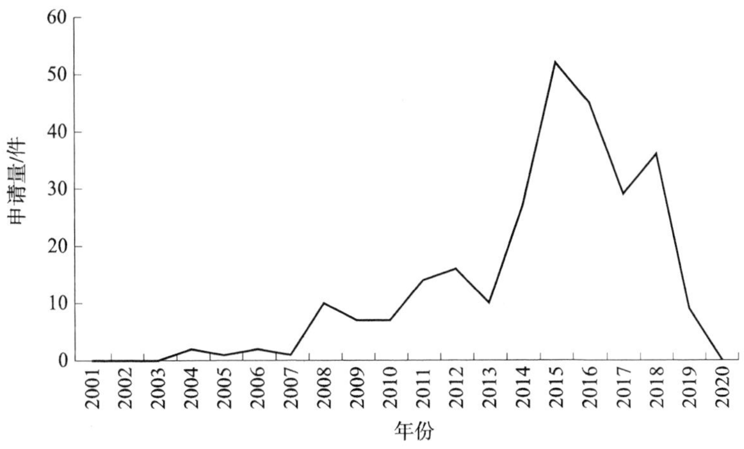

图 2－41　山东省芯片设计专利申请趋势

2.4.3.2　山东省主要申请人分析

图 2－42 是山东省申请人申请量排名前 9 位的情况，山东省排名第一的浪潮集团，在计算机辅助设计、芯片内部电路模拟、仿真等方面均有涉及。浪潮集团主要发明人是李朋、赵鑫鑫、姜凯；山东大学专利涉及计算机辅助设计、芯片测试以及芯片内部电路结构设计。山东大学的主要发明人是周莉、仝红红。

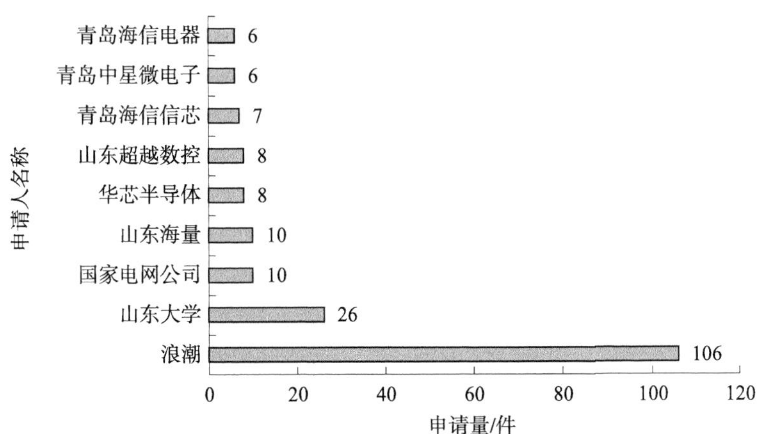

图 2－42　山东省芯片设计重要申请人专利数量

从图 2－43 可以看出，山东省申请人主要来自企业，企业拥有资金优势，可以聘请高端的研发团队和行业人才为自己进行研发，而大专院校和科研单位更偏向于前沿技术和理论研究。

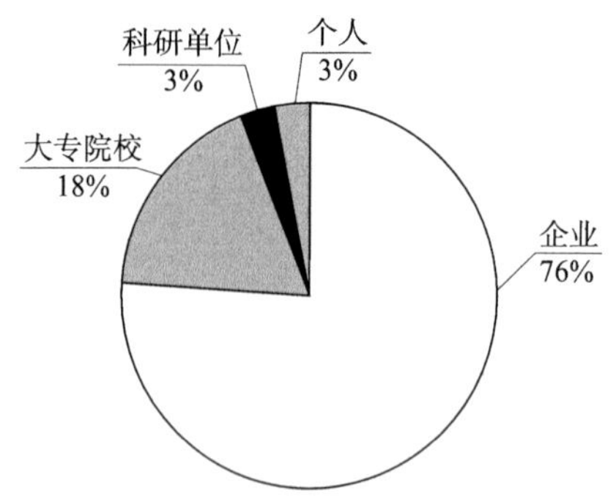

图 2－43　山东省芯片设计申请人类型分布

2.4.4　临沂市专利分析

临沂市在芯片设计方面还没有相关专利申请，但临沂市已经开始注重相关产业的布局，2019 年临沂市人民政府、临沂市工信局分别颁布了《临沂市“十优”产业规划（2019～2025 年）》《名企培植行动计划（2019～2023 年）》等相关政策，能加速推动临沂市芯片产业的相关发展。临沂市加大产业资金投入力度，在集成电路产业上中下游进行全方位布局，制定人才激励、引进政策，吸收本省、国内外先进研发团队，提升芯片设计整体水平。

2.4.5　小结

全球芯片设计行业专利绝大部分集中在美国、日本，而中国受到设计工具、结构设计、芯片制造技术的限制而受制于美国、日本，在专利申请量方面与美、日有较大差距，但是从专利技术关注点上看，中国与美、日的关注领域相同，说明中国紧随全球芯片设计技术的大趋势。

我国芯片设计业过去走的是一条以政府为主导模式下的企业数量急速扩张之路。我国在芯片设计领域发展较缓慢，专利申请受国家、地方政策影响较大。从国内专利申请数据来看，北京、上海、广州仍是芯片设计的领军地区，国内（包括台湾地区）申请人中，像台积电一样的企业较少，而国内的大厂如中芯国际、华虹等企业均未出现在本次统计中，而华大九天作为一家 EDA 开发公司在芯片设计领域的专利申请量要高于国内知名大厂的申请量。

山东省整体申请量在各省市（地区）中排名靠后，申请量明显低于北京、上海、广州，山东省的申请主要集中在浪潮集团旗下的企业，但其企业专利申请数量仍排在全国前十以外，可见山东省在芯片设计方面的布局还处于规划阶段。

集成电路设计人才短缺是一个世界 IT 业界的大问题，因芯片设计人才涉及 IT 和 IC 两大产业需求面。尤其是我国，鉴于信息产业的蓬勃发展，必然带来了芯片设计人才的紧缺。目前全国相应设计人才的供给量远小于需求，这不仅引发了人才市场的无序猎争、人才待遇攀比等负面效应，而且严重影响我国芯片设计队伍的建设。

放眼山东省，集成电路设计企业数量少，企业注册资本低，经济实力薄弱，本省芯片人才培养环境不良造成了山东省在芯片设计方面的劣势，临沂市同样存在以上问题。以下提供相关对策以供参考。

（1）实施人才工程战略，建立完整的人才架构和人才成长环境。政府应加强“集成电路人才教育和培训基地”建设，提高集成电路人才待遇。另外，政府应推动省内人事咨询业、人才中介服务业的发展，使企业能集中精力开展核心业务。

（2）政府应当加大对于芯片产业园区的建设，采取招商引资的政策，吸引国内甚至国外的芯片领域龙头企业来临沂本地设立生产（研发）基地。现将相关国内芯片领域龙头企业整理如表 2－4 所示。

表 2－4　国内 IC 领域龙头企业

序号	企业名称
1	台湾积体电路制造股份有限公司
2	北京华大九天软件有限公司
3	英业达股份有限公司
4	上海华虹宏力半导体制造有限公司
5	新思科技有限公司

（3）加大资金投入，为芯片设计企业提供融资帮助，健全芯片设计业的“技术与资本”的运作渠道。一个芯片设计公司的成长和持续发展在很大程度上取决于能否获得风险投资和上市融资，包括被并购。目前山东省乃至全国严

重缺乏这种运作的氛围和环境。从金融机构获得融资，需要资产抵押和担保，这对于固定资产不大且处于亏损阶段的芯片设计企业更难以获得支持，在上市或并购等方面的渠道又不畅通。建议政府能够加大资金投入力度，尤其针对亏损企业的投入力度，降低芯片企业融资条件，为企业提供更好的融资环境。

2.5 电子元件及组件专利分析

电子元器件是电子元件和小型的机器、仪器的组成部分，其本身常由若干零件构成，可以在同类产品中通用；常指电器、无线电、仪表等工业的某些零件，是电容、晶体管、游丝、发条等电子器件的总称，常见的有二极管等。

电子元器件发展史其实就是一部浓缩的电子发展史。电子技术是 19 世纪末 20 世纪初开始发展起来的新兴技术，20 世纪发展最迅速，应用最广泛，成为近代科学技术发展的一个重要标志。

1906 年，美国发明家德福雷斯特（De Forest Lee）发明了真空三极管（电子管）。第一代电子产品以电子管为核心。20 世纪 40 年代末世界上诞生了第一只半导体三极管，它以小巧、轻便、省电、寿命长等特点，很快地被各国应用起来，在很大范围内取代了电子管。50 年代末期，世界上出现了第一块集成电路，它把许多晶体管等电子元件集成在一块硅芯片上，使电子产品向更小型化发展。集成电路从小规模集成电路迅速发展到大规模集成电路和超大规模集成电路，从而使电子产品向着高效能、低消耗、高精度、高稳定、智能化的方向发展。由于电子计算机发展经历的四个阶段恰好能够充分说明电子技术发展的四个阶段的特性，所以下面就从电子计算机发展的四个阶段来说明电子技术发展的四个阶段的特点。

在 20 世纪出现并得到飞速发展的电子元器件工业使整个世界和人们的工作、生活习惯发生了翻天覆地的变化。电子元器件的发展历史实际上就是电子工业的发展历史。

1906 年美国人德福雷斯特发明真空三极管，用来放大电话的声音电流。此后，人们强烈地期待着能够诞生一种固体器件，用来作为质量轻、价廉和寿命长的放大器和电子开关。1947 年，点接触型锗晶体管的诞生，在电子器件的发展史上翻开了新的一页。但是，这种点接触型晶体管在构造上存在接触点不稳定的致命弱点。在点接触型晶体管开发成功的同时，结型晶体管论就已经提出，但是直至人们能够制备超高纯度的单晶以及能够任意控制晶体的导电类型以后，结型晶体管才真正得以出现。1950 年，具有使用价值的最早的锗合金型晶体管诞生。1954 年，结型硅晶体管诞生。此后，人们提出了场效应晶体管的构想。随着无缺陷结晶和缺陷控制等材料技术、晶体外诞生长技术和扩散掺杂技术、耐压氧化膜的制备技术、腐蚀和光刻技术的出现和发展，各种性能优良的电子器件相继出现，电子元器件逐步从真空管时代进入晶体管时代和大规模、超大规模集成电路时代，逐步形成作为高技术产业代表的半导体工业。

由于社会发展的需要，电子装置变得越来越复杂，这就要求了电子装置必须具有可靠性、速度快、消耗功率小以及质量轻、小型化、成本低等特点。自 20 世纪 50 年代提出集成电路的设想后，由于材料技术、器件技术和电路设计等综合技术的进步，在 20 世纪 60 年代研制成功了第一代集成电路。在半导体发展史上。集成电路的出现具有划时代的意义：它的诞生和发展推动了铜芯技术和计算机的进步，使科学研究的各个领域以及工业社会的结构发生了历史性变革。凭借优越的科学技术所发明的集成电路使研究者有了更先进的工具，进而产生了许多更为先进的技术。这些先进的技术进一步促使更高性能、更廉价的集成电路的出现。对电子器件来说，体积越小，集成度越高；响应时间越短，计算处理的速度就越快；传送频率就越高，传送的信息量就越大。半导体工业和半导体技术被称为现代工业的基础，同时也已经发展成为一个相对独立的高科技产业。

电子元器件的种类非常之多，包括电阻、电容、电感、电位器、电子管、散热器、机电元件、连接器、半导体分立器件、电声器件、激光器件、电子显示器件、光电器件、传感器、电源、开关、微特电机、电子变压器、继电器、印制电路板、集成电路、各类电路、压电、晶体、石英、陶瓷磁性材料、印刷电路用基材基板、电子功能工艺专用材料、电子胶（带）制品、电子化学材料及部品等。

经过综合分析临沂市企业的情况，区域内的企业技术研发及产品主要集中在连接类元件，如连接器、插座、连接电缆、印刷电路板（PCB）等，为使专利导航更精准地服务于当地企业，本部分以连接器、插座、连接电缆、印刷电路板（PCB）为主体，进行检索分析。

2.5.1 全球专利分析

2.5.1.1 全球专利申请趋势分析

图2－44为全球专利申请趋势，从图中可以看出，电子元件类专利早在20世纪50年代就有了专利申请，经过50年代的技术萌芽，在60年代开始进入缓慢发展期，相关的专利申请开始缓慢增长。经过60～90年代的缓慢发展，从2000年开始专利申请量快速增长，该时期全球的通信设备、消费类电子、计算机、互联网应用产品、汽车电子、机顶盒等产业发展迅猛，电子元件的发展进入快速增长期。约在2007年达到峰值，2008年由于世界经济危机，申请量出现了大幅下降，经济危机之后，申请量略有波动性下降趋势，说明此时电子元件的发展已经较为成熟。

图2－44 全球电子元件专利申请趋势

2.5.1.2 全球申请地域分析

从图2－45看出，电子元件类专利申请量前三的国家是中国、美国和日本，分别是25387项、18689项和8699项，美、日是集成电路产业的强国，美国掌握集成电路设计、制造的关键技术，日本拥有如日本电气、日立、富士通、三菱电子等企业。我国虽在该领域的综合实力不足，但从专利申请数量来说，仍稳居第一位。

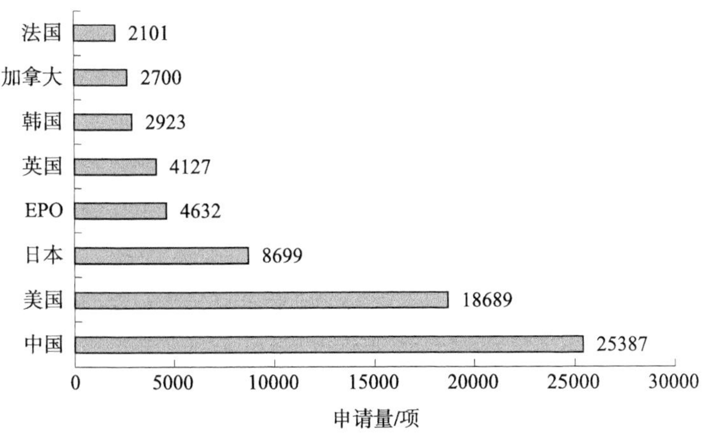

图 2－45　全球电子元件专利申请前八国家和地区

图 2－46 将美、日、中三国的申请趋势进行了比对，可以发现美日两国均早于中国开始申请，日本于 20 世纪 80 年代后期率先开始申请，美国从 50 年代就已经有相关的专利输出。美国通过 1985 年的反倾销诉讼、1986 年的美日半导体协议、1991 年的日美半导体协议，日本半导体产业受创；日本在 80 年代末达到泡沫经济顶峰，资本大量流向房地产，减少了对技术领域的投资。

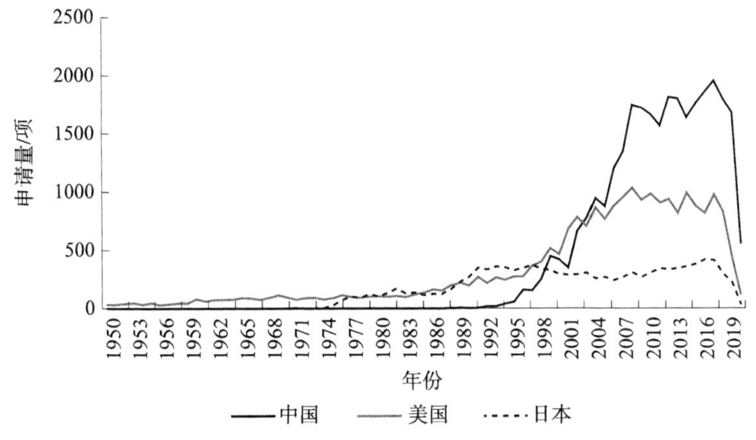

图 2－46　美、日、中电子元件专利申请趋势

中国在该领域的专利布局则较晚，在 20 世纪 90 年代才开始出现一定数量的专利申请，得益于国家政策支持，“十二五”“十三五”发展规划、“中国制造 2020”等国家层面的激励，中国在该领域进展突飞猛进，在 2004 年专利年申请量已经超越了美国、日本，2007 年之后申请量趋于平稳，国内电子元件进入成熟期。

2.5.1.3 全球专利申请人分析

从图2－47中可以看到在电子元件方面，全球排名前十的申请人有4位来自中国，可见中国申请人在该领域的研发实力较强，其中的鸿海精密、富士康、鸿腾是中国台湾关联企业。

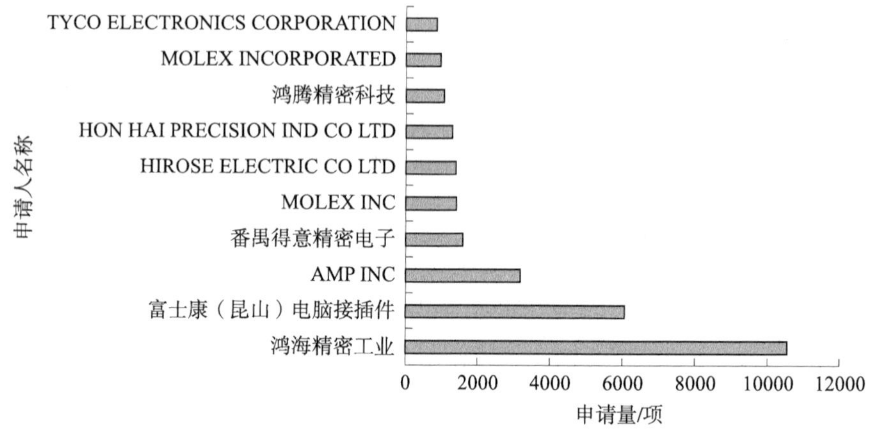

图2－47 全球电子元件重要申请人申请量

2.5.1.4 全球专利技术构成分析

图2－48是全球专利技术构成图，从图中可以看到，全球范围该领域的专利申请技术主要集中在H01R（导电连接；一组相互绝缘的电连接元件的结构组合；连接装置；集电器）。

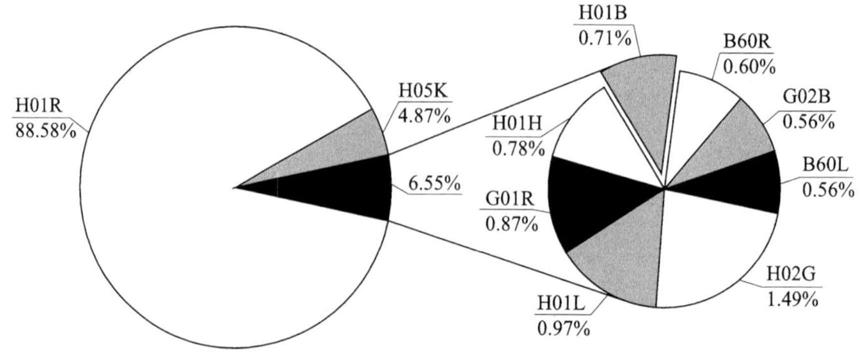

图2－48 全球电子元件专利技术IPC分类构成

2.5.2 中国专利分析

2.5.2.1 中国申请趋势分析

图 2－49 是中国专利申请趋势图，可以看出国内的专利申请趋势图和全球的趋势图基本一致，我国电子元件类专利在 20 世纪 80 年代末开始出现相关的专利申请，从 1998 年开始快速增长，该时期我国通信设备、消费类电子、计算机、互联网应用产品、汽车电子、机顶盒等产业发展迅猛，同时伴随着国际制造业向中国转移，我国电子元器件行业得到快速发展，进入快速增长期。2008 年前后达到峰值，随后申请量呈波动性下降。

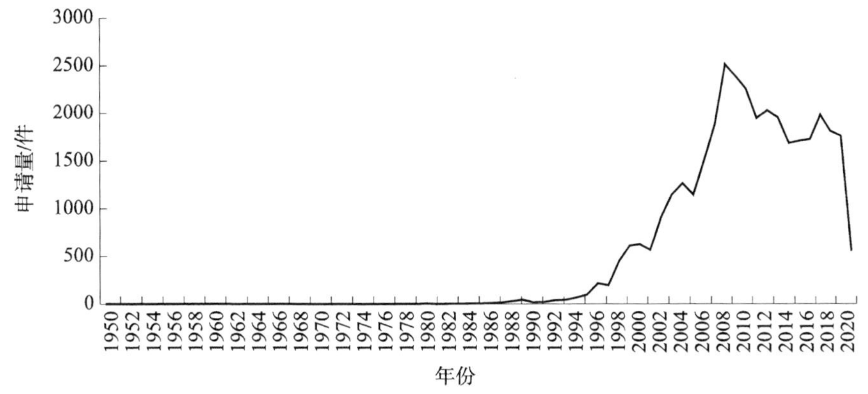

图 2－49　中国电子元件专利申请趋势

2.5.2.2 中国专利申请区域分析

图 2－50 是中国主要省市在电子元件领域的专利申请量分布，从图中可以看到，江苏、广东、台湾排名前三，其中，江苏申请量达到 9047 件，大约是第二位广东申请量的两倍，在该领域的专利申请主要集中在沿海地区，沿海地区的电子产品市场较为发达，在该领域的研发深度及广度都比国内其他省市要好。另外，台湾鸿海集团等都在沿海地区设立工厂，也促进了沿海地区电子元件产业的发展。

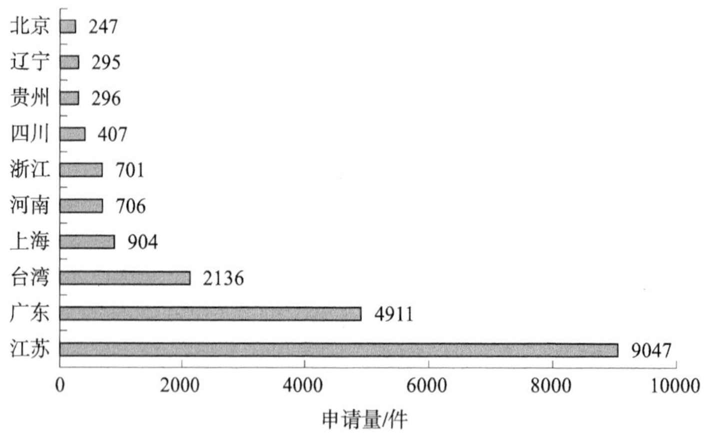

图 2-50　中国电子元件主要省市专利申请量排名

2.5.2.3　中国专利申请主要申请人分析

图 2-51 和图 2-52 分别是我国排名前 10 位的申请人和申请人类型，鸿海精密排名第一，申请量 10540 件，远远多于第二名富士康（富士康是鸿海精密在大陆投资的公司），从申请人类型上看，我国电子元件领域以企业申请为主，占比 93.76%，个人占比次之，占比 5.12%。这也侧面反映出该领域的经济利益较大。表 2-5 为本领域的重点发明人专利及所属公司情况，可供相关人才引进参考。

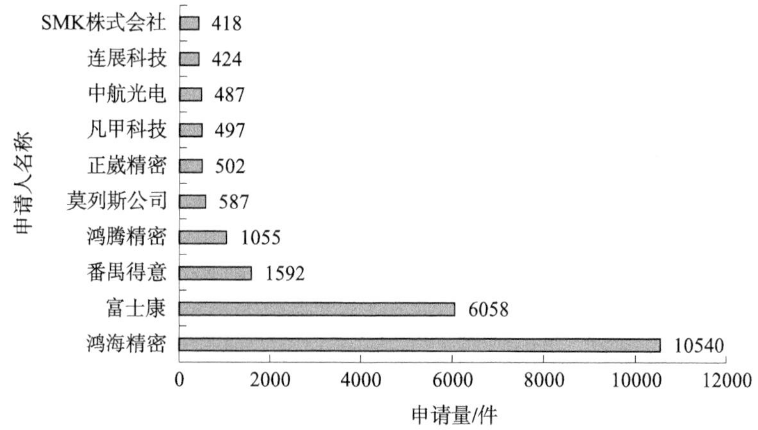

图 2-51　中国电子元件前 10 位申请人申请量

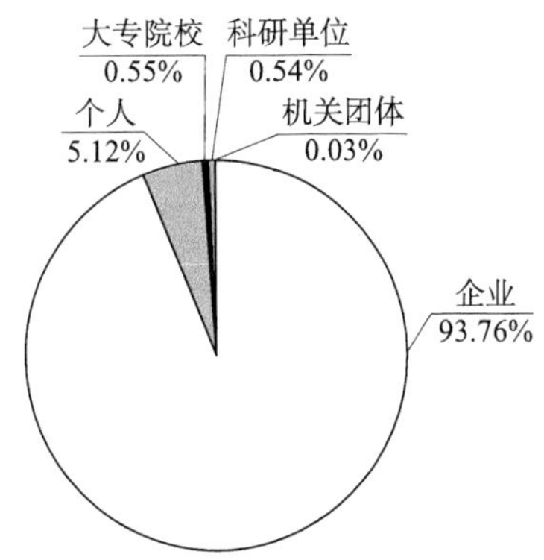

图 2-52　中国电子元件申请人类型分布

表 2-5　中国电子元件重点发明人情况

序号	发明人	申请量（件）	所属公司名称
1	朱德祥	772	番禺得意精密电子工业有限公司
2	吴荣发	542	富士康（昆山）电脑接插件有限公司
3	游万益	405	凡甲科技股份有限公司
4	郑启生	319	富士康（昆山）电脑接插件有限公司
5	侯斌元	285	连展科技电子（昆山）有限公司
6	陈钧	283	鸿海精密工业股份有限公司
7	朱自强	264	鸿海精密工业股份有限公司
8	蔡周旋	256	拓洋实业股份有限公司
9	戴宏骐	255	凡甲科技股份有限公司
10	武向文	243	西安富士达科技股份有限公司

2.5.2.4　中国专利技术构成分析

从图 2-53 可以看到，中国专利技术构成与全球专利技术构成类似。国内该领域专利技术主要集中在 H01R（导电连接；一组相互绝缘的电连接元件的结构组合；连接装置；集电器）。

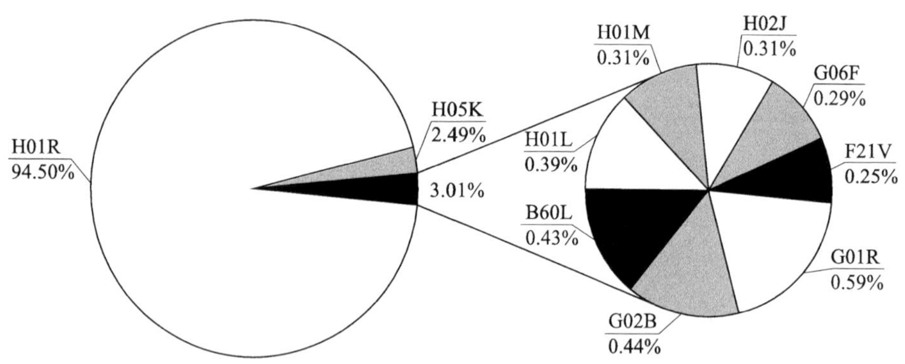

图 2－53　中国电子元件专利技术构成

2.5.2.5　中国专利申请法律状态分析

从图 2－54 和图 2－55 可以看出，我国电子元件领域专利申请授权占 38.7%，实质审查占 5.77%；从有效性上来看，我国申请有效占 54.6%，失效占 38.71%，该领域被无效专利占比 0.22%，说明该领域的侵权风险较其他领域较高。

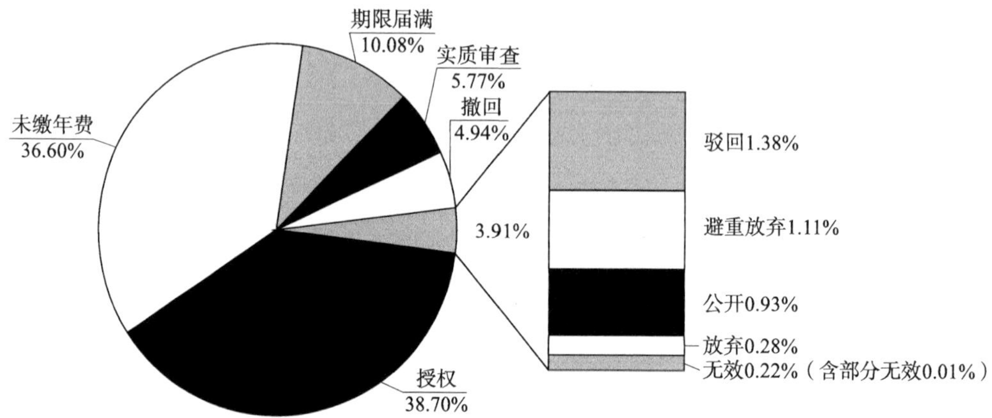

图 2－54　中国电子元件专利法律状态

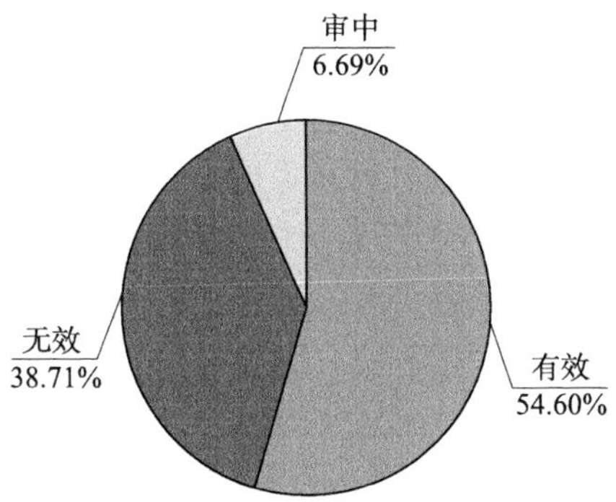

图 2－55　中国电子元件专利有效性

2.5.3　山东省专利分析

2.5.3.1　山东省申请趋势

山东省的电子元件产业发展并不突出，从图 2－56 中可以看出，山东电子元件在 2005 年开始出现专利申请，在 2005～2013 年表现为波动性地增长趋势，波动性源于山东企业的创新基础薄弱，研发力量不集中，导致创新能力不稳定。2014 年断崖式下降为 0，出现这种现象的原因可能与国内电子元件整体创新能力下降有关。2015 年在山东省相关政策的支持下，申请量又开始上升。2018 年之后技术趋于成熟，专利申请量逐步减少。

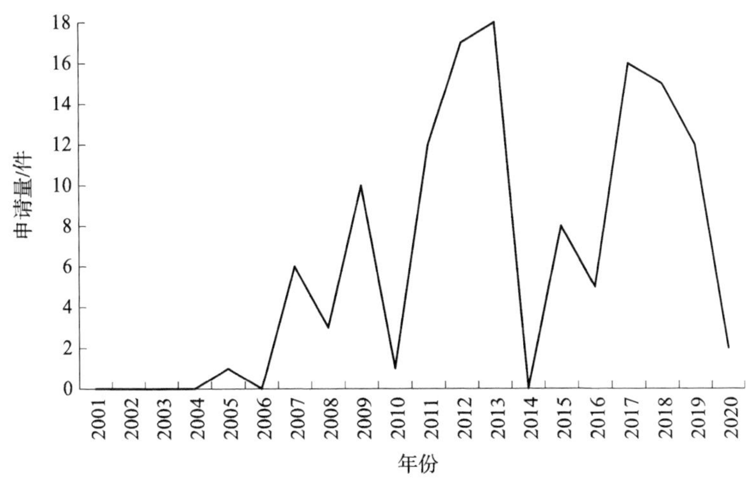

图 2－56　山东省电子元件专利申请趋势

2.5.3.2 山东省主要申请人分析

图2－57是山东省申请人申请量排名情况，山东省排名第一的是临沂海纳电子，九阳股份有限公司、济南无线电十厂在该领域的专利申请量也较多。从图2－58可以看出，山东省申请人主要来自企业，占比86.4%。企业拥有资金优势，可以聘请高端的研发团队和行业人才为自己进行研发。

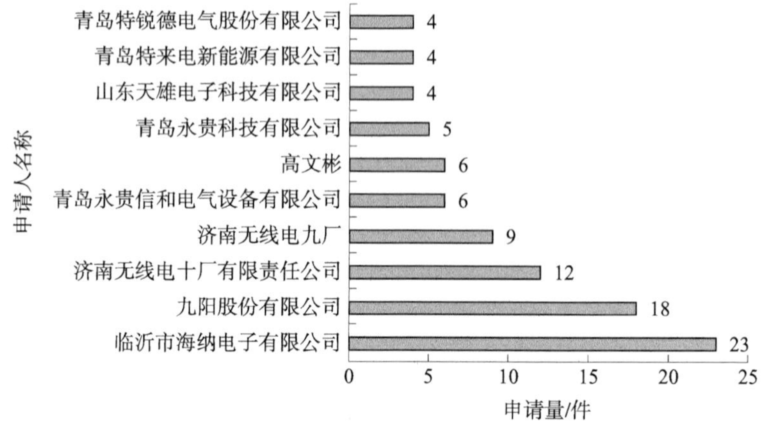

图2－57 山东省电子元件重要申请人专利数量

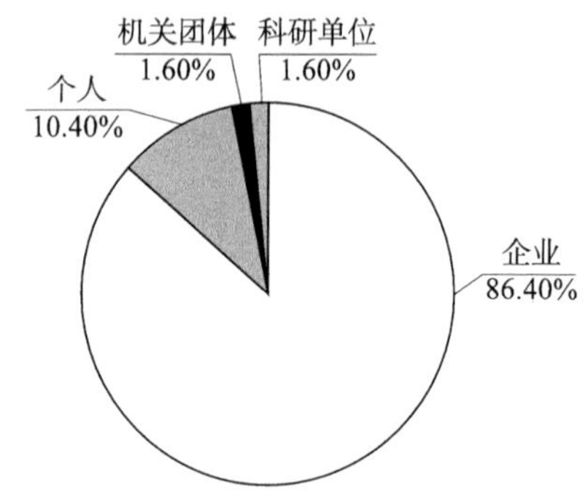

图2－58 山东省电子元件申请人类型分布

2.5.4 临沂市专利分析

临沂市电子元件及组件领域从2008年才开始有专利申请，起步相对较晚，但2014年以后专利申请增幅较大，2017年达到年申请量50件，2018～2020

年专利数据统计不全，呈下降趋势，如图 2 – 59 所示。临沂市专利申请起步较晚，但专利生命周期相对较高，专利申请数量及申请人数量近几年都较高。

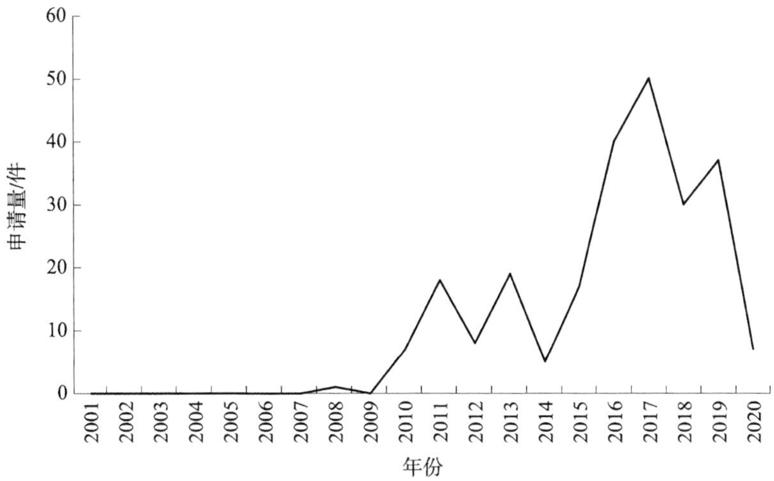

图 2 – 59　临沂市电子元件专利申请趋势

从图 2 – 60 可以看出，临沂市专利技术主要分布在 H01R13 领域，主要为各种连接装置的零部件，这与区域内生产连接器的企业较多有关，像山东龙立电子有限公司、临沂市海纳电子有限公司的产品主要是电连接器、光电连接器等。相关分类号含义解释如表 2 – 6 所示。

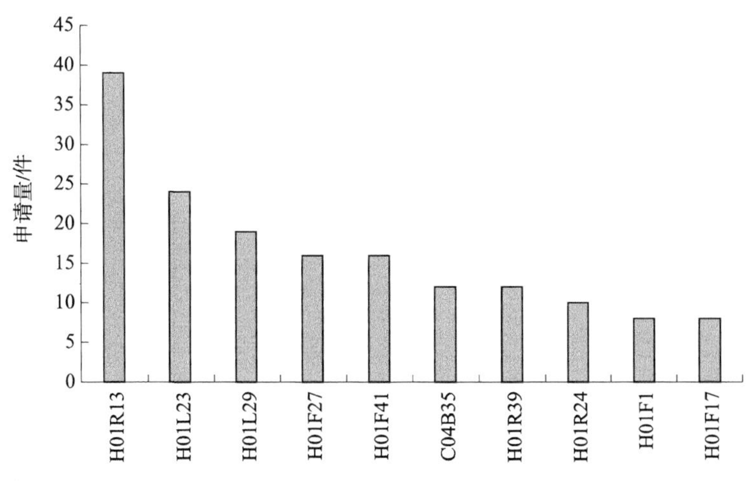

图 2 – 60　临沂市电子元件专利技术 IPC 分类分布

表2-6　临沂市专利技术分布IPC分类号释义

IPC分类号	含义
H01R13	H01R12/70或H01R24/00至H01R33/00组中所包含的各种连接装置的零部件
H01L23	半导体或其他固态器件的零部件
H01L29	专门适用于整流、放大、振荡或切换，并具有至少一个电位跃变势垒或表面势垒的半导体器件；具有至少一个电位跃变势垒或表面势垒，例如PN结耗尽层或载流子集结层的电容器或电阻器；半导体本体或其电极的零部件
H01F27	变压器或电感器的一般零部件
H01F41	专用于制造或装配磁体、电感器或变压器的设备或方法；专用于制造磁性材料的设备或方法
C04B35	以成分为特征的陶瓷成型制品；陶瓷组合物准备制造陶瓷制品的无机化合物的加工粉末
H01R39	旋转式集电器、分配器或继续器
H01R24	两部件连接装置，或者它们的协同操作部件，其特征在于它们的整体结构
H01F1	按所用磁性材料区分的磁体或磁性物体；磁性材料的选择
H01F17	信号类型的固定电感器

临沂市专利申请起步较晚，但专利有效率较高，高达74.06%，失效专利占比17.99%，审中专利占比7.53%，其中，山东龙利电子有限公司提交过PCT申请，但目前已经过期，如图2-61所示。临沂市有效专利占比较高，专利法律状态也以授权为主，授权占比74.37%，失效专利以未缴年费为主，占比13.87%；但临沂市专利申请审中专利占比较少，仅有7.56%，研发后劲有所欠缺。

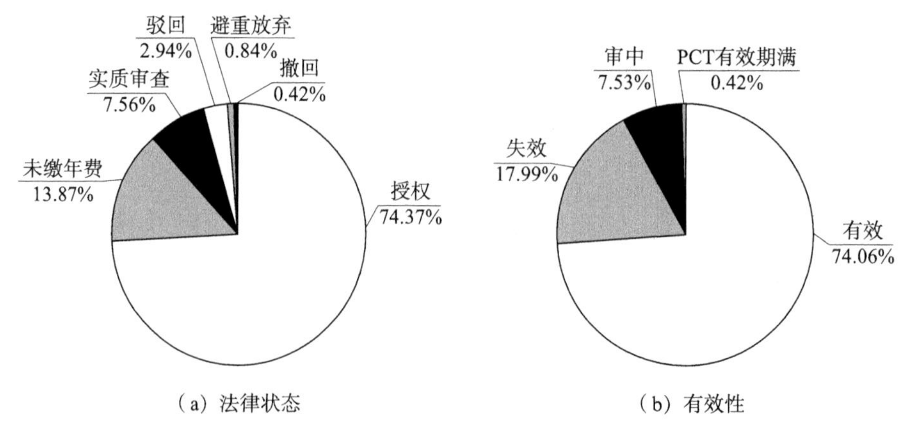

图2-61　临沂市电子元件专利法律状态及有效性分布

临沂市专利申请起步相对较晚，所以专利维持时间也会相对较短，从图 2－62 可以看出，临沂市专利申请维持时间分布在 2～5 年居多，其余时间段较少，值得注意的是，临沂市的专利申请有 10 余件已经维持了 9～10 年，说明临沂市相关企业知识产权保护意识较强，对专利的重视程度较高，注重对专利技术的保护，同时从侧面反映出相关企业在放弃相关专利时会进行一定的专利评估，存在一定的核心技术，较为注重相关核心专利的维持。

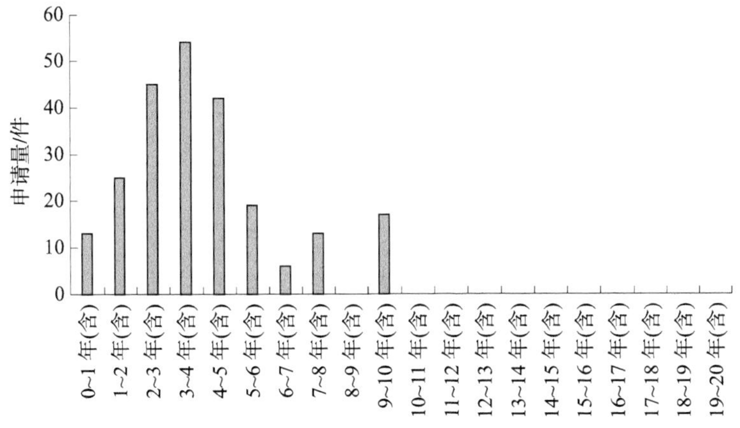

图 2－62　临沂市电子元件专利维持时间分布

临沂市重点申请人临沂市海纳电子有限公司的专利申请量遥遥领先于市内其他专利申请人，如图 2－63 所示，山东中瑞电子股份有限公司、山东丽波电子科技有限公司分别居第二位和第三位，且专利申请数量差距不大，山东龙立

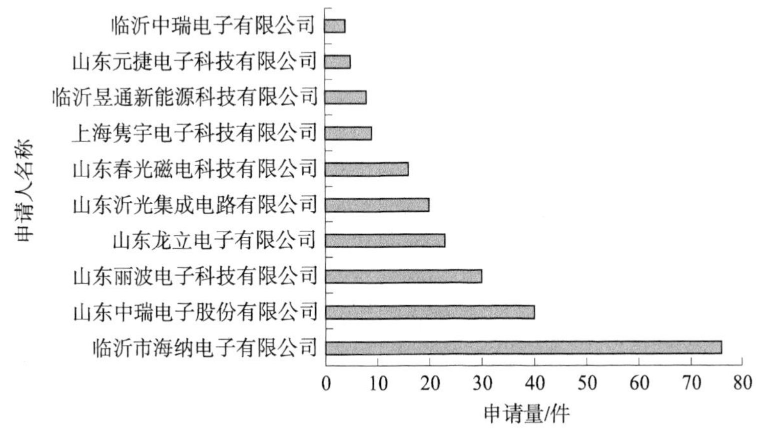

图 2－63　临沂市电子元件重点申请人排名

电子有限公司的专利数量虽然排名第四，但其专利申请全部基于产品研发，技术含量及专利稳定度较高。

临沂市重点发明人均分布于相关重点企业，如图2-64所示，排名第一的程晓华为临沂市海纳电子有限公司的相关研发人员，排名第二和第三的高启龙、谢真为山东中瑞电子股份有限公司的相关研发人员，排名第四的宋波则为山东丽波电子科技有限公司的相关研发人员。

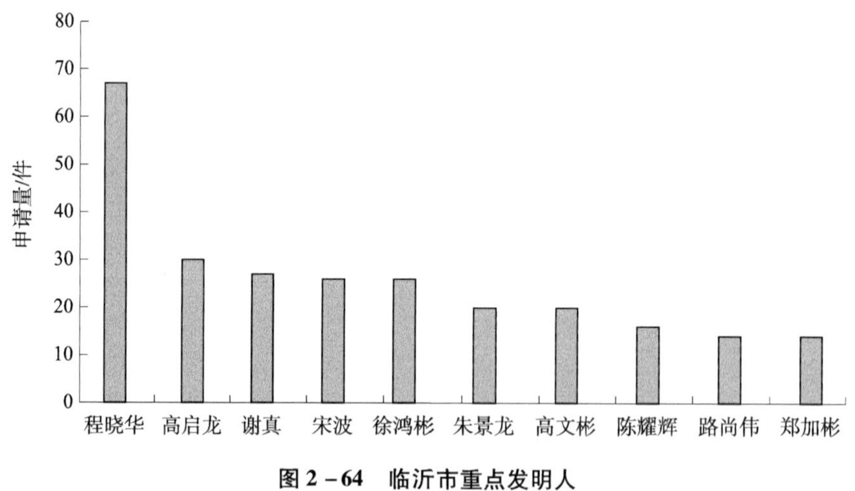

图2-64 临沂市重点发明人

2.5.5 小结

全球电子元件行业专利绝大部分集中在中国、美国、日本，且中国在该领域的申请人排名较为靠前，专利输出较多。虽然中国在该领域的起步较晚，但研发速度较快。从国内专利数据来看，台湾等沿海地区的企业申请人是电子元件的领军研发者，该领域专利侵权风险较高。

山东省电子元件及组件领域的专利申请相对较少，与其他发展较好的省市相比，差距较大，但临沂市的相关企业在连接器领域具有一定的研发实力，部分专利已经维持了9~10年，说明临沂市在电子元件方面的研发是有一定基础的，像临沂海纳电子、龙立电子等高新技术企业，为临沂市电子元件行业的发展起了巨大的推动作用。加之临沂市政府已经开始注重相关产业的布局，2019年临沂市人民政府颁布了《临沂市“十优”产业规划（2019~2025年）》，明确重点任务之一是提升发展电子信息产品制造业。重点发展高性能、小型化、片式化电子元器件和电连接器、滤波器等产品，加快推进液晶面板、触摸屏等新兴产品形成量产，并占有一定市场地位。加快招引培育面向电力电子、医疗电子、机械电子、汽车电子、家用电子、手机及电脑配件等方向的配套电子元器件生产项目。依托高新区电子信息产业园、郯城高科技电子产业园，支持现有电子元器件企业将产品向微型化、低功耗、宽频化、集成化和绿色环保方向发展，向终端产品发展，形成上下游配套、比较完整的产业链，将产业做大做强。以龙立电子、海纳电子为主体，形成军用、民用电连接器产业链。

根据临沂市电子元件产品分布情况，特将国内连接器领域相关的知识产权人才整理如表 2－7 所示，可供政府或企业进行人才引进时参考。

表 2－7　国内连接器领域人才统计

序号	发明人	申请量（件）	所属公司名称
1	朱德祥	772	番禺得意精密电子工业有限公司
2	吴荣发	542	富士康（昆山）电脑接插件有限公司
3	游万益	405	凡甲科技股份有限公司
4	郑启生	319	富士康（昆山）电脑接插件有限公司
5	侯斌元	285	连展科技电子（昆山）有限公司
6	陈钧	283	鸿海精密工业股份有限公司
7	朱自强	264	鸿海精密工业股份有限公司
8	蔡周旋	256	拓洋实业股份有限公司
9	戴宏骐	255	凡甲科技股份有限公司
10	武向文	243	西安富士达科技股份有限公司

2.6　临沂市重点企业专利现状分析

山东省在集成电路领域出台了《山东省人民政府关于贯彻国发〔2014〕4 号文件加快集成电路产业发展的意见》，全省集成电路产业发展较快，初步形成涵盖集成电路设计、制造、封装测试、材料等环节的完整产业链。

集成电路设计方面，山东省产品特色突出。济南市被认定为国家集成电路设计产业化基地，拥有中维世纪、华芯、概伦电子等数十家集成电路设计企业，在音视频解码芯片、安全存储控制芯片等领域具备较好基础。概伦电子自主研发世界一流水平的半导体工艺器件建模平台并占据主要市场份额，高云半导体成功研发国产FPGA芯片。青岛市在传感器、专用集成电路设计方面具备一定比较优势。烟台市艾睿光电的非制冷红外成像芯片在国内处于领先水平。

封装测试方面，山东省的细分领域优势较为明显。济南市盛品电子是国内少数拥有MEMS智能传感器封装制造核心技术的企业，是华为、紫光等龙头企业的快速封装服务商。

材料方面，山东省也形成了良好的发展基础。山东天岳研发的碳化硅材料打破国际垄断。烟台鲁鑫贵金属的键合金丝生产规模国内领先，连续多年被认定为全国电子百强企业。德邦科技自主研发集成电路关键封装材料，获国家集成电路产业投资基金投资。有研科技在德州市投资建设8英寸、12英寸硅片规模化生产基地。烟台金宝、莱芜金鼎、济宁科大鼎新等也在国内占有重要地位。

同时，山东省集成电路产业也面临着产业基础薄弱、投入不足、重大项目偏少等问题。《山东省新一代信息技术产业专项规划（2018～2022年）》已将其作为一个补短板的核心领域进行重点突破。山东省将按照“先两头（设计、封装测试）、后中间（制造）”的思路，巩固材料环节优势，壮大设计、封装测试环节，全力突破制造环节，打造集成电路“强芯”工程。到2022年，培育3～5家集成电路龙头企业，20家具备较强竞争力的细分领域领军企业。

临沂市紧扣山东省集成电路技术发展规划，在集成电路领域着重培育和扶持临沂市海纳电子有限公司、山东龙立电子有限公司两家重点企业。下面分别对临沂市海纳电子有限公司、山东龙立电子有限公司两家企业的专利申请情况进行分析。

2.6.1 临沂市海纳电子有限公司

临沂市海纳电子有限公司成立于2002年，属国家高新技术企业，是集光电连接器、雷达转台汇流环、航空发动机线缆组件、航空测控系统设备、电子设备和集成模块的科研、生产、销售及服务于一体的专业化军工企业。现拥有技术人员60名，其中高级职称15人，中级职称31人。公司一向重视科学技术开发，研发资金占销售收入的6%以上，并且与清华大学、山东大学、天津大学等高校建立产学研合作关系。

公司与中国汽车技术研究中心、山东大学国防科学技术研究院、中电38所、614所等国内科研机构建立合作关系，实现高端产品的开发和技术的领先。近期公司和浪潮建立了军民融合合作关系，与海军装备研究院、海军航空工程大学建立研发合作关系。在北京成立海纳博睿研究院，借助北京地理位置及人才优势进行军品研究开发。该公司是临沂市军民融合促进会（国内唯一成立）副会长单位。

截至2020年9月30日，临沂市海纳电子有限公司共有75件专利申请，从图2－65显示的临沂海纳电子专利申请趋势分布可以看出，临沂海纳电子从2008年开始出现专利申请，2010年开始（除2014年和2018年外）每年都有专利产出；临沂海纳电子在2013年提交了17件专利申请，为历年最高，从海纳电子的申请规则来看，海纳电子的专利申请趋势和企业的研发一致，在研发的技术瓶颈期，研发攻坚阶段，无专利产出，技术突破后，专利申请激增，所以会有断层现象。

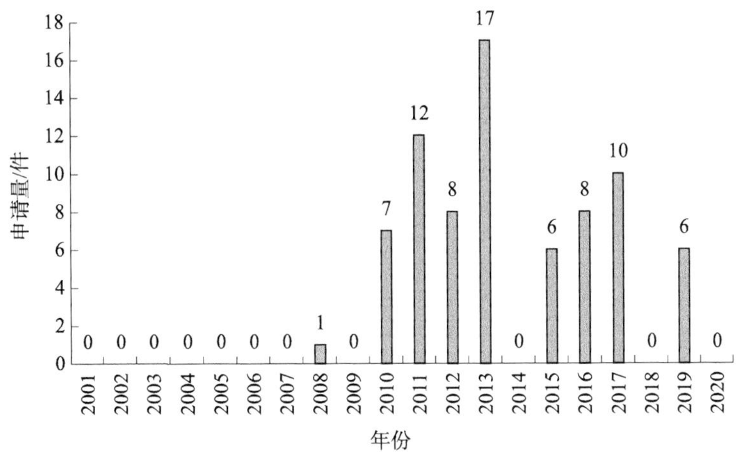

图2－65　海纳电子专利申请趋势分布

如图2－66所示，在临沂海纳电子的75件专利申请中，包括42件实用新型（全部授权），18件发明专利申请（13件授权，5件审查中）。可以看出，一方面，临沂海纳电子的实用新型专利占比偏大，专利申请创新能力有待进一步提升；另一方面，临沂海纳电子的发明专利申请审中占比仅有7%，较少，相对研发后劲不足。海纳电子的有效专利占比48%，未缴年费失效占比40%，失效专利占比较高。

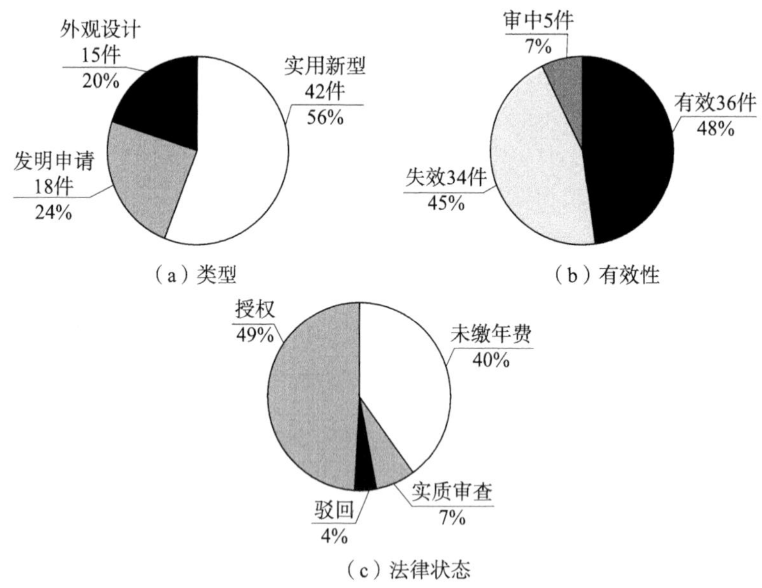

图 2-66　海纳电子专利综合分析

如图 2-67 所示，海纳电子专利数量较多，但专利维持年限时间相对较短，这与海纳电子开始申请专利时间较晚有一定关系，对比海纳电子的申请趋势，其专利维持时间分布比较均匀。

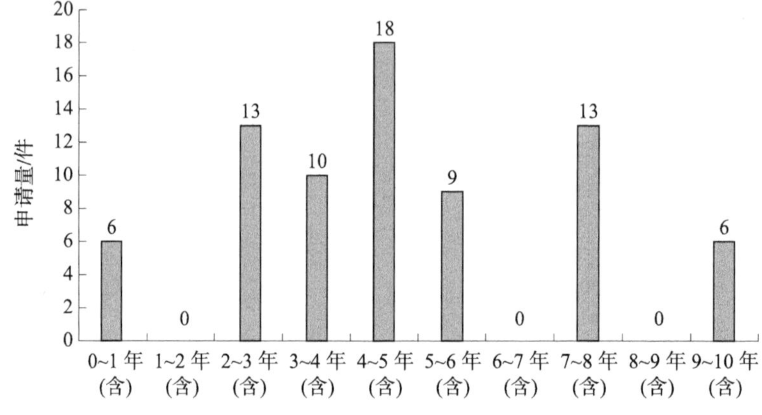

图 2-67　海纳电子专利维持年限分布

临沂海纳电子的 75 件专利申请技术构成分析见图 2-68。从中可以看出，临沂海纳电子的专利申请主要集中在 H01R（导电连接；一组相互绝缘的电连接元件的结构组合；连接装置；集电器）和 B23P（金属的其他加工；组合加工；万能机床）。

临沂海纳电子专利数量较多，但发明占比较少，需加大研发投入，进一步深挖相关技术，提高企业自身的研发实力及发明专利占比，海纳电子虽与多所高校达成产学研合作，但合作深度不够，暂无共同申请人的专利输出，企业应与高校进行深度合作，借助高校的研发力量，加快企业的研发步伐。

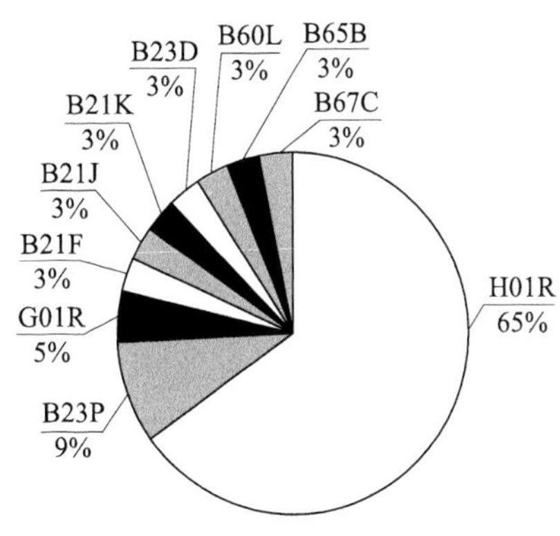

图 2－68 海纳电子专利技术分布

2.6.2 山东龙立电子有限公司

山东龙立电子有限公司成立于 2002 年，拥有员工 500 余人，其中硕士、博士 20 余人，中高级技术职称 50 余人；总部位于临沂市高新技术产业区，建筑面积 5 万平方米，总资产 1.6 亿元，是集研发、生产、销售高端电连接器于一体的国家高新技术企业。公司致力于各类高端电连接器的开发和研究，拥有专利 26 件，其中发明专利 7 件，有 30 余个科研项目被列入科技部和省市科技计划，获得山东省科技进步奖、山东省中小企业科技进步奖、临沂市科技进步奖等多项省市级奖励，其中超微矩形连接器、深水密封连接器、玻璃烧结绝缘连接器等系列产品达到国内较高水平。

截至 2020 年 9 月 30 日，山东龙立电子有限公司共有 26 件专利申请，相对临沂海纳电子专利申请量较少，如图 2－69 所示，山东龙立电子有限公司自 2011 年才开始有专利申请，起步较晚，申请数量主要集中在 2015～2017 年。

如图 2－70 所示，龙立电子的 26 件专利申请中，实用新型专利 13 件，占比 50%。企业有效专利占比 88.46%，授权 92%，说明企业比较重视知识产权，且所申请的专利质量较高，但企业目前的实质审查专利占比较少，研发后劲有所欠缺。

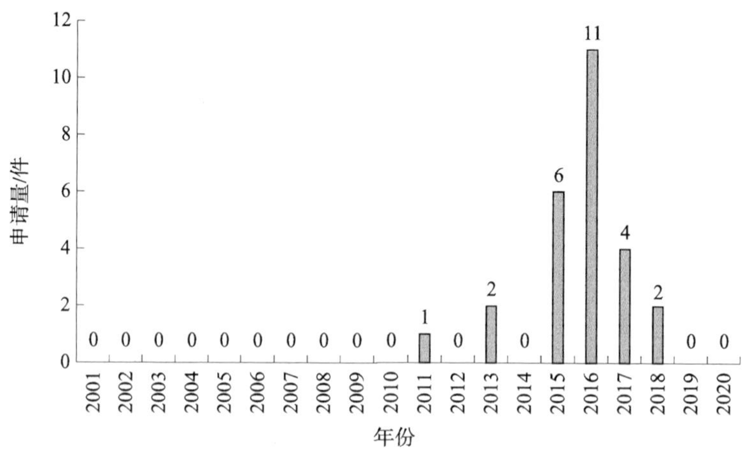

图 2－69 龙立电子专利申请趋势

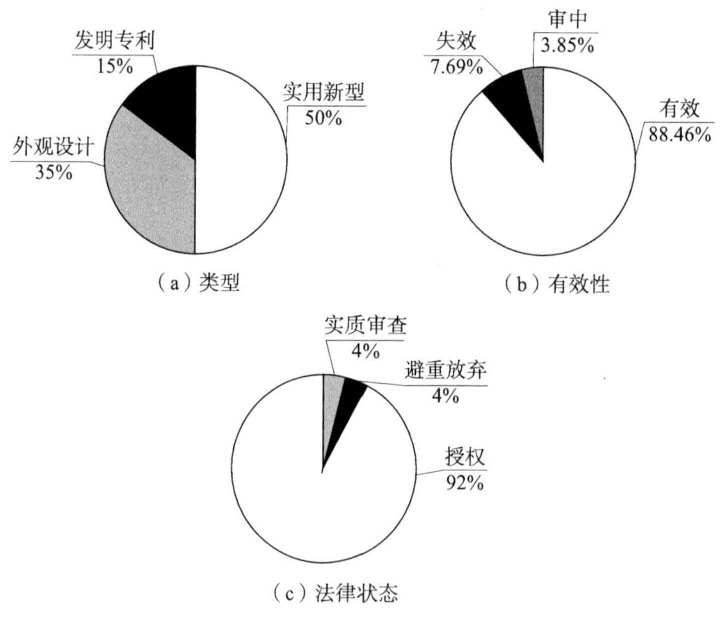

图 2－70 龙立电子专利综合分析

如图 2－71 所示，龙立电子专利起步较晚，但其重视程度较高，专利维持时间较久，其中一件专利维持时间已经到达 9～10 年，大部分的专利申请因授权时间较晚，维持在 3～6 年。龙立电子的专利技术分布和海纳电子基本一样，主要分布在 H01R 领域。

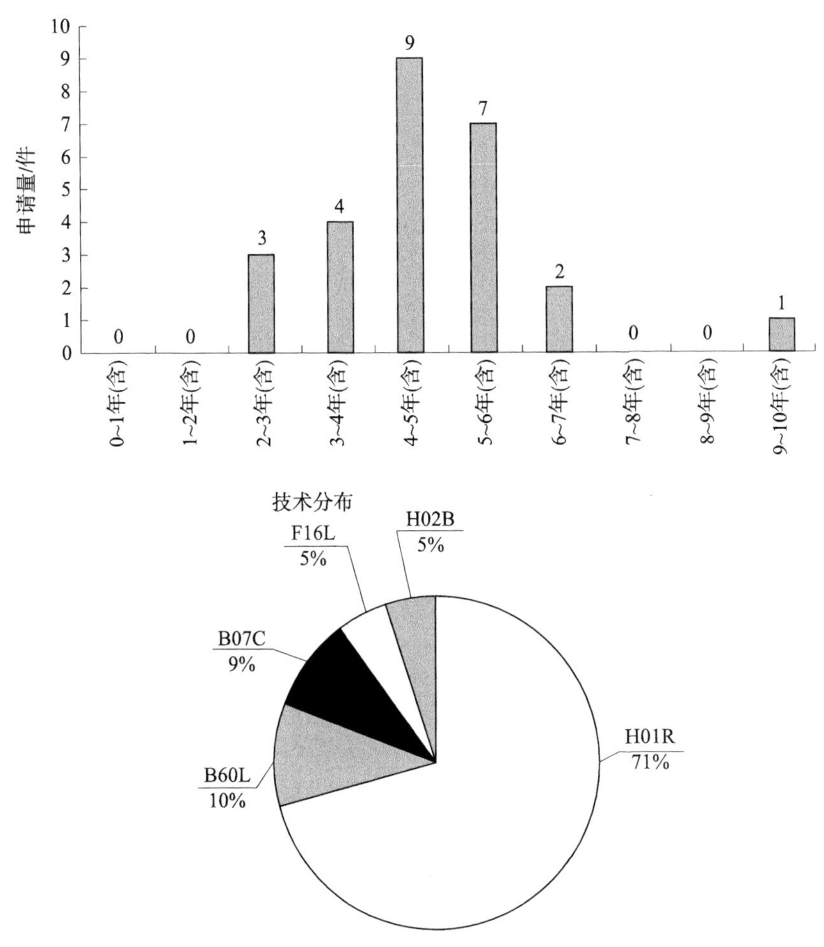

图2－71　龙立电子专利维持时间及专利技术分布

吸引外部投资、引进外部先进技术是提升一个区域产业竞争力的有效途径，然而如何将外部先进技术充分消化、吸收并形成自主技术创新则是所有引入外部投资的本土企业所面临的问题。龙立电子和海纳电子的产品及技术高度一致，可以联合区域内的其他同类型企业成立产业协会或者联盟，组建专利池，共同推动区域内本产业的发展。

2.7　本章小结

集成电路是换代节奏快、技术含量高的产品。从当今国际市场格局来看，集成电路企业之间在知识产权主导权上斗争激烈，重要集成电路产品全球化产业组织呈现出跨国公司寡头垄断的特征，集成电路跨国公司销售、制造、研发布局朝全球化方向发展。我国集成电路的设计和制造还处于起步发展阶段，远不具备强势国际分工地位。近几年，国内诸多地方响应国家战略，大力投资集成电路产业，经过多年的发展，目前产业布局主要集中在以北京为核心的京津冀地区、以上海为核心的长三角、以深圳为核心的珠三角及以四川、湖北、安徽等为核心的中西部地区。山东省以及临沂市均出台了多项相关政策推动集成电路技术和产业的发展。

集成电路的芯片设计、模块封装和载带制造技术均起源于20世纪中期，并从20世纪末开始出现突飞猛进式的发展。美国、日本、中国和韩国是全球集成电路技术专利申请的主要技术来源国，并且每个国家在不同的领域体现着彼此不同的发展特点：美国兼有传统集成电路制造龙头企业和电子设计自动化软件企业，掌握着集成电路设计的关键技术，但在模块封装和载带制造这些制造行业则略显薄弱；日本的集成电路制造技术实力雄厚，在模块封装和载带制造2个技术领域占据全球领先地位；中国的集成电路技术发展起步晚，但是发展速度快，近10年来在各个技术领域的专利申请量增幅显著，迅速占据全球专利申请量的前三位；韩国集举国之力扶持三星集团、LG集团等行业巨头，成为全球半导体行业第二次技术转移的承接国，从而在全球集成电路技术和市场均占有一席之地。

中国的集成电路芯片设计、模块封装、载带制造和电子元件技术专利申请始终保持着快速发展的势头。在华申请中，台积电在芯片设计、模块封装领域居于国内首位，洁美科技在载带制造领域独树一帜。可见，国内企业牢牢把握住技术优势和市场地位。同时，日本、美国和韩国的各大跨国企业也在中国积极进行专利布局，中国的市场备受发达国家的瞩目。

国内主要省市中，北京、上海、江苏、浙江依托各自在政治、经济、文化等方面的优势引领着国内最先进的技术发展。国内知名的芯片设计和制造企业如中芯国际、华虹半导体等均在北京、上海等地选址，全球知名集成电路封装测试企业长电科技落户江苏，国内载带制造领先企业洁美科技设在浙江。此外，台湾地区拥有作为全球集成电路领域制造行业的领军企业之一的台积电，成为中国集成电路技术发展的重要区域。

山东省在国内集成电路领域并没有体现出明显的优势。从专利申请量来看，山东省在芯片设计领域排在国内第八位，在模块封装领域排在国内第十位，在载带制造领域排在国内第七位。然而，山东省政府在近年来推行了一系列集成电路发展政策，浪潮集团、歌尔集团、临沂海纳电子、山东天岳等一批优秀的集成电路企业纷纷涌现，为山东省开启了集成电路技术稳步发展新阶段。

临沂市近年来着力发展电子元件等技术领域。临沂海纳电子、龙立电子等企业在电连接器领域已经独占鳌头。政府扶持、技术引进、强强联手，是临沂市探索出的一条适合自身特点的发展途径。

临沂市在集成电路模块封装、电子元件领域的专利申请尚可，但在载带制造、芯片设计领域的专利申请则是空白。可见，临沂市在集成电路的技术研发集中在模块封装、电子元件这两个集成电路的下游技术领域，而在载带制造、芯片设计这两个技术领域的创新能力明显不足。临沂海纳电子作为临沂市在电连接器领域的优势企业，也是在政府扶持下的重点企业。

针对临沂市专利为零的载带制造及芯片设计领域，筛选整理相关领域重点企业，针对知识产权发展较好的电子元件领域筛选整理相关重点发明人，临沂市政府在进行相关企业及人才引进时（如表2－1、表2－3、表2－4、表2－7所示），可作相关参考。

第三章　磁性元件及相关材料产业专利导航分析

3.1　引言

磁性材料是一类重要的基础功能材料，应用范围十分广泛，如电子、信息、电动工具、汽车、家电等行业对磁性材料有着不可替代的需求。同时由于当前国家提倡节能环保、绿色发展，作为一种清洁能源，磁性材料更是在节能环保、新能源、电动汽车、智慧城市、智慧地球等新兴领域中得到越来越广泛的应用，甚至开始应用于机器人、无人机、航空航天、卫星遥感等军事国防领域。磁性材料按照材质可以分为金属磁性材料和非金属磁性材料两大类，前者由于价格昂贵，应用范围比较窄，多集中于军工和高档电子产品领域。而非金属磁性材料由于价格低廉，性能稳定，适用于比较恶劣和严峻的环境，因此大量使用于各领域。❶

3.1.1　发展现状

3.1.1.1　全球现状

按照磁学性能上的硬和软可分为永磁材料和软磁材料。永磁材料经过外加磁场磁化以后能长期保留其强磁性，软磁材料则是加磁场，既容易磁化，又容易退磁。永磁材料主要有：稀土永磁材料、金属永磁材料、铁氧体永磁材料；软磁材料主要有：铁－硅（Fe－Si）系软磁材料、铁－镍（Fe－Ni）系软磁合金、铁氧体软磁材料、非晶软磁材料和纳米晶软磁材料。软磁材料具有相对

❶ 李亚峰．磁性材料行业现状与发展前景分析［J］．新材料产业，2018（7）：51－54．

低的损耗性能，同时又拥有较高的磁化强度。目前，软磁材料主要应用于生产电机、继电器、变压器、超声换能器、磁头等产品之中。而随着新软磁材料的开发，例如，软磁铁氧体材料、非晶态以及纳米晶合金软磁材料等，使软磁材料更多地应用于高频工作环境中。软磁材料在工业中的应用始于 19 世纪末。随着电力工业、电信技术、无线电技术的快速兴起和发展，软磁材料应用在电机、变压器、电感线圈的磁芯、坡莫合金及坡莫合金磁粉芯、磁头等会大大增加；并且新型的软磁材料从 20 世纪 70 年代的非晶态软磁合金、80 年代的纳米晶软磁材料，到 90 年代的纳米结构的金属磁性材料等在不断地应用和崛起。永磁材料同样在很多领域中得以广泛应用。铝镍钴永磁材料被广泛地应用在仪表的生产制造之中，铁铬钴永磁材料被广泛地应用于小型磁体器件生产之中，铁氧体永磁材料被广泛地应用于发动机生产之中，稀土永磁钕铁硼材料被广泛地应用于传感器、电动机，小到手表、照相机、录音机、CD 机、VCD 机、计算机硬盘、光盘驱动器，大到汽车、发电机、医疗仪器等一些磁系统之中，而一些复合永磁材料则被应用于通信、磁疗等多个领域之中。永磁材料仍将是应用最广、需求量最大的磁性材料。随着汽车、摩托车、电子信息等产业的迅速发展，国内外对高性能永磁材料的市场需求会越来越大。软磁材料要比永磁材料的研究与应用晚，在软磁材料的发展过程中，它在工业中的应用始于 19 世纪末，20 世纪 30 年代前为金属软磁材料，五六十年代为软磁铁氧体材料，20 世纪 70 年代初成功开发出非晶态软磁合金材料，80 年代末成功开发出纳米晶软磁材料，同时又开发了许多高频特性优良的纳米颗粒结构的软磁材料。90 年代以来，成功开发出纳米结构的金属磁性材料，它的成功开发和崛起，已成为软磁铁氧体材料的有力竞争者。目前，软磁材料的研究开发主要集中在高磁导率 MnZn 铁氧体的研究和 MnMgZn 铁氧体的研究，传统的铁氧体软磁材料正朝着提高综合性能指标的方向发展。[1]

从全球的地域分布来看，磁性材料产业主要集中在亚洲，尤以中国和日本居多。目前的大多数磁性材料都是由日本发明并实现产业化的，因此日本有着传统优势，中高端产品和技术掌握在日本手中。日本有 60 多家企业从事磁性材料的研发和生产，其中，东京电气化学工业株式会社是全球磁性材料生产历史最长且品种最多的企业，铁氧软磁和永磁技术长期走在世界最前端，是磁性

---

[1] 郭贤彬．软磁材料与永磁材料的比较分析［J］．智富时代，2017（10）：96.

材料领域的龙头。❶

截至2019年，美国稀土磁性材料专利申请占全球专利申请总量的7%，排在日本、中国之后，位列第三。美国的研发主体相对多样，包括企业、高校和研究机构。其中，企业主要有美国基美公司、通用电气、希捷科技、IBM、通用汽车、英特尔、伊士曼柯达等；高校主要为加州大学和东北大学；研究机构主要包括美国能源部等。总体来说，美国研发主体的专利量相对较少。美国在下游布局的技术方向在三个国家中是最广的，不仅包括传统的永磁电机材料、高温超导材料、磁存储等，还包括中国和日本两国中没有涉及的医疗支架、细胞监测靶标、肿瘤治疗用磁性颗粒、磁性假肢、磁性导尿管以及核磁共振成像等领域。❷

3.1.1.2 国内现状

进入21世纪，我国凭借丰富的资源和劳动力优势以及巨大的市场磁性材料高速发展，目前已经形成了品种齐备的磁性材料体系，主要门类的磁性材料产量居于世界第一位，目前产量已经达到了全球的2/3。截至2015年年底，我国永磁铁氧体产量达51万吨，近五年我国永磁铁氧体产量占全球产量比例超过70%。近几年来，中国永磁铁氧体行业发展迅速，每年平均以10%以上的速度递增。在国家节能减排政策引领下，具有“节能、高效、小型”优点的钕铁硼永磁相较铁氧体永磁能够有效降低单位能耗，提升设备效率。就永磁电机而言，钕铁硼永磁电机平均节电率高达10%以上，高性能钕铁硼电机节电率可高达15%~20%，是工业领域节能减排的重要推手。截至2018年，我国钕铁硼产量在16万吨左右，是铁氧体永磁的1/4。随着未来更加严格的节能减排要求，稀土永磁有望不断蚕食原铁氧体永磁的市场份额，需求端市场将逐步扩张。我国软磁材料的发展，总体是一个发展的趋势，预计世界软磁材料市场仍将保持在年平均增长率6%左右，而我国则将以10%~15%的年增长率发展。❸

2019年，中国磁性材料行业整体在低位振荡运行，整体来看，弱势尚未

---

❶ 日本磁性材料生产开发及应用现状［J］. 现代材料动态，2006（6）：26-27.

❷ 张博. 中国、日本、美国稀土磁性材料专利技术比较研究［J］. 世界科技研究与发展，2019，41（4）：337-347.

❸ 申璐. 稀土永磁材料行业发展现状及建议［J］. 经济研究导刊，2019（24）：35-48.

触底，向企稳趋势发展。总体来看，中国磁性材料行业出现了一些新的变化和特点。稀土永磁原料用的相关轻、中、重稀土品种价格持续小幅度回落，到2019年第3季度后稀土钴永磁需要的钴价从高位开始持续向下缓慢调整，目前在低位振荡，因钐钴永磁应用特殊且市场规模较小，市场情况比钕铁硼稀土永磁稍好。铁氧体永磁产业继2018年平稳发展以来，尽管受到中美贸易战的影响，2019年多数企业依然保持相对良好的产销形势，多数企业开工率约8成，少数企业订单饱满充足。目前，中国软磁铁氧体材料产能严重过剩，竞争激烈。纵观全行业，中国磁性材料行业内的市场竞争，表现在中低端产品同质化价格竞争更趋激烈，并有向中高端产品和市场传递的趋势。[1]

3.1.2　相关政策分析

2012年1月，工信部印发的《新材料产业“十二五”发展规划》中指出，国家将进一步推动高磁导率软磁材料、高导电率金属材料及相关型材的标准化和系列化，提高电磁兼容材料产业化水平。

2012年7月，国务院印发的《“十二五”国家战略性新兴产业发展规划》指出，国家将支持突破先进和特色电子芯片制造工艺技术、材料核心技术并鼓励发展新型功能性材料、加快推进磁敏材料产业化。

2013年2月，发改委公布的《产业结构调整指导目录（2011年本）（2013年修正）》，文件提出了我国产业结构调整的方向和重点，其中包括新型电子元器件（电力电子器件、光电子器件、敏感元器件及传感器、新型机电元件等）制造等。

2015年5月，国务院印发的《中国制造2025》明确指出，针对基础零部件、电子元器件等重点行业，实施工业产品质量行动计划，产品的性能稳定性、质量可靠性、环境适应性、使用寿命等指标达到国际同类产品先进水平。

2016年7月，国务院印发的《“十三五”国家科技创新规划》在“发展新一代信息技术，发展智能绿色服务制造技术”章节中，提出重点加强新型传感器的研发，加强工业传感器制造基础共性技术研发，提升制造基础能力在先进制造技术专栏中，提出开展MEMS（微机电系统）传感器的研发，提高自主研发能力，开展工业传感器核心器件、智能仪器仪表、传感器集成应用等技术攻关。

---

[1] 翁兴园. 新冠肺炎疫情对中国磁性材料行业的影响［J］. 新材料产业，2020（2）：33－37.

3.1.3 项目分解

本节分别对磁性元件、相关材料的专利信息进行多维度分析，在现状分析的基础上提出创新发展建议。考虑到磁性元件产业的行业特点和技术特点，笔者以发明和实用新型专利为目标专利，不考虑外观设计专利。

3.2 磁性元件产业专利分析

本节将从磁性元件产业的全球、中国以及山东省三个层级，基于专利大数据，对磁性元件产业领域的申请趋势，申请人、发明人/团队情况，专利运营情况及信息的汇总等多个角度，对磁性元件产业专利情况进行分析，以为后续的政府决策提供重要的数据支撑。

3.2.1 全球专利分析

3.2.1.1 全球专利申请趋势分析

专利申请趋势一定程度上反映了技术的发展历程、技术生命周期的具体阶段，并可在一定程度上预测未来一段时间内该技术的发展趋势。

本次检索共获得专利75989项。由图3－1可以看出，早在20世纪40年代磁性元件产业就有专利申请，这说明磁性元件产业一直以来都是各国比较关注的

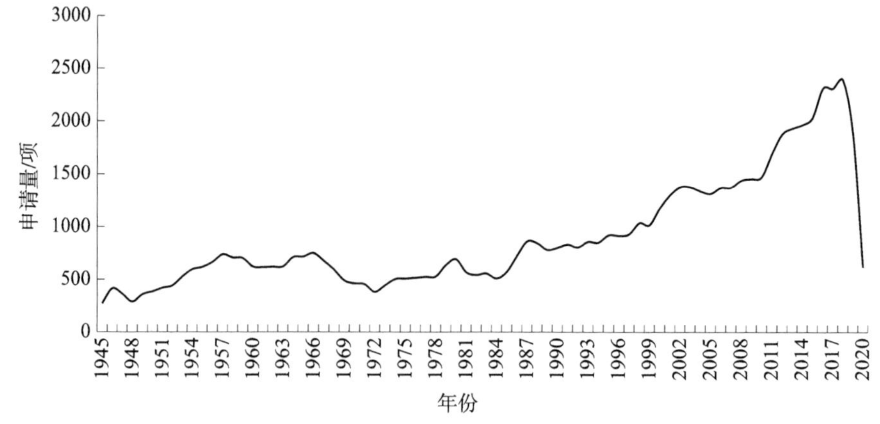

图3－1　磁性元件产业全球专利申请趋势

产业，1945 年磁性元件产业开始经历了一个研发探索及应用的过程。

在 1953 年以前为技术萌芽期，磁性元件产业专利年申请量均在 500 件以下，以前发展十分缓慢，处于技术萌芽期，还处于基础理论性的研究探索过程；1954 ~ 1999 年为技术成长期，年申请量不超 1000 件，基础理论性研究探索过程中取得一定程度的进展；2000 ~ 2006 年为快速增长期，巨磁电阻效应（GMR）以及隧穿磁电阻效应（TMR）技术迅速发展，已逐步实现了自旋传感芯片、自旋磁电信号耦合芯片、磁逻辑和存储芯片的产业突破，并在工业上建立相应的产业链，专利申请量迅猛上升；2007 ~ 2010 年为技术调整期，专利申请量有所增加但增长速度缓慢，说明磁性元件产业处于一个以应用为主的研发过程，对于已经在产业链上成熟运用的技术，如果再进行创新性的研究，成果推出速度逐步降低，某些技术领域也随着研究的进行面临发展的瓶颈；2011 年以后，磁检测技术随着社会需求日益扩大，磁电子技术伴随着计算机技术、微电子集成电路技术、传感器技术有着突飞猛进的发展，处于一个技术不断革新的研发过程，从而磁性元件产业专利申请量逐年迅猛上升，在某些技术领域的技术日趋成熟，并在工业上建立相应的产业链，实现量产。

3.2.1.2　全球专利申请区域分析

如表 3 - 1 所示，日本为专利技术输出强国，在除本国以外的其他国家或区域申请专利超万项；美国和德国虽然海外专利数量不如日本，但是其海外专利申请量超过其在本国专利申请总量，可见其对其他国家的重视程度极强；中国无论是专利数量还是海外专利占比均明显弱于美国、日本等技术强国，可见中国在磁性元件产业的技术与发达国家相比还有较大差距，产业化程度也不够，目前主要市场仍在本国，海外拓展较少。

表 3 - 1　磁性元件产业专利来源国在各目标国的分布情况

来源国	目标国					
	日本	中国	美国	韩国	德国	海外专利占比（%）
日本	23293	1391	4269	1035	766	30. 86
美国	1206	465	5226	449	452	56. 02
中国	109	10206	215	16	10	6. 13
德国	330	326	927	164	2241	60. 74
韩国	169	139	395	2926	35	24. 53

从磁性元件产业专利来源国在各目标国的分布情况来看，各国均较重视本国市场，美国当之无愧为各主要国家专利布局重点区域，日本、中国、德国、韩国除本国外，在美国申请的专利最多，日本在美国申请专利4000余项，而中国在美国的专利申请仅200项左右，技术输出实力不足。德国、韩国均十分重视亚洲市场。

3.2.1.3 全球专利技术构成分析

如图3-2所示，从IPC反映的技术分布角度看，磁性元件产业专利申请主要布局在H01F（磁体；电感；变压器；磁性材料的选择）和G01R（测量电变量；测量磁变量）两个技术领域，尤其是H01F具有绝对优势。

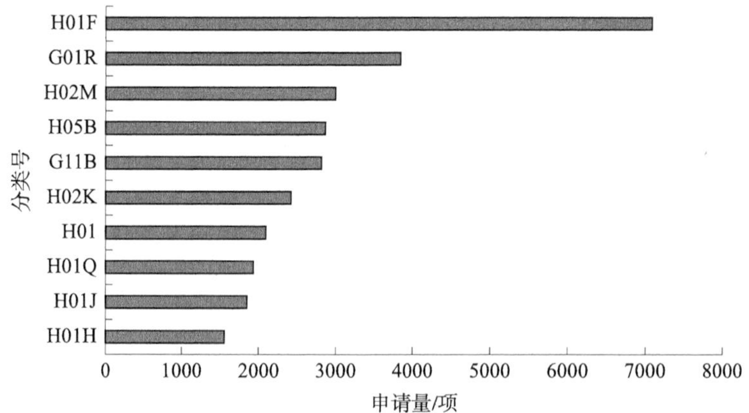

图3-2 磁性元件产业专利申请技术领域分布（IPC大组）

如图3-3所示，从各主要技术分支专利申请分布情况可以看出，涉及磁性元件传感器应用的专利申请约占53%，磁性芯片传感器、传感器制品的专利申请量旗鼓相当，占比超20%，而磁性元件薄膜制备的专利仅占6%。由此可见，磁性元件传感器具体应用为专

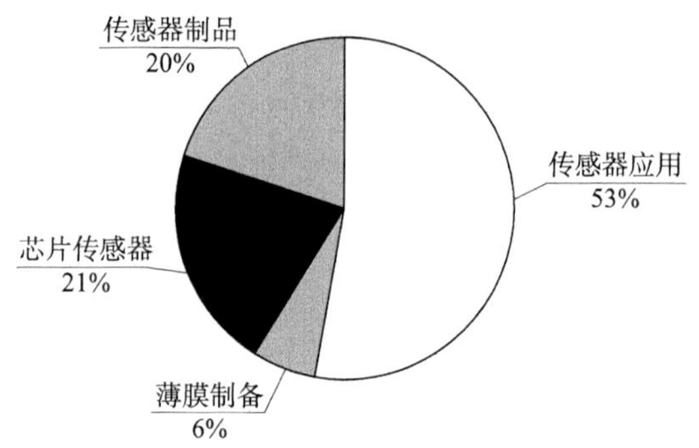

图3-3 磁性元件产业链技术专利分布

利布局的重点方向，该领域申请人在磁性元件及传感器的制备方法、结构改进方向投入的研发较大，相比较之下，在磁性元件材料开发、磁性元件薄膜制备的基础技术研究投入较少。

3.2.1.4 全球专利申请人分析

如图3-4所示，对磁性元件行业的申请人进行分析，居于前20位的申请人，均为全球实力较强的企业，说明磁性元件产业技术的研究及开发拥有一批实力较强的企业。在磁性元件行业中占据绝对优势，其中，IBM和TDK专利申请量约为350项，说明磁性元件行业的核心技术主要集中在日、欧、美发达国家，我国企业在磁性元件产业专利技术研究方面仍需要努力寻求突破。

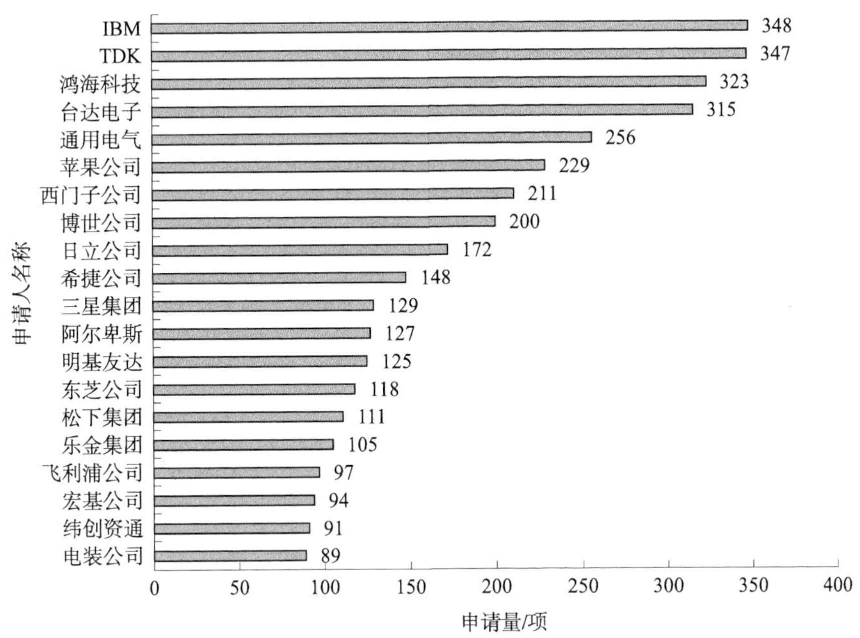

图3-4 磁性元件产业主要专利申请人

3.2.2 中国专利分析

3.2.2.1 中国专利申请趋势分析

图3-5显示了磁性元件产业的中国专利申请的时间分布，可以看出，由于

我国专利法于 1985 年实施，中国开始申请与磁性元件相关的专利，从 1985 ~ 2000 年，专利申请量均维持在 100 件以下，处于技术萌芽期。2001 年，专利申请量有了显著增长，研发投入大、技术发展迅速，处于技术成长期。从 2011 年开始中国专利申请量快速增长，2018 年专利年申请量达到峰值，虽然近两年的专利公开不完全，但可以预估磁性元件领域专利申请仍会增长。由此可以看出，中国的磁性元件产业相对于全球起步比较晚，从 21 世纪开始中国磁性元件行业有了突飞猛进的发展。

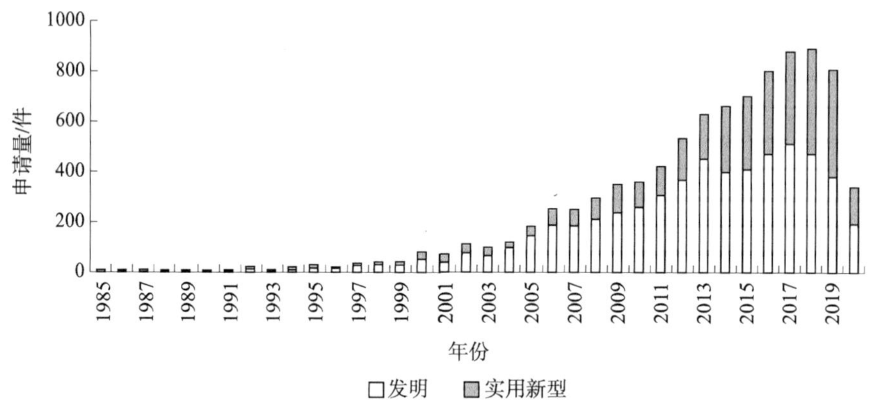

图 3-5　磁性元件产业中国专利申请趋势

由图中类型占比可以看出，磁性元件领域以发明专利居多，说明申请人具有较高的把握，认为自己的专利申请是具有突出的实质性特点和显著的进步的。此外，申请人选择以发明专利作为申请类型，可获得较长期限的保护。这充分地说明磁性元件产业具有非常广阔的技术创新点，具有长期投资和发展的潜力。

3.2.2.2　中国专利申请技术构成分析

通过图 3-6 显示，全球磁性元件领域的主要研究方向为 H01F（磁体；电感；变压器；磁性材料的选择）、H02M（用于交流和交流之间、交流和直流之间或直流和直流之间的转换以及用于与电源或类似的供电系统一起使用的设备；直流或交流输入功率至浪涌输出功率的转换；以及它们的控制或调节）和 G01R（测量电变量；测量磁变量）。相对来说，H02K（电机）和 G01N（借助于测定材料的化学或物理性质来测试或分析材料）是专利布局的空白点。

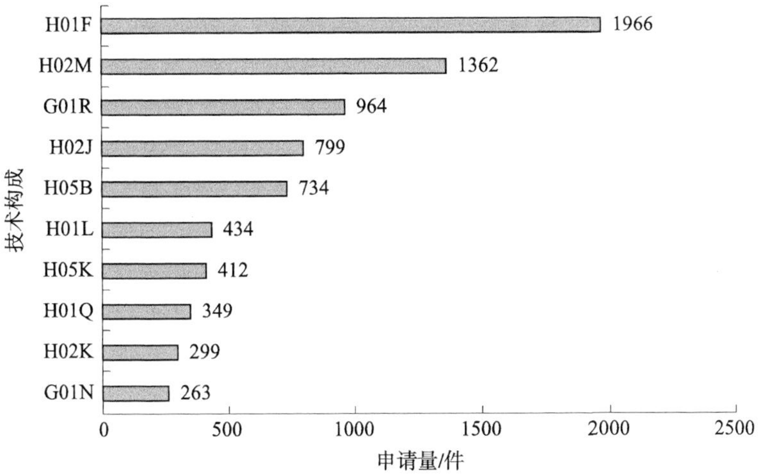

图 3-6　磁性元件产业中国专利 IPC 分类分布

3.2.2.3　中国专利地域分布分析

图 3-7 列出了国内磁性元件产业前十位省份专利申请量，可以看出中国磁性元件产业集中在广东、江苏、浙江、北京、上海等地区，产业基础和研发实力相对较好，高校科研院所相对较多。山东省在磁性元件行业居全国第七位，专利申请量 435 件，相对于排名第一位的广东有较大差距。

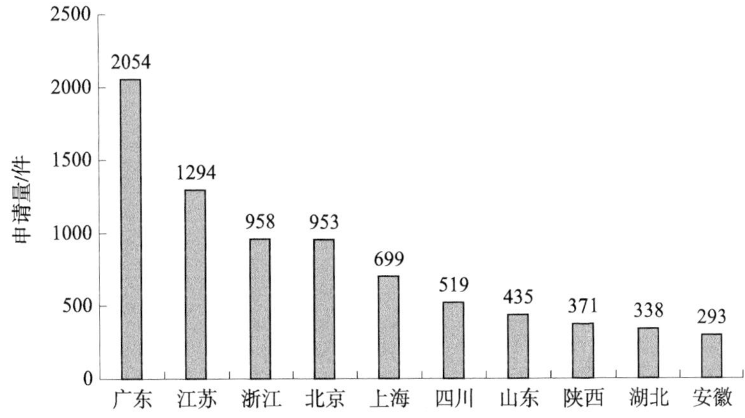

图 3-7　国内磁性元件产业前十位省市专利申请量

3.2.2.4 中国专利申请人类型分析

从图 3 –8 磁性元件产业中国专利申请的申请人类型来看，企业专利申请占比 59%，大专院校专利申请占比 20%，个人占比 15%，科研机构专利申请占比 6%。由此可知，国内从事磁性元件产业研究和开发的主要是企业。

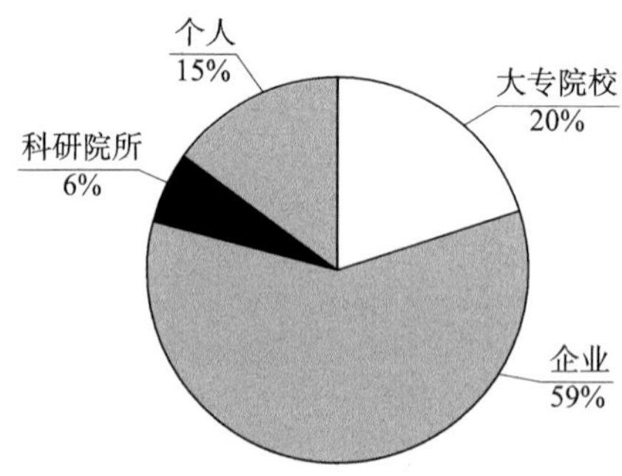

图 3 –8 磁性元件产业中国专利申请人类型统计

由图 3 –9 可以看出，磁性元件产业中国专利排名前 15 位的申请人中，有 11 位是中国申请人。日本松下和村田申请量超 130 件，处于领先地位。其次是西门子和国家电网，申请量在 100 件左右。其余的申请人基本处于同一起跑线上。中国磁性元件产业相关专利技术主要集中在全球实力较强的企业，中国

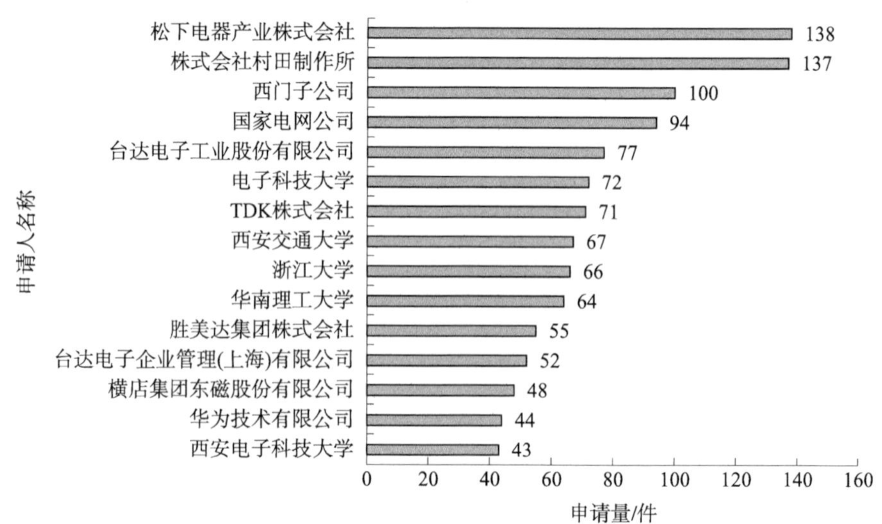

图 3 –9 磁性元件产业中国专利主要申请人

企业在磁性元件产业技术中尚处于弱势地位。磁性元件产业技术的研究与开发需要大量的资金及技术支撑，因此中国企业在投入大量资金及技术的前提下，加强与研究机构的合作力度，建立系统的产业上下游链条，促进磁性元件产业技术的发展和应用还具有较为广阔的发展空间。

3.2.2.5　中国专利重要发明人分析

从表3－2国内专利申请超过20件的中国专利主要发明人来看，主要是企业的研发人员。其中，江苏多维科技有限公司的詹姆斯·G. 迪克、薛松生、白建民、沈卫锋、谭启仁、金英西、雷啸锋等多位技术人员专利申请量均较多，说明该企业研发的投入较大，并已取得一定的研发成果。此外，无锡乐尔科技有限公司、成都宽和科技有限责任公司、美新半导体（无锡）有限公司等公司均拥有核心技术人员。

表3－2　磁性元件产业中国专利主要发明人

发明人姓名	申请量/件	所属公司名称
詹姆斯·G. 迪克/薛松生/白建民/沈卫锋/谭启仁/金英西/雷啸锋	106/48/39/35/32/25/25	江苏多维科技有限公司
王建国/黎伟	77/25	无锡乐尔科技有限公司
周志敏	52	成都宽和科技有限责任公司
谢晓明/王永良/孔祥燕/徐小峰	39/28/25/23	中国科学院上海微系统与信息技术研究所
蒋乐跃	29	美新半导体（无锡）有限公司
肖荣福/郭一民/陈峻	27/21/21	上海磁宇信息科技有限公司
龙克文	27	佛山市川东磁电股份有限公司
张怀武	26	电子科技大学
张挺	26	上海矽睿科技有限公司
王磊/韩秀峰	26/24	中国科学院物理研究所
时启猛/刘乐杰	25/23	北京嘉岳同乐极电子有限公司
曲炳郡	25	北京磊岳同泰电子有限公司
于广华	22	北京科技大学
胡双元	22	苏州矩阵光电有限公司
王俊辉	21	德昌电机（深圳）有限公司

科研高校专利主要发明人主要来自中国科学院上海微系统与信息技术研究所、电子科技大学、中国科学院物理研究所和北京科技大学。其中，中国科学院上海微系统与信息技术研究所谢晓明、王永良、孔祥燕、徐小峰在磁性元件

产业的研发投入大，谢晓明现为中国科学院上海微系统与信息技术研究所研究员，博士生导师，担任信息功能材料国家重点实验室副主任，主要研究方向为铁基等新型超导材料研究；超导量子干涉器件（SQUID）及其在微弱磁信号探测中的应用，包括生物磁信号探测与生物磁成像研究等。孔祥燕研究方向为超导弱磁探测技术及其应用、超导磁传感器。

3.2.2.6 中国专利运营情况分析

由图3－10可知，磁性元件产业发生转让的专利902件，许可119件，质押融资46件，专利诉讼1件。磁性元件产业中国专利近1.3万件，发生专利运营行为专利数量1068件，占比仅8%，可见磁性元件产业的专利运营行为并不多，其中发生诉讼的专利为CN200520103202.5，涉及开关磁阻电动机调速系统电机传感器连接装置，2008年北京中纺锐力机电有限公司诉淄博齐城树脂有限公司、临淄电机电器厂侵权其专利权，该专利通过无效程序已经被宣告无效。

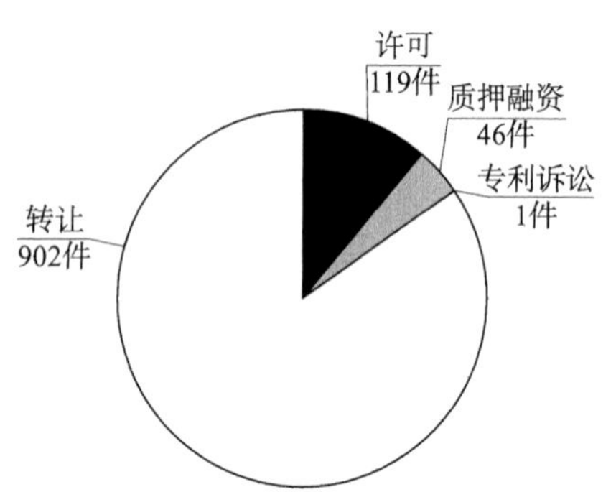

图3－10　磁性元件产业中国专利运营统计

通过对表3－3的排名分析可知，磁性元件领域的中国专利转让主要为阿尔卑斯、飞思卡尔、飞利浦等大集团的专利运营活动以及集团公司内部的知识产权资产自转让。

表3－3　中国专利主要转让人与受让人

转让人	专利量（件）	受让人	专利量（件）
成都宽和科技有限责任公司	29	英飞凌科技股份有限公司	22
欧阳焱雄	29	NXP股份有限公司	21
高松	29	奇梦达股份公司	20
黄强	29	阿尔卑斯电气株式会社	20
因芬尼昂技术股份公司	20	艾沃思宾技术公司	17
阿尔卑斯绿色器件株式会社	20	精工半导体有限公司	15
飞思卡尔半导体公司	19	国家电网公司	10
皇家飞利浦电子股份有限公司	18	三星电子株式会社	9
精工电子有限公司	15	爱沃斯宾技术公司	9
国际商业机器公司	13	旭化成电子材料元件	8

3.2.3 山东省专利分析

3.2.3.1 山东省专利申请趋势分析

图3-11列出了山东省磁性元件产业专利申请量的申请趋势，可以看出，山东省磁性元件产业从1984~2008年申请量在20件以下，属于技术萌芽期，2009~2010年专利申请量逐步增长，这段时间为技术成长期。2011~2012年申请量出现下降趋势，遭遇技术瓶颈，技术创新难度增大，这段时间为技术调整期。2012年以后虽有波动，但仍增幅较为明显。可见山东省磁性元件产业相对国内起步较晚，还有很大的成长空间。

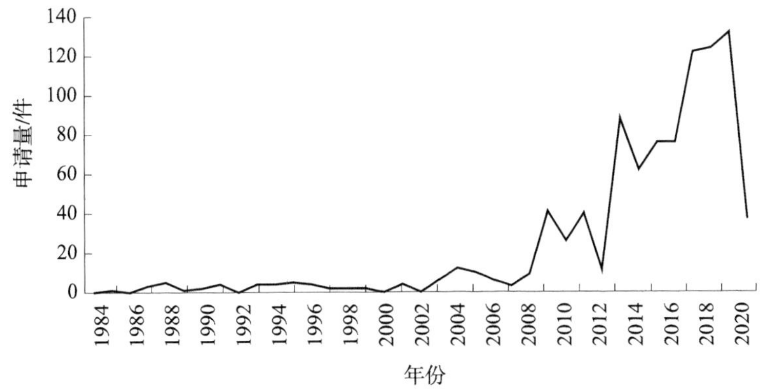

图3-11 山东省磁性元件产业专利申请趋势

3.2.3.2 山东省专利创新主体分析

图3-12为山东省磁性元件产业专利申请量居前15位的申请人。从排名情况来看，排名前15位的申请人中有大专院校2位，科研院所1位，个人申请3位，剩余均为企业申请。山东大学、青岛云路新能源科技有限公司分别居第一位、第二名，申请量超10件；山东嘉诺电子有限公司、九阳股份有限公司、济南佳泰电器有限公司、海尔集团公司、青岛理工大学等紧随其后，申请量差距不大。

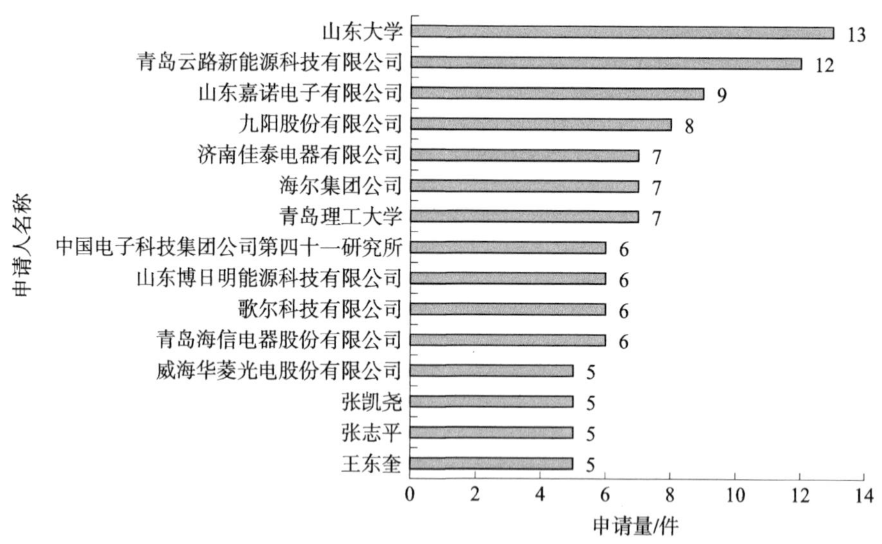

图 3-12　山东省磁性元件产业专利申请量居前 15 位的申请人

从表 3-4 可以看出，山东磁性元件专利申请排名前十的发明人为阮树成、张波、郭伟静、卢增艺、王勇、加藤登、杨飞、王伟、曾裕华、林金城。阮树成研究方向基本是在 H05B（电热；其他类目不包含的电照明），张波是电子科技大学微电子与固体电子学院的教授，主要的研究方向是 H02J（供电或配电的电路装置或系统；电能存储系统）；郭伟静、曾裕华来自深南电路股份有限公司，主要的研究方向是 H01F（磁体；电感；变压器；磁性材料的选择）；王勇来自青岛海尔，他的研发方向比较广泛，多个领域都有涉及且比较均衡。

表 3-4　山东省磁性元件产业专利申请量居前 10 位的发明人技术构成　单位：件

分类号	阮树成	张波	郭伟静	卢增艺	王勇	加藤登	杨飞	王伟	曾裕华	林金城
H01F	0	0	30	28	2	13	0	11	22	23
H02M	7	8	0	15	7	0	3	5	0	0
G01R	0	4	0	0	6	0	3	0	0	0
H02J	0	26	0	0	1	0	5	3	0	0
H05B	72	0	0	0	1	0	0	3	0	0
H01L	0	0	0	0	3	1	0	0	0	0
H05K	2	0	0	4	0	4	0	0	0	0
H01Q	0	0	0	0	0	40	0	0	0	0
H02K	0	0	0	0	2	0	0	0	0	0
G01N	0	0	0	0	0	0	0	1	0	0

3.3　磁性元件相关材料专利分析

本节将基于前述章节中对磁性元件产业链的梳理，对磁性材料领域进行专利大数据分析，从发展趋势、申请人、技术分布情况等角度，结合技术发展路线分析，为后续的产业发展及政府决策提供依据。

3.3.1　全球专利分析

3.3.1.1　全球申请趋势分析

磁性材料专利申请趋势如图3－13所示，可以看出磁性材料全球专利申请量呈波动性增长，从1950年开始，磁性材料就有少量相关专利，在这之前，磁性材料已经有很长的发展历史，20世纪30年代，日本就发明了铝镍钴合金永久磁铁材料（被称为第一代磁性材料）及铁氧体 Fe_2O_3（被称为第二代磁性材料）。1950～1977年为技术萌芽期，这段时期专利申请量较少，且增长很慢。1978～1995年为技术成长期，申请量增长加快，在1984年超过1000件。20世纪60年代出现了铁磁非晶态合金及稀土永磁（被称为第三代磁性材料），20世纪80年代纳米磁性材料及钕铁硼磁性材料的出现，推动了磁性材料的申请量增长。2004年后申请量略有下降，但2010年开始申请量增长快速。

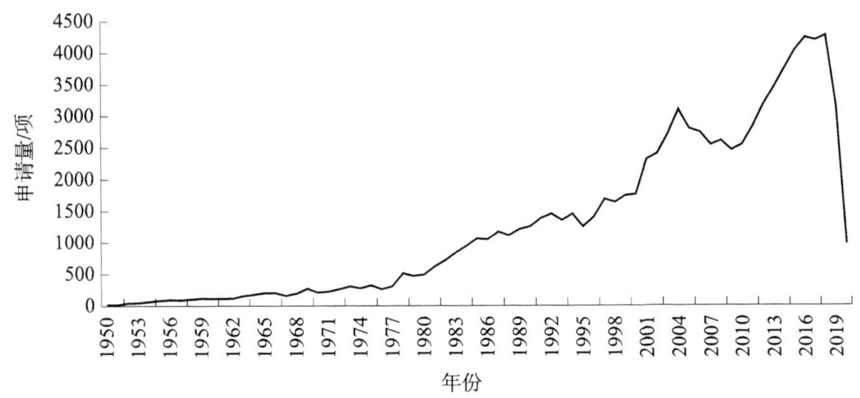

图3－13　磁性材料全球专利申请趋势

3.3.1.2 全球专利申请地域分布

从图3－14全球专利申请区域分布情况来看，全球磁性材料主要专利来源国为日本、中国、美国和德国，在磁性材料技术领域，日本专利申请3404项，占总专利申请的50%，遥遥领先；中国专利申请1534项，两个国家占比之和为72%，说明日本和中国集中了磁性材料主要的技术力量。美国549项，德国366项，法国、韩国相关专利申请量不足200项，与日本、中国相比有一定的差距。

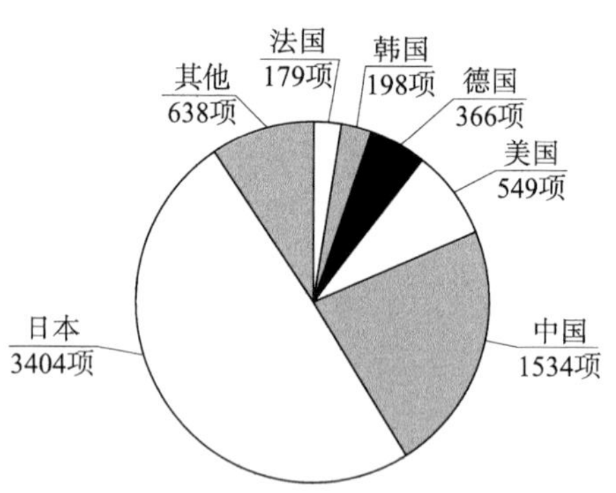

图3－14 磁性元件相关材料全球专利申请主要国家/区域分布

中国申请人在磁性材料领域专利申请量排名第二，1534项，占全球申请量的22%，说明中国在磁性材料技术领域具有一定的优势，但是相对于日本还存在一定的差距。

3.3.1.3 全球专利申请技术流向分析

全球磁性材料专利申请来源国及目标国分布情况如表3－5所示，可以看出，磁性材料的主要申请人最重视在本国的专利布局，日本在美国的申请量比美国本国的申请量都大，说明日本在磁性材料技术领域遥遥领先美国。中国申请人的专利申请量虽然位居全球第二，但中国申请人不重视对其他国家的专利布局，在美国和日本的申请量只有28项和17项，分别占中国申请人总申请量的1.8%及1.1%。美国、德国海外专利占比超40%，远高于日本和中国，说明美国、德国申请人比较重视在其他国家的专利布局。

表3－5 从磁性材料专利来源国在各目标国的分布情况 单位：项

来源国	目标国				
	日本	中国	美国	德国	海外专利占比
日本	2324	143	360	89	24%
中国	17	1438	28	4	3.8%
美国	41	11	228	50	49%
德国	26	12	35	153	45%

3.3.1.4 全球技术构成分析

通过图 3 – 15 技术构成分布和表 3 – 6 磁性材料全球专利 IPC 分类号随年变化情况统计表显示，全球磁性材料的主要研究方向为 H01F（磁体；电感；变压器；磁性材料的选择），近 20 年一直都是磁性材料的研究热点。在 2001 ~ 2008 年，G11B（基于记录载体和换能器之间的相对运动而实现的信息存储）也是热点之一，但 2009 年之后在该领域研究逐渐减少。H02K（电机）、C22C（合金）、B22F（金属粉末的加工；由金属粉末制造制品；金属粉末的制造）领域从 21 世纪以来专利数量逐渐增加，说明这三类技术分支越来越受到关注。

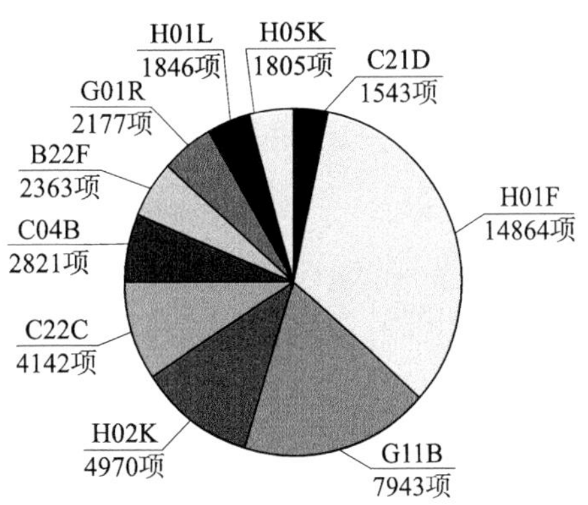

图 3 – 15 磁性材料全球技术构成分布

表 3 – 6 2001 ~ 2020 年磁性材料全球专利 IPC 分类号随年变化情况统计 单位：项

分类号	2001	2002	2003	2004	2005	2006	2007	2008	2009	2010	2011	2012	2013	2014	2015	2016	2017	2018	2019	2020
H01F	998	929	889	977	881	706	741	775	734	656	918	1164	1170	1314	1302	1319	1158	1228	797	228
H02K	181	250	265	366	326	395	274	278	386	361	392	378	439	381	430	385	386	349	268	84
G11B	S49	587	633	552	565	549	447	449	247	210	166	143	135	124	104	66	38	45	26	7
C22C	273	221	248	216	196	171	222	269	233	180	247	356	269	372	418	373	424	470	249	91
B22F	183	157	190	215	225	184	179	213	241	165	216	260	286	327	285	324	266	273	178	34
C04B	147	181	108	133	154	66	61	131	95	125	143	204	237	171	208	156	167	166	142	36
G01R	202	197	170	179	120	77	90	122	126	142	126	125	137	174	198	2S4	203	212	138	45
H05K	157	138	132	194	109	115	98	87	87	61	71	71	91	141	160	166	137	123	116	34
H01L	242	290	318	267	207	130	111	94	103	105	108	96	73	90	146	164	154	124	56	13
C21D	75	69	69	73	61	80	85	108	103	83	113	157	108	139	157	143	187	195	130	46

3.3.1.5 全球主要申请人

磁性材料全球专利主要申请人前 15 位如图 3 – 16 所示，其中有 11 家是日本企业，可见，日本在磁性材料技术领域遥遥领先，并且产业化程度很高。日立作为全球第一位申请人，申请量超过 2000 项，远超过第二名、第三名，日立的主营业务包括磁性材料，日立金属磁性材料主要包括 Nd - Fe - B 系列烧结磁石、高性能铁氧体烧结磁石、超高密度稀土黏结磁石，磁性材料是日立的主要收入之一；日本电气和 TDK 分别位列第二、第三位，专利申请量超 1000 件，日本电气的经营范围比较广泛，包括 IT 解决方案、网络解决方案和电子设备。其中电子设备有半导体器件、显示器等其他电子器件。磁性材料只是用于电子器件的一部分。TDK 是全球磁性材料巨头，TDK 的主力产品包括铁氧体磁芯、铁氧体磁铁、磁性片，据日本 2017 财年年报显示，TDK 铁氧体磁铁在全球的市场份额在 20% ~25%。中国申请人总申请量虽然位列全球第二，但前 15 位申请人中未出现中国申请人，由此可见，中国与磁性材料相关的企业与日本和美国的企业在研发实力上相比还有一定差距，磁性材料的产业化程度不高，磁性材料研发力量分散。

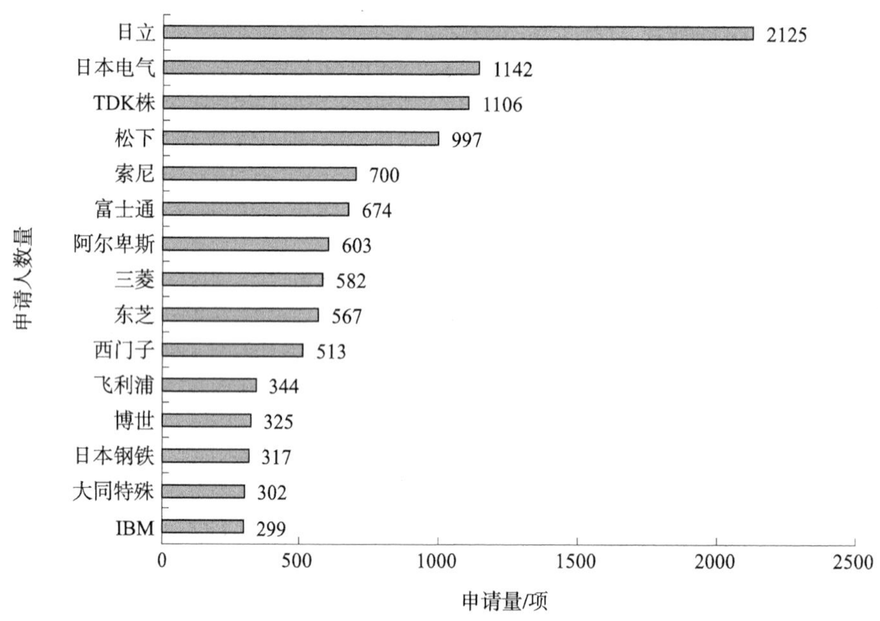

图 3 -16　磁性材料全球专利主要申请人

3.3.2 中国专利分析

3.3.2.1 中国申请趋势分析

从图 3 -17 可知，中国专利申请明显晚于全球趋势，从 1985 年开始有相关专利申请，这是因为中国专利法从1985年开始实施。进入21世纪后，磁性材料步入快速发展阶段，据统计，2002年，中国钕铁硼年产量达到8000吨，超过日本成为全球第一，2010年开始磁性材料申请量再次进入迅速增长阶段，同时，中国也在该领域的研发投入加大，企业数量明显增多，2018年专利年申请量达到2489件，占全球申请量的50%，并维持较为稳定的增长趋势，取得较多研发成果，成为全球磁性材料的主要申请国家。

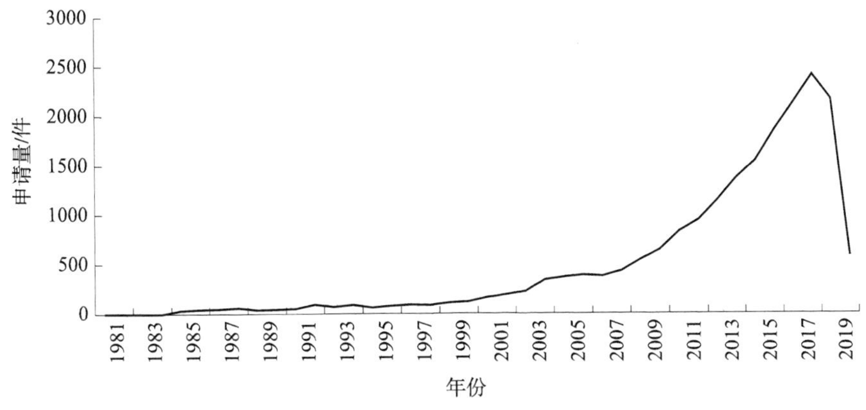

图3－17　磁性材料中国专利申请趋势

3.3.2.2　中国专利申请来源国分析

由图3－18磁性材料国内专利申请区域分布可知，磁性材料中国专利申请有1438件来自国内，占比89%，142件来自日本，占比9%，说明磁性材料中国专利主要来自本国申请人，本地申请人比较重视国内市场。

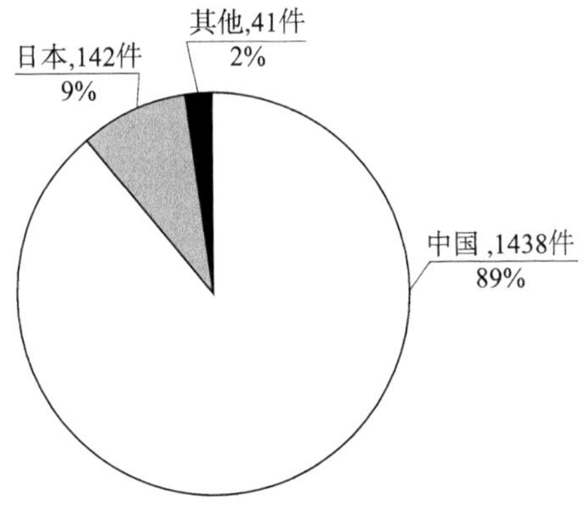

图3－18　磁性材料中国专利申请区域分布

3.3.2.3 中国技术构成分析

图3－19国内IPC构成与全球相比，H01F、H02K和C22C是本领域布局热点。表3－7磁性材料中国专利IPC分类号随年变化情况，H01F（磁体；电感；变压器；磁性材料的选择）在2001年相关专利数量较少，随时间推移关注度逐渐增加；G11B（基于记录载体和换能器之间的相对运动而实现的信息存储）在2005年之前呈增长趋势，之后呈下降趋势；其他技术分支趋势基本一致。

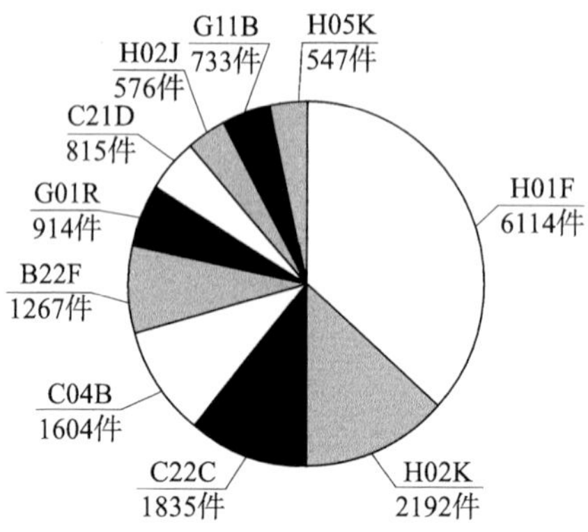

图3－19 磁性材料中国专利IPC分类号构成

表3－7 2001～2020年磁性材料中国专利IPC分类号随年变化情况 单位：件

分类号	2001	2002	2003	2004	2005	2006	2007	2008	2009	2010	2011	2012	2013	2014	2015	2016	2017	2018	2019	2020
H01F	91	116	106	132	160	162	190	192	232	200	320	424	396	531	471	626	552	601	466	146
H02K	13	26	43	52	63	82	64	77	86	120	156	123	173	156	193	175	178	183	170	59
C22C	30	30	37	34	35	33	47	67	81	58	86	127	120	172	138	155	179	196	149	61
C04B	16	32	13	17	56	25	34	73	63	84	73	136	163	137	149	111	143	150	111	18
B22F	21	16	21	25	40	45	37	56	68	44	77	68	104	133	87	137	113	92	69	14
G01R	19	12	23	26	23	7	15	36	37	38	49	27	63	69	85	95	87	98	78	27
C21D	10	5	21	14	20	12	16	24	30	24	35	42	63	39	66	11	73	104	102	38
H02J	0	3	1	2	4	5	14	3	11	15	29	24	37	35	63	61	89	88	75	17
G11B	46	50	68	69	109	94	59	52	22	28	13	20	20	26	17	14	9	10	5	2
H05K	14	17	8	32	21	9	11	14	15	8	9	18	26	29	41	48	55	69	78	25

3.3.2.4 中国主要申请人

磁性材料中国专利主要专利申请人前15名如图3-20所示，可以看出，除了12家国内企业和科研高校，还有3家日本企业，说明日本企业比较重视在中国的专利布局。国内申请人中，科研院所和高校有8家，企业有4家。这说明国内从事磁性材料制备方法的研究主要为科研院校，为基础研究，行业产业化程度不高。横店集团东磁股份有限公司是国内最大的生产企业，其磁性材料产品主要包括永磁铁氧体、软磁铁氧体及塑磁，2017年磁性材料收入28.13亿元，占总营业收入的46.8%。

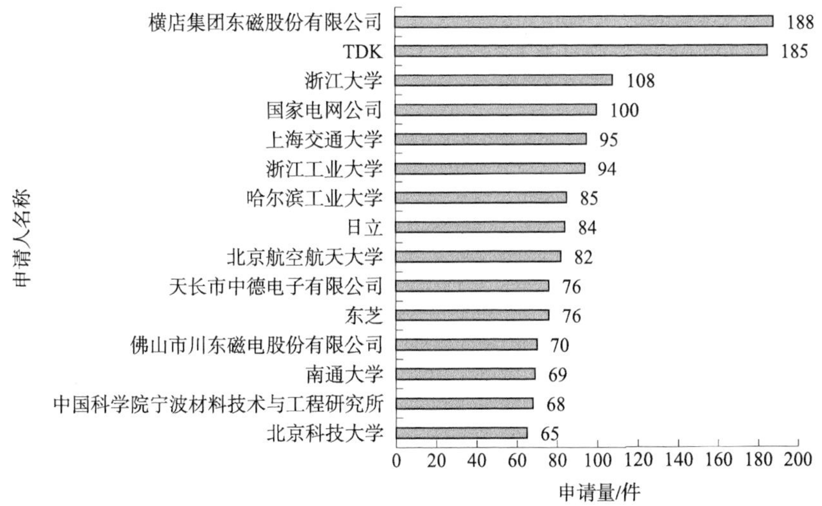

图3-20 磁性材料中国专利主要申请人

3.3.3 山东省专利分析

3.3.3.1 山东省申请趋势分析

山东省磁性材料的专利申请趋势如图3-21所示，山东省磁性材料在1985~2002年申请量较少，且没有明显的增长趋势，这段时期为技术萌芽期，2003年开始，专利申请量开始增加，随后呈波动性增长。山东省磁性材料申请趋势发展较为缓慢，且整体趋势呈现出波动性，说明山东省企业在磁性材料方面起步较晚，创新技术发展不稳定。

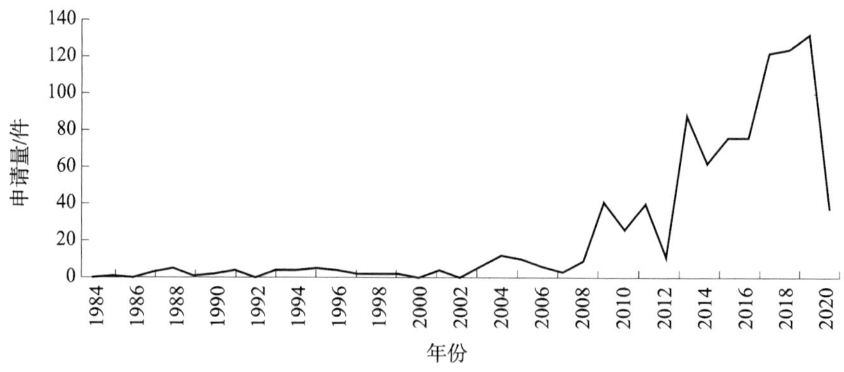

图3-21　山东省磁性材料专利申请趋势

3.3.3.2　山东省内主要申请人

山东省磁性材料专利的前15位申请人如图3-22所示，其中，高校和科

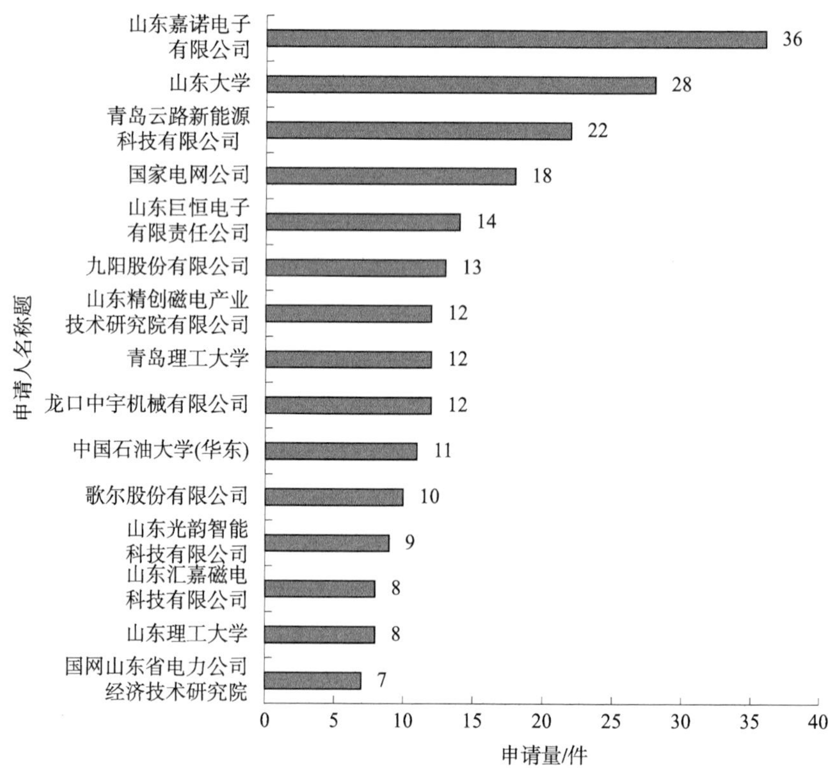

图3-22　山东省磁性材料专利申请人

研院所有5家，企业有10家，说明山东省磁性材料已经实现一定程度的产业化，但整体上山东的申请人磁性材料的申请量还是有待提高，排名第一的山东嘉诺电子的申请量仅30余件，而排名超出前十的企业申请量不足10件。其中，山东嘉诺电子有限公司主要研究磁性材料与器件，是集多功能软磁材料研发、生产、销售及技术服务于一体的专业化公司。但整体上看，山东省磁性材料的研发能力还有很大的成长空间，需要提高对磁性材料的重视程度，加大在磁性材料方面的研发投入。

3.4 临沂市磁性材料及元件产业专利分析

3.4.1 临沂市磁性材料及元件产业企业在全国/全球的创新能力定位

如表3－8所示，临沂创新主体产业主要集中在磁性材料方向，在该方向上有8个专利申请主体，涉及31件专利申请，在磁性元件方向有12个创新主体和26件专利，没有磁性传感器/芯片进行研发的创新主体。可见，在临沂主要集中在磁性原材料的生产，材料的高端应用研究较薄弱，专利申请数量和创新能力明显不足。

表3－8 中国、山东、临沂磁性元件产业专利申请量及申请人个数

地区	软磁材料		磁性元件		传感器和芯片	
	专利数（件）	申请人数（个）	专利数（件）	申请人数（个）	专利数（件）	申请人数（个）
中国	20067	642	11126	796	8201	346
山东	925	327	357	123	29	5
临沂	31	8	26	12	0	0

3.4.2 临沂市磁性材料及元件产业龙头企业的专利控制力和面临的专利侵权风险情况

临沂磁性材料以及元件产业的企业专利申请人，主要为临沂春光磁业、山东凯通电子、山东精创磁电产业技术研究院等，由表3－9可知，临沂磁性材料及元件产业龙头企业专利技术与该行业的龙头企业相比，专利数量明显不足，全球龙头企业在磁性材料及元件产业链各个环节均投入研发并进行了全面的专利布局，而临沂企业仅在材料和元件有专利申请，在产业链大部分的核心技术和应用均未有专利申请，临沂暂时没有可以与全球甚至与中国龙头企业相抗衡的优势企业。反观国外龙头企业，在磁性材料、磁性元件、传感器/芯片等产业链各环节，均布局了较多专利申请，临沂企业应加强专利侵权预警。

表 3－9　临沂磁性材料及元件龙头企业产业专利技术分布对比情况　单位：件

名称	材料	元件	传感器和芯片
日立	2142	2400	243
TDK	1123	2389	269
东芝	554	1235	97
日本电气	1205	1130	71
临沂春光磁业	5	16	0
山东凯通电子	7	23	0
山东精创磁电产业技术研究院	9	15	0

3.4.3　临沂市磁性材料及元件产业龙头企业专利情况

临沂市共有 11 个申请人从事磁性材料以及元件的研发和生产，申请专利 54 件，其中实用新型 13 件，发明专利 41 件（见表 3－10），在磁性材料及磁性元件产业的上游方向上，仍然以传统产品为主，而在新一代磁性元件材料及相关产业上，磁性元件传感器相关的磁性薄膜材料、磁致伸缩材料方面仍然存在较大的提高空间，临沂相关的产业技术有待进一步升级，以满足后续的产业发展需求。

表 3－10　企业专利列表

序号	标题	申请人	公开（公告）号	专利类型	转让人
1	叠层片式磁珠用高阻抗值低温共烧软磁铁氧体粉料及其制备方法	临沂成合信息技术有限公司	CN110041064A	发明申请	
2	叠层片式功率电感器用低温共烧软磁铁氧体粉料及其制备方法		CN109970457A	发明申请	

续表

序号	标题	申请人	公开（公告）号	专利类型	转让人
3	一种锰锌铁氧体粉料自动上料包装系统	临沂春光磁业有限公司	CN210734697U	实用新型	
4	一种高频低功耗锰锌铁氧体材料及其制备方法		CN111056829A	发明申请	
5	一种制备宽温低功耗锰锌铁氧体粉料的生产方法		CN110661052A	发明申请	
6	一种具有高饱和磁感应强度、高直流叠加的铁氧体材料		CN107540360A	发明申请	
7	一种利用富含锰铁的工业废液制造吸波材料的方法		CN103739281B	发明授权	
8	一种利用富含锰铁的工业废液制造吸波材料的方法		CN103739281A	发明申请	
9	一种宽频高导锰锌铁氧体磁芯的制造方法		CN102360917A	发明申请	
10	铁硅铝磁芯制备方法及所用磁芯无机复合绝缘包覆材料	临沂银凤电子科技股份有限公司	CN105304308B	发明授权	
11	铁硅铝磁芯制备方法及所用磁芯无机复合绝缘包覆材料		CN105304308A	发明申请	
12	片式抗电磁干扰高频电感元件	临沂正原电子有限公司	CN201449835U	实用新型	
13	片式抗电磁干扰高频电感元件		CN101651009A	发明申请	
14	一种低温烧结高性能软磁铁氧体材料及制造方法	临沂中瑞电子有限公司	CN101593595B	发明授权	
15	一种高磁导率高饱和磁通密度高居里温度锰锌铁氧体材料		CN101388269B	发明授权	
16	液晶显示器用高性能锰锌铁氧体材料磁芯的制备方法		CN101651000A	发明申请	
17	一种低温烧结高性能软磁铁氧体材料及制造方法		CN101593595A	发明申请	
18	一种高磁导率高饱和磁通密度高居里温度锰锌铁氧体材料		CN101388269A	发明申请	

续表

序号	标题	申请人	公开（公告）号	专利类型	转让人
19	一种高频软磁铁硅铝磁粉芯的制备方法	山东春光磁电科技有限公司	CN108777229B	发明授权	郭跃
20	一种锰锌铁氢体自动配料输送系统		CN210884307U	实用新型	
21	锰锌铁氧体砂磨搅拌输送自动控制系统		CN210752526U	实用新型	
22	一种锰锌铁氧体粉料自动包装系统		CN210338467U	实用新型	
23	一种高 Bs 低功耗锰锌铁氧体材料及其制备方法		CN110655396A	发明申请	
24	高磁导率锰锌铁氧体的制备方法		CN110577400A	发明申请	
25	一种低温烧结软磁铁氧体材料及其制备方法	山东格仑特电动科技有限公司	CN110372363A	发明申请	
26	一种低温烧结铁镍锌铜基软磁铁氧体材料及其制备方法		CN110372364A	发明申请	
27	一种软磁铁氧体材料及其制备方法		CN110317052A	发明申请	
28	一种复合黏结剂及利用其制备软磁复合材料的方法	山东精创磁电产业技术研究院有限公司	CN111872374A	发明申请	
29	新型润滑剂及利用其的高强度软磁复合材料成形工艺		CN111876216A	发明申请	
30	一种改性黏结剂及利用其制备软磁复合材料的方法		CN111883328A	发明申请	
31	定转子总成和轴向磁场电机		CN111884364A	发明申请	
32	轴向磁场电机		CN111884368A	发明申请	
33	定子单元、定子组件和轴向磁场电机		CN210577973U	实用新型	
34	高强度高磁导率高饱和磁通密度软磁复合材料的烧结方法		CN111161935A	发明申请	
35	一种高强度、高磁导率软磁复合材料成形工艺		CN110947956A	发明申请	
36	制备具有核壳结构的软磁复合材料的方法		CN110610788A	发明申请	
37	一种软磁复合材料的成型方法		CN110610803A	发明申请	
38	一种高饱和磁通密度、高强度软磁复合材料及其制备方法		CN110277238A	发明申请	
39	一种高饱和磁通密度、低损耗软磁复合材料及其制备方法		CN110246675A	发明申请	

续表

序号	标题	申请人	公开（公告）号	专利类型	转让人
40	一种锰锌铁氧体粉料磁化度的测量装置	山东凯通电子有限公司	CN209728147U	实用新型	
41	锰锌铁氧体的制备方法		CN110511015A	发明申请	
42	一种锰锌铁氧体废料回收再利用的方法		CN103819183B	发明授权	
43	软磁铁氧体磁芯生坯去毛边装置		CN203737628U	实用新型	
44	软磁铁氧体坯件自动摆坯机		CN203738983U	实用新型	
45	一种锰锌铁氧体废料回收再利用的方法		CN103819183A	发明申请	
46	宽频高导锰锌铁氧体磁芯的制造方法		CN102360916B		
47	宽频高导锰锌铁氧体磁芯的制造方法		CN102360916A		
48	软磁复合磁芯		CN202145407U	实用新型	
49	一种磁导率为300的软磁铁氧体材料及其制备方法	山东同方鲁颖电子有限公司	CN109516794A	发明申请	
50	分数槽集中绕组永磁无刷电机及其定子的制造方法	山东中瑞电子股份有限公司	CN108539946A	发明申请	
51	基于软磁材料的永磁无刷电机		CN20650637U	实用新型	
52	特种金属软磁材料环形磁芯		CN205542239U	实用新型	
53	一种新型的特种金属软磁材料磁芯		CN205376259U	实用新型	
54	一种低功耗软磁Mn-Zn铁氧体及其制备方法		CN105174930A	发明申请	

从另一角度来说，这说明临沂市在磁性元件产业的芯片设计、传感器设计方面，具有一定的技术基础和积累，但是相关技术的产业转化能力薄弱，并未产生通过科研院所带动产业转型升级或产业聚集的效应，在磁性元件产业的芯片/传感器领域中，仍然有待引进优质的技术及团队，结合本地的产业基础，带动该领域的产业聚集和升级。

3.5 本章小结

临沂市磁性材料产业的发展起步均较中游、下游相关领域早，这一方面得益于山东省的制造业基础，另一方面得益于全国大量的制造业企业对该类器件的需求上，因此，在磁性材料领域，临沂市的专利申请中以企业为主，且针对不同的应用细分领域，各有所长。这为临沂市磁性元件产业的后续发展提供了良好的契机。

从另一角度来说，在产业的上游领域中，制造业的利润相对较低，因此，有必要利用临沂市目前在磁性元件上游产业方面的优势和基础，建立完整的磁性元件产业链，从而拉动本地传统的磁性元件产业升级，向利润更高的产业链中下游发展，在提高地方、企业经济的同时，实现产业的聚集效应，带动整体的产业升级发展，同时将本地积累的磁性元件产业技术有效进行转化，形成产学研联合发展的良性循环，打造临沂市特色的磁性元件产业链。

综合来看，临沂市在磁性元件产业的中下游领域中，技术竞争实力较为薄弱，一方面需要引进优质的技术及技术团队，带动临沂整体磁性元件产业技术向中上游发展，以实现产业的转型升级和产业聚集；另一方面，也需要加强在磁性元件产业中游领域中，本地企业与科研院所之间的合作，以促进技术的转移转化，将技术研发真正转化为生产力，促进临沂市磁性元件产业在中游领域中的持续发展。此外，临沂市在磁性元件产业链上游产业领域中，拥有一定的产业基础和技术竞争实力，并且拥有一定的市场需求，这为后续山东省的磁性元件产业链建设发展和产业聚集奠定基础。

第四章　半导体分立器件产业专利导航分析

4.1　引言

半导体是一种导电性可受控制，常温下导电性能介于导体与绝缘体之间的材料。半导体分立器件具有单一功能的电路基本元件用以实现对电能的处理与变换，具体细分为二极管、三极管、晶闸管、IGBT、MOSFET和其他分立器件(见图4-1)。半导体分立器件行业属于半导体行业的细分行业，作为介于电子整机行业以及上游原材料行业之间的中间产品，是半导体产业的基础及核心领域之一，被广泛应用于汽车电子、电源电器、仪器仪表等行业。❶

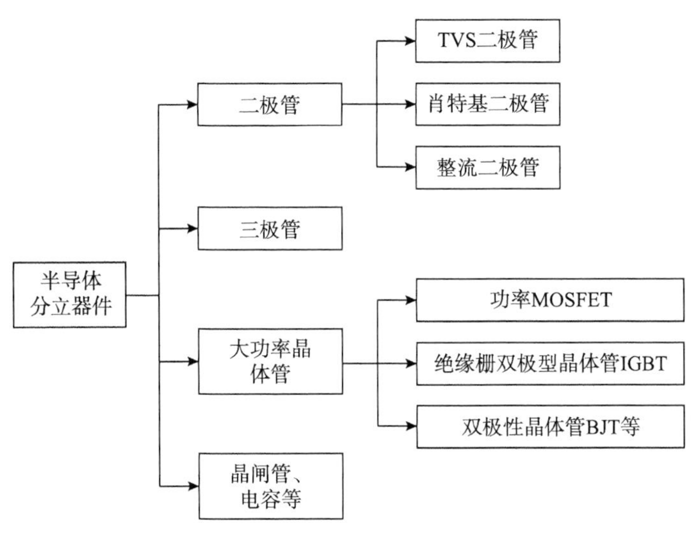

图4-1　半导体分立器件

❶ 屠友益，周培，顾闻. 半导体分立器件制造业研究报告［J］. 半导体信息，2017（4）：27-31.

4.1.1 发展现状

4.1.1.1 全球现状

二极管是最早诞生的半导体器件之一，晶体二极管为一个由P型半导体和N型半导体形成的PN结，工作原理就是利用PN结的单向导电性。其应用非常广泛，特别是在各种电子电路中，利用二极管和电阻、电容、电感等元器件进行合理的连接，构成不同功能的电路，可以实现对交流电整流、对调制信号检波、限幅和钳位以及对电源电压的稳压等多种功能。[1]二极管按用途划分，可分为瞬态电压抑制（TVS）二极管、肖特基二极管、整流二极管等。

双极型晶体管的出现最初是在1947年12月，贝尔实验室的约翰·巴丁、沃尔特·豪泽·布喇顿在威廉·肖克利的指导下共同发明了点接触式的双极性晶体管。1948年，威廉·肖克利发明了采用结型构造的双极性晶体管。双极性晶体管有两种基本结构：PNP型和NPN型。在这3层半导体中，中间一层称基区，外侧两层分别称发射区和集电区。当基区注入少量电流时，在发射区和集电区之间就会形成较大的电流，这就是晶体管的放大效应。

晶闸管属于半控型器件。20世纪50年代美国著名的贝尔实验室发明了硅晶闸管，由于其工作可靠、体积小、寿命长、开关速度快，容易实现串联连接，在电力电子电路中得到广泛应用。晶闸管在承受反向电压时，无论门极是否有触发电流，晶闸管都不导通，只有承受正向电压且门极有触发电流时才能导通。晶闸管的主要缺点是不能自动关断，关断时需要消耗很大的无功功率，靠外加电压或外电路的作用将其电流置零。由于其大电流高电压特性和极低的导通损耗，在大功率直流电源、SVC、HVDC及高压变频调速应用方面非常广泛。

金属氧化物场效应晶体管（MOSFET）属于全控型器件。MOSFET是用栅极电压来控制漏极电流的，它的第一个显著特点是驱动电路简单，需要的驱动功率小；第二个显著特点是开关速度快，工作频率高，可达100kHz以上，是电力电子器件中最高的，并且不存在二次击穿问题。其缺点是电流容量小，耐压低，多用于功率不超过10kW的电力电子装置。MOSFET在1960年由贝尔实验室的D. 卡昂（D. Kahng）和马丁·阿塔拉（Martin Atalla）首次实验成功，

[1] 成谢锋. 电路与模拟电子技术基础［M］. 北京：科学出版社，2012：119－137.

因为制造成本低廉与使用面积较小、高整合度的优势，在大型集成电路或是超大型集成电路的领域里，重要性远超过双极性晶体管。为了改善 MOSFET 的导通能力，20 世纪 80 年代发展出了纵向功率 MOSFET。纵向双扩散 MOSFET（VDMOSFET）是在 1979 年由 H. W. 柯林斯（H. W. Collins）等人提出的。利用扩散工艺，形成 P 基区和 N + 源区，并将这两次横向扩散的结深差值定义为沟道长度。2012 年，美国 Gree 和通用电气公司（GE）全球研发中心提出耐压 3. 3kV 级、特征导通电阻为 18 ~ 20mΩ · cm^2 的 SiC VDMOSFET，三星公司提出 P – GaN，该器件的阻断电压能达到 1600V，特征导通电阻约为 2. 9mΩ · cm^2。[1]

绝缘栅双极晶体管（IGBT）属于全控型器件。1983 年研制的 IGBT 综合了电力 MOSFET 和 GTR 的优点，自投入市场以来，很快取代了原来的 GTR 和 GTO 市场。其主要优点是开关速度高，开关损耗小，具有耐脉冲电流冲击的能力，通态压降较低，输入阻抗高，为电压驱动，驱动功率小。[2] 自 20 世纪 80 年代 IGBT 被发明以来其沿着低损耗高功率密度要求不断发展演化。随着技术的不断发展，IGBT 的结构也在不断发生变化，性能越来越先进。1982 年第一代 PT – IGBT（平面穿通型 IGBT ）面世，其基本的制作工艺为：先选择重掺杂的 P 型衬底片，然后外延生长 N 型缓冲层与 N – 漂移区，最后制作表面 MOS 结构。1992 年 IGBT 的结构发生巨大改变，第三代沟槽型 IGBT 开始取代平面型 IGBT。2016 年 Ping Li，Xinjiang Lyu 等人提出的新型的具有自偏置 PMOS 的沟槽 IGBT 结构，相比于传统的沟槽 IGBT 结构，不仅优化了器件的导通压降与关断损耗之间的折中关系，同时提高了器件短路安全工作能力。2018 年 Md Tasbir Rahman，Keisuke Kimura 等人提出的有超级基区层的 IGBT 结构，通过提高 N 型载流子存储层的浓度从而改善器件的导通压降与关断损耗之间的折中关系。[3]

从全球半导体分立器件产业格局来看，美国、欧洲及日本处于竞争领先地位，其中美国半导体分立器件厂商众多且技术具有领先优势，典型的代表企业有德州仪器、安森美半导体、威世半导体等，其主要销售市场为美国及亚太地区；欧洲半导体分立器件厂商产品线齐全，代表企业有安世集团、英飞凌、意法半导体等，主要销售市场为欧洲及亚太地区；日本半导体分立器件代表企业

[1] 王南南. 功率 MOSFET 导通电阻的仿真研究［D］. 沈阳：沈阳工业大学，2020：3 – 5.

[2] 刘绪斌. 浅谈电力电子技术的应用及其发展［J］. 管理与科技，2012（6）：145.

[3] 王康. 新型高压低损耗 IGBT 的分析与设计［D］. 成都：电子科技大学，2020：2 – 5.

有东芝、罗姆半导体、富士机电等公司，其主要销售市场在日本本土。[1]

4.1.1.2 国内现状

我国半导体分立器件行业起步较晚，主要通过国外引进及国内企业的自主创新逐步发展。我国半导体产业与其他发达国家或地区相比存在一定的差距，尤其体现在高端产品领域，由于国外企业控制着核心技术、关键元器件、关键设备等资源，高端产品仍旧主要依赖海外进口。相较于国际半导体行业集中度较高、技术创新能力强等特点，我国半导体分立器件制造行业受制于国际半导体公司严密的技术封锁，大多依靠自主创新。国内半导体分立器件制造企业通过长期技术积累，一些半导体芯片技术已突破瓶颈，芯片的研发设计能力不断提高，品牌知名度和市场影响力也日益增强。本土分立器件厂商主要有扬杰科技、华微电子、苏州固执锝、台基股份、凯虹科技、华联电子、乐山无线电等。[2] 我国分立器件市场各应用领域均保持着较高的增长速度，占据我国分立器件市场主要份额的应用领域为计算机、消费电子、汽车电子、工业电子市场等。近年来，新能源汽车/充电桩、智能装备制造、物联网、光伏新能源等新兴应用领域将成为国内半导体分立器件产业的持续增长点，行业呈现良好的发展态势。[3] 数据显示，2019 年中国半导体分立器件（该分类还包含光电器件、传感器）的销售收入为 2851.8 亿元，同比增长 5%。目前国内的半导体分立器件行业发展面临以下困境。

（1）受经济周期的影响较大。

半导体分立器件行业的发展与宏观经济走势密切相关。半导体是最基础的电子器件，产业的终端应用需求面较广，因而其需求容易受到经济形势的影响。宏观经济的增长放缓或下滑等不利因素将会导致下游行业需求减少，也将导致半导体分立器件企业收入的波动。

（2）高端产品技术实力仍然薄弱。

目前，国内在高端分立器件的研发实力和生产工艺等方面与国外厂商仍存

---

[1] 相依为命，浅谈本土半导体分立器件实力［OL］.（2020－09－16）［2021－01－13］. http：//www. pinlue. com/article/2020/09/1608/4011238802502. html.

[2] 半导体分立器件市场分析：中国话语权正在提升［J］. 半导体信息，2017（1）：29－33.

[3] 2019 年中国半导体分立器件行业发展现状分析［EB/OL］.（2020－03－09）［2021－01－13］. https：//bg. qianzhan. com/trends/detail/506/200309－bfd2df34. html.

在较大的差距。在研发设计方面，国内具有自主知识产权的高端半导体分立器件的关键技术和设计能力的优质企业较少，国内高端半导体分立器件产品上的技术实力仍然较为薄弱。

（3）行业生产要素成本上行压力较大。

半导体分立器件的上游供应商主要为晶圆材料企业、芯片代工企业和封测服务企业，晶圆材料和芯片制造仅有国内外少数企业生产，前十大芯片代工企业供应了极大的市场份额，市场具有相对垄断的特点。虽然专业的半导体分立器件企业一直通过提升工艺水平及提高设备使用效率等方式来降低成本，但生产要素价格的普遍上涨仍给企业带来较大的成本压力。❶

4.1.2　相关政策分析

2016 年国务院在《“十三五”国家战略性新兴产业发展规划》中提到，“提升关键芯片设计水平，发展面向新应用的芯片。加快 16/14 纳米工艺产业化和存储器生产线建设，提升封装测试业技术水平和产业集中度，加紧布局后摩尔定律时代芯片相关领域。实现主动矩阵有机发光二极管（AMOLED）、超高清（4K/8K）量子点液晶显示、柔性显示等技术国产化突破及规模应用。推动智能传感器、电力电子、印刷电子、半导体照明、惯性导航等领域关键技术研发和产业化，提升新型片式元件、光通信器件、专用电子材料供给保障能力”。

2017 年 7 月 10 日，国家发改委等十三个部门关于印发《半导体照明产业“十三五”发展规划》的通知中提到，“通过国家科技计划（专项、基金等）支持半导体照明基础和共性关键技术研究，加快材料、器件制备和系统集成等关键技术研发，开展 OLED 照明材料设计、器件结构、制备工艺等产业化重大共性关键技术研究”。

2020 年 7 月 27 日，国务院关于印发《新时期促进集成电路产业和软件产业高质量发展若干政策》的通知中提到，“在先进存储、先进计算、先进制造、高端封装测试、关键装备材料、新一代半导体技术等领域，结合行业特点推动各类创新平台建设”。

---

❶ 2020 年中国半导体分立器件存在问题及发展前景预测分析［EB/OL］.（2020－09－27）［2021－01－13］. https：//www. askci. com/news/chanye/20200907/1532431205517. shtml.

2018年山东省政府发布《山东省新一代信息技术产业专项规划（2018～2022年）》，指出“发挥龙头企业的创新引领作用，在集成电路及新型半导体材料、大数据、云计算、高端软件、工业互联网等领域突破一批核心关键技术，聚集、培育一批企业（产业）群，打造一批以高端服务器、高端传感器、智能可穿戴设备、工业互联网平台、大数据行业解决方案、工业核心软件等为代表的引领性产品和应用，形成一批具有全球竞争力的知名品牌”。

2020年10月，山东省发布《山东省人民政府印发关于支持八大发展战略的财政政策的通知》指出，“对高端芯片产前首轮流片费用给予补贴，对承担技术含量高的封装测试公共服务平台给予奖励，加快培育形成集成电路产业生态圈”。

2020年3月，临沂市人民政府办公室发布《关于完善制造业创新体系推进制造业新型研发中心建设的实施意见》中指出，“重点开展5G及以上通信网络、物联网、三网融合为代表的信息通讯技术研发，第三代半导体、靶材等电子材料攻关，新型平板显示、高性能集成电路、金凸块封测等技术及方案的研究”。

4.1.3 项目分解

半导体器件是近50年来发展起来的新型电子器件，具有体积小、重量轻、耗电省、寿命长、工作可靠等一系列优点，应用十分广泛。半导体分立器件主要用于各类电子设备的整流、稳压、开关、混频、放大等，具有广泛的应用范围和不可替代性。本部分报告分别对半导体分立器件以及重点领域——IGBT、MOSFET三部分的专利信息进行多维度分析，在现状分析的基础上提出创新发展建议。

4.2 半导体分立器件领域专利分析

4.2.1 全球专利分析

图4－2所示为半导体分立器件全球专利申请的发展趋势，可以看出，全球半导体分立器件领域专利申请总体态势可分为三个阶段。图4－3显示了各类半导体分立器件申请趋势，MOSFET及IGBT处于较快速的发展阶段，两者的发展趋势极其类似。

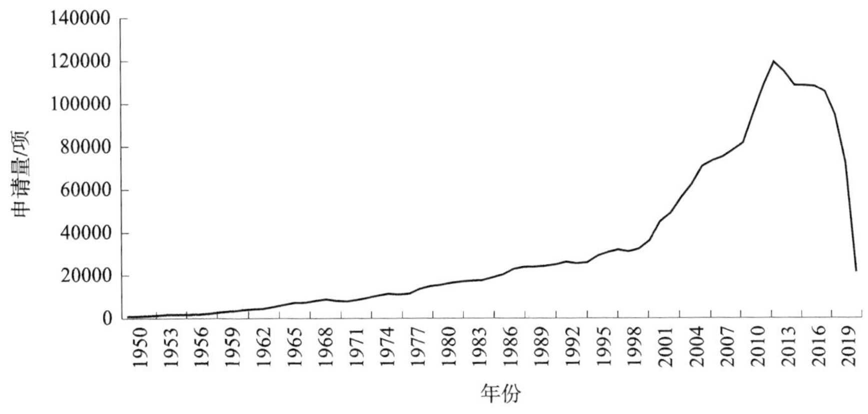

图4-2　半导体分立器件全球专利申请的发展趋势

（1）萌芽期（1950~1960年）。

这一阶段是半导体刚刚起步的时期，专利较少。1947年贝尔实验室发展出最原始的半导体“点接触电晶体”。1952年4月，西方电器、雷神（Raytheon）、美国无线电（RCA）与奇异（GE）等公司，则生产出商用的双极型电晶体。但直到1954年5月，第一颗以硅做成的电晶体才由美国德州仪器公司研发成功；约在同时，利用气体扩散来把杂质掺入半导体的技术也由贝尔实验室与奇异公司研发出来。

（2）成长期（1961~1999年）。

从20世纪60年代开始专利申请量逐年提升，结合图4-3来看，这个阶段的专利申请主要集中在第一代半导体分立器件二极管、晶闸管，以及70年代出现的第二代半导体分立器件大功率双极晶体管，仅有少量涉及MOSFET的专利申请，80年代出现的IGBT也逐步发展起来，但总的申请量还较少，晶闸管的占比较大幅度地减少，而二极管的占比变化不大。

（3）快速发展期（2000年至今）。

2000年开始，半导体分立器件进入一个较快速的发展阶段。当前的半导体分立器件市场中MOSFET占据较大的份额，IGBT则在逐步拓展应用领域，发展迅速，在高耐压领域晶闸管仍具有较明显的优势，而大功率双极晶体管的应用领域被进一步压缩，这基本一致于快速发展期的各类半导体分立器件的占比，MOSFET、IGBT优势明显，双极晶体管占比大幅较少，而晶闸管、二极管变化不大，二极管占比略高于晶闸管，这与近些年碳化硅二极管的技术发展及逐步商业化有一定的关系。

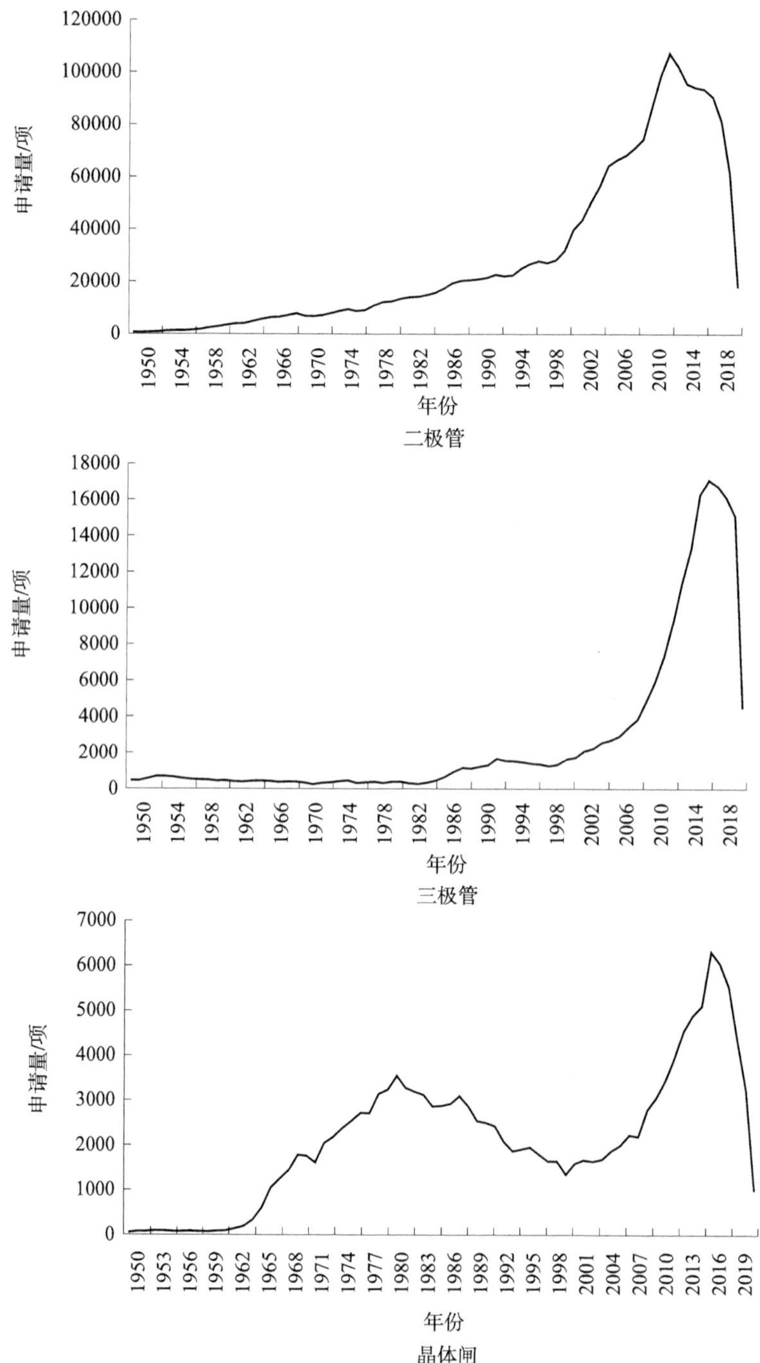

图4－3　各类半导体分立器件历年申请量

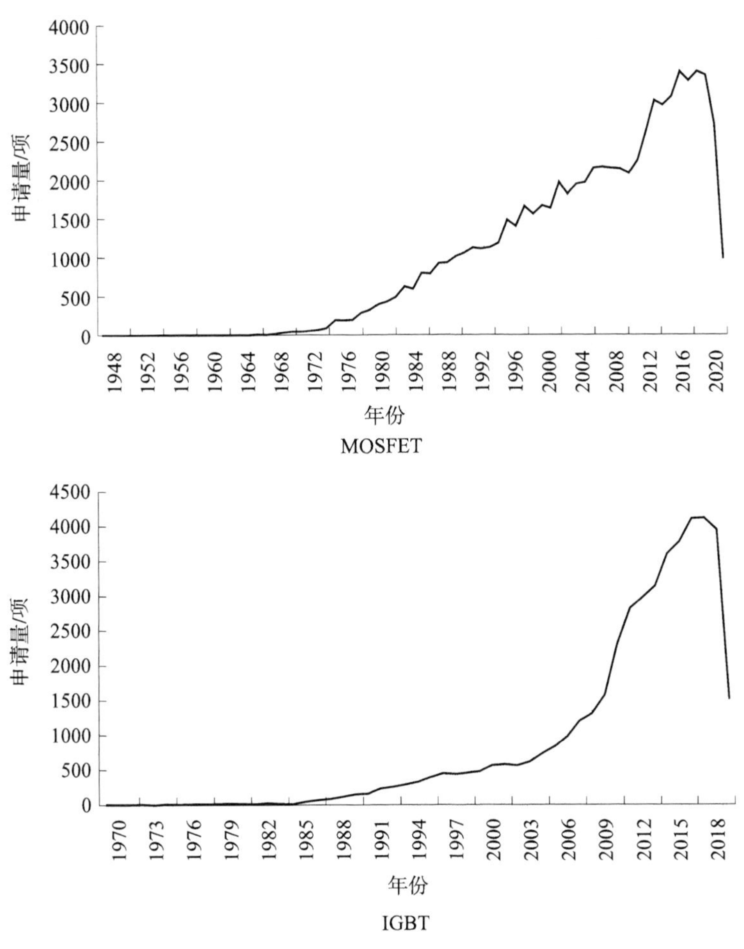

图 4－3　各类半导体分立器件历年申请量（续）

二极管是由 p 型半导体和 n 半导体构成 PN 结来实现导电，二极管的发展较早，在 1904 年，英国物理学家弗莱明根据“爱迪生效应”发明了世界上第一只电子二极管。P－N 边界产生的内电场阻碍电子的自由扩散形成耗尽区，有很大的电阻，而通过施加电压实现半导体的导通。为了更好地对半导体导电进行控制，贝尔实验室提出三极管的构造，为 N－P－N（P－N－P）结构，实现了通过在基极施加小电流来控制三极管的大电流进行导通。所以在专利申请趋势中，三极管的申请量的增加要晚于二极管，两种半导体都经过 20 世纪的技术萌芽和缓慢增长期，进入 21 世纪申请量飞速增长。

MOSFET 则是在硅单晶片上通过 IC 设计、光刻、离子注入等方法生产的功率半导体器件，作为手机、电视、电脑、汽车等智能机器的芯片，通过栅极施加电压来控制实现器件导通。而 IGBT 则是在 MOSFET 器件的基础上发展而来，由上层的 MOSFET 和下层的三极管组合而成的功率半导体器件，既兼具 MOSFET 的高输入阻抗特征，又有三极管的低导通特征。因此 IGBT 的发展受到 MOSFET 的影响，申请量的增长也晚于 MOSFET。各种半导体分立器件已经成为人类生活和工作不可或缺的部分，它们的申请趋势均呈现出快速增长的趋势。

4.2.2 中国专利分析

4.2.2.1 中国专利技术构成及申请趋势分析

从图 4 - 4 半导体分立器件产业在我国专利申请的技术构成来看，H01L（半导体器件）、H02M（用于交流和交流之间、交流和直流之间或直流和直流之间的转换以及用于与电源或类似的供电系统一起使用的设备；直流或交流输入功率至浪涌输出功率的转换；以及它们的控制或调节）、F21S（非便携式照明装置或其系统；专门适用于车辆外部的车辆照明设备）、H05B（电热）、H02J（供电或配电的电路装置或系统；电能存储系统）、G01R（测量电变量；测量磁变量）、H02H（紧急保护电路装置）、G05B（一般的控制或调节系统；这种系统的功能单元；用于这种系统或单元的监视或测试装置）、G06F（电数字数据处理）、H03K（脉冲技术）排在前十位，由此可见，半导体独立器件中，电容器、照明相关的器件申请量较多，也是目前的发展趋势。

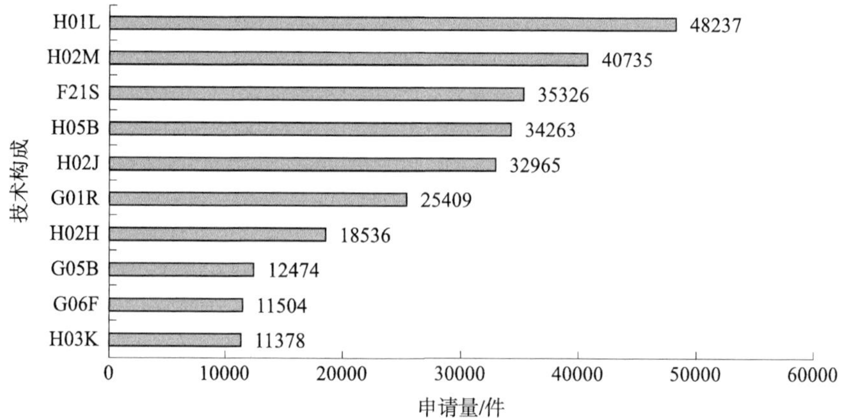

图 4 - 4 半导体分立器件产业中国专利申请技术构成

从表 4 -1 可以看出，在半导体分立器件产业中国专利申请技术申请趋势中，H01L（半导体器件）、F21V（照明装置或其系统的功能特征或零部件）、F21S（非便携式照明装置或其系统；专门适用于车辆外部的车辆照明设备）发展迅速，尤其是在 2010 年以后，照明用半导体器件迅速发展。

表 4 -1　2001 ~2020 年半导体分立器件产业中国专利申请技术申请趋势

分类号	2001	2002	2003	2004	2005	2006	2007	2008	2009	2010	2011	2012	2013	2014	2015	2016	2017	2018	2019	2020
H01L	749	1139	1642	2192	2569	2861	2918	3072	3489	4626	5758	6798	6365	5336	5177	5764	6481	6505	5179	1978
F21V	174	222	331	466	644	1017	1746	2745	3176	5224	9511	12108	7173	5019	3151	2858	2998	2465	1733	445
F21Y	211	185	311	363	518	790	1451	2408	2760	4201	8922	11581	6806	4603	2805	2576	2605	2190	1568	397
H02M	391	457	546	683	846	1010	1204	1684	2233	2724	3574	4318	4696	4982	5610	6174	6007	5867	5439	2183
H05B	310	491	679	1018	1207	1405	1500	1711	2173	3051	3723	4486	4170	3818	4746	4579	4434	3598	3021	929
H02J	229	290	349	442	593	706	895	1180	1533	2231	2810	3145	3659	3963	4960	5543	5633	5144	5019	1812
F21S	180	222	303	348	530	697	825	1217	1907	3825	6525	8744	4980	3461	2174	1477	1712	1506	994	286
H02H	160	208	227	295	443	510	635	787	1071	1422	1883	2345	2822	2919	3131	3258	3516	3716	3856	1167
H02H	183	258	295	403	581	557	728	927	1175	1506	1897	2118	2532	2382	2562	2808	3037	2775	2722	1072
G05B	19	32	79	167	273	304	400	584	682	519	729	1101	1346	1638	1836	1876	2261	1822	2125	728
H03K	199	267	335	376	427	385	626	715	754	680	801	1044	1221	1423	1362	1446	1517	1451	1552	562

4.2.2.2　中国专利申请人排名分析

图 4 -5 为半导体分立器件产业中国专利申请技术申请排名情况，在前十五位国内申请人中，国家电网公司、佛山市顺德区美的电热电器制造有限公司、电子科技大学位列前三甲，华北电力大学、华南理工大学、浙江大学、西安交通大学等多所高校位列前十位，具有技术研发优势和储备。

4.2.2.3　中国专利区域构成分析

半导体分立器件产业中国专利申请各省市专利申请量排名如图 4 -6 所示，在各省市排名中，广东、江苏、浙江排名前三，上述三个省份具有相当多的全国重点申请人，产业发展活跃。而且广东省专利申请量超十万件，远超于第二名的江苏。山东省专利申请量排名第七位，与第六名的四川差距不大。

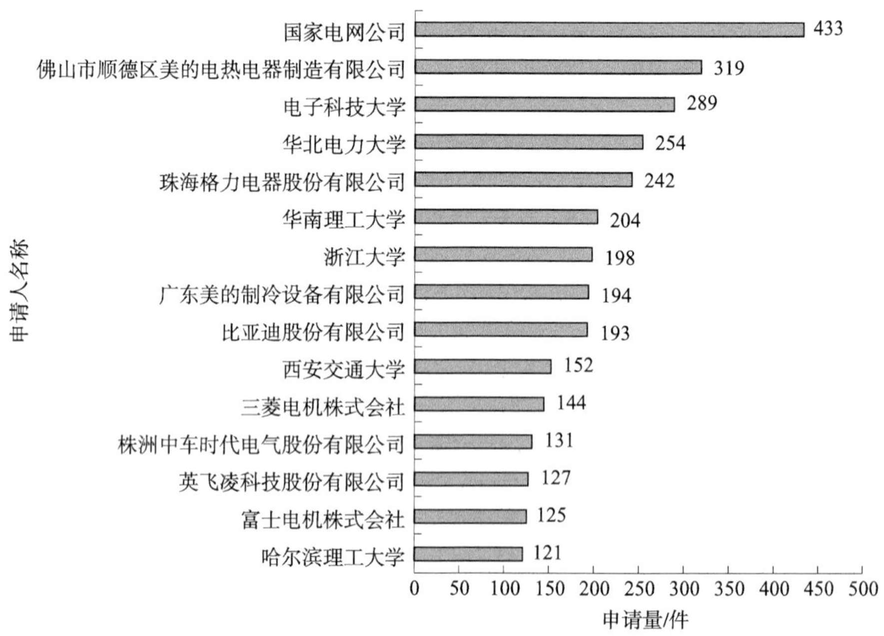

图4-5　半导体分立器件产业中国专利申请技术申请排名

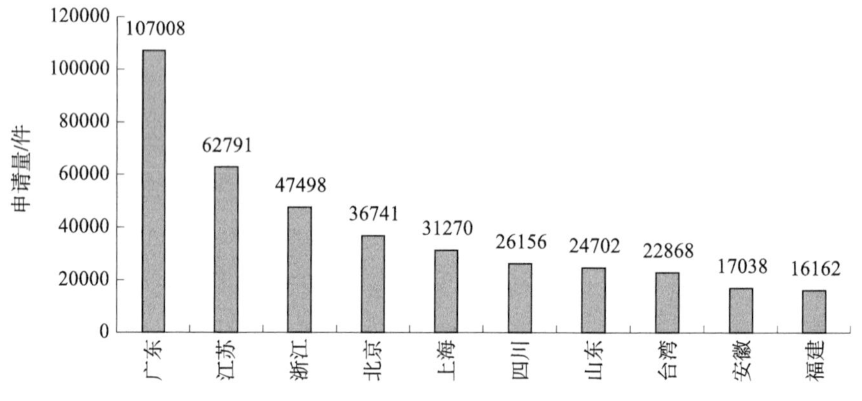

图4-6　半导体分立器件产业中国专利申请各省市专利申请量排名

4.2.3　山东省专利分析

从图4-7半导体分立器件产业山东相关专利申请人排名可知，在山东省重点申请人中，青岛海信电器股份有限公司、山东大学、国家电网公司排名前三，其中海信主要的布局方向为液晶显示方面，山东大学布局方向为二极管及其应用，国家电网主要布局方向为晶闸管以及三极管等。前十五的申请人中，高校有山东大学、山东科技大学、山东理工大学、济南大学、中国石油大学（华东），因此在此领域进行研发，可以关注上述高校，进行相应的合作。

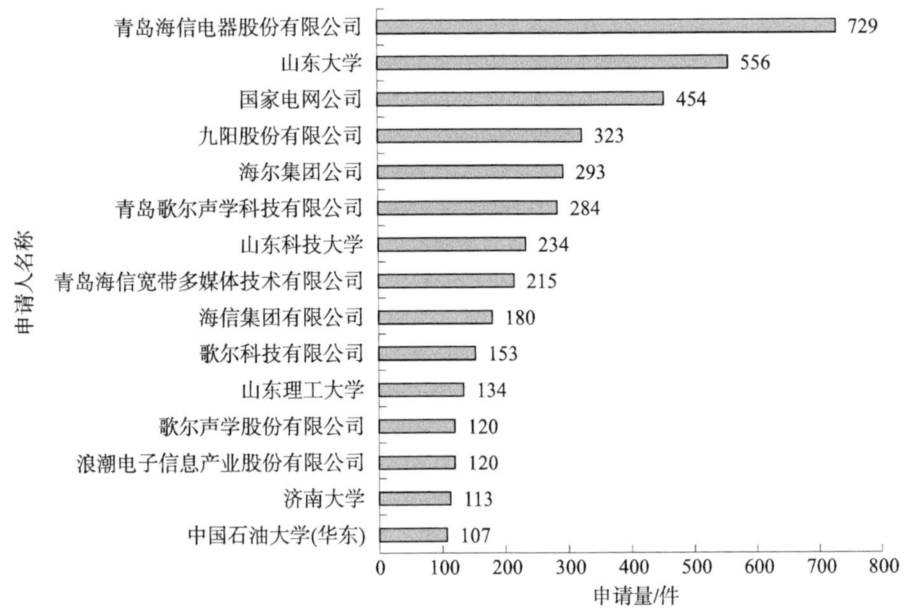

图 4－7 半导体分立器件产业山东相关专利申请人排名

4.2.4 临沂市专利分析

在临沂，半导体分立器件产业相关专利申请共有 472 件，由图 4－8 可以看出主要申请人中，山东浪潮华光照明有限公司、临沂大学以及山东沂光集成电路有限公司排名前三，山东浪潮华光照明主要布局为 LED 发光器件，临沂大学主要布局方向为电容器，山东沂光集成电路有限公司主要布局方向为二极管。从表 4－2 技术申请趋势来看，2010 年后专利申请量迅速增加。通过技术分支申请趋势来看，主流的技术分支存在明显的波动，如 H01L（半导体器件；其他类目中不包括的电固体器件），在 2011 年、2014 年、2018 年有很高的申请量，而 2010 年以前，2012～2013 年、2017 年申请量较少；H05B（电热；其他类目不包含的电照明）在 2011～2012 年，2017 年有很高的申请量，其他年份申请量较低。整体来看，临沂市企业在半导体领域的研究基础不扎实，没有明确的研发方向，无法把握研究重点。

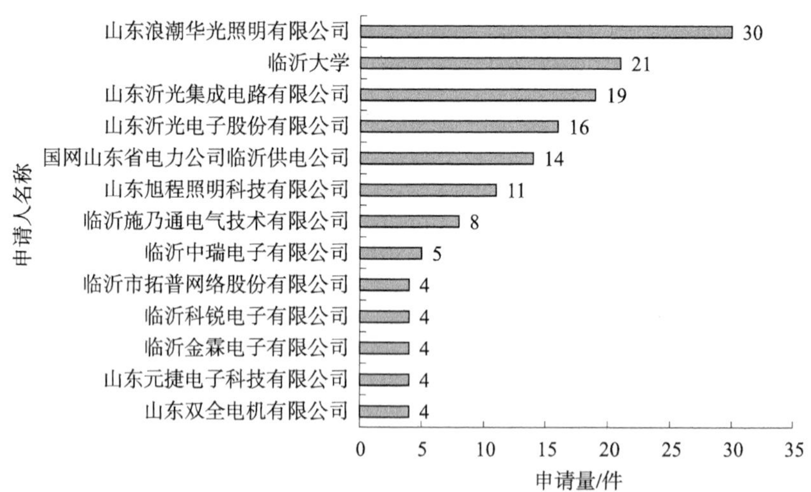

图4－8　半导体分立器件产业临沂专利申请人排名

表4－2　2001～2020年半导体分立器件产业临沂市专利申请技术申请趋势

分类号	2001	2002	2003	2004	2005	2006	2007	2008	2009	2010	2011	2012	2013	2014	2015	2016	2017	2018	2019	2020
H01L	0	0	0	0	0	0	0	0	0	2	7	2	1	9	0	0	1	13	8	5
H05B	1	0	0	0	1	0	0	2	2	1	10	8	0	0	3	0	7	3	3	1
F21V	0	0	0	0	0	0	1	3	3	0	13	6	3	4	1	0	2	2	1	0
F21Y	0	0	0	0	0	0	1	3	3	0	13	5	3	3	2	0	1	1	1	0
H02J	0	0	0	0	0	0	0	0	1	2	4	1	2	3	3	0	3	3	6	0
G01R	0	0	0	0	0	0	0	0	0	1	2	0	3	2	5	4	3	0	3	0
G05B	0	0	0	0	0	0	0	0	0	3	1	1	0	5	1	5	6	0	1	1
F21S	0	0	0	0	0	0	0	0	1	0	11	3	3	2	1	0	2	1	0	0
G08B	0	0	0	0	1	0	0	1	0	0	0	1	1	2	3	5	1	0	1	0
H02M	0	0	0	0	0	0	0	1	0	1	2	0	1	2	4	4	1	2	0	1
A61B	0	0	0	0	1	0	1	1	1	1	1	0	4	0	5	0	1	0	1	0

4.3　重点技术专利分析

4.3.1　IGBT领域专利申请分析

IGBT作为一种新型的半导体分立器件，一直备受业界关注。同时体现在全球专利申请数据和中国专利申请数据上，IGBT 领域的专利申请虽然起步较晚，但近年来一直保持迅猛增长势头，且各大公司也纷纷加大投入，将其作为重点研发方向。因此在本报告中选取 IGBT 领域作为关键技术领域进行重点研究。

在本章中将针对 IGBT 领域的专利申请状况进行分析，通过分析 IGBT 领域的产业技术状况，采用技术生命周期、技术发展路线、首次申请国及目标申请国分析、申请人分析等分析方法，研究了 IGBT 的全球以及中国专利发展趋势、IGBT 结构的技术发展路线、各技术分支专利布局等内容，以对了解全球 IGBT 的具体发展脉络和重点技术提供指导和借鉴作用。

4.3.1.1　全球专利分析

申请人是专利申请的主体，也是技术发展的主要推动力量，通过对 IGBT 领域全球申请人尤其是主要申请人的研究，可以发现本领域的申请主体的特点以及主要申请人的专利战略特点。从图 4－9 全球主要申请人申请量排名情况可以看出，IGBT 器件主要由欧美和日本企业所掌握，国际市场也主要由欧美与日本企业所垄断。其中欧洲主要的 IGBT 企业有英飞凌、ABB、西门子，日本主要的 IGBT 企业有三菱、富士电机和东芝、日立等。其中高

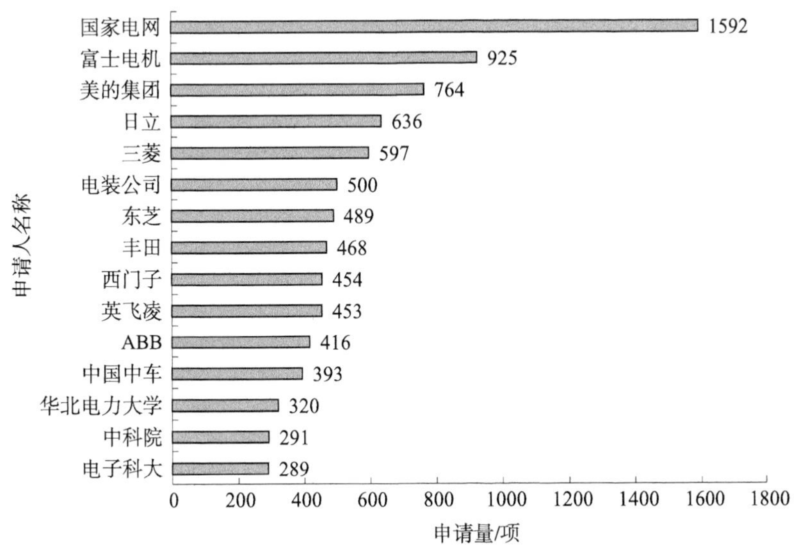

图 4－9　IGBT 领域全球主要申请人申请量排名

压、大电流领域主要集中在欧洲和日本企业，美国企业主要集中在中低压产品领域。在国际申请人中，国家电网、美的集团相关 IGBT 专利申请比较多，中国中车、华北电力大学、中科院以及电子科大也进入前十五名。多数申请人从 20 世纪 80 年代开始进行专利申请，而申请起步较晚的丰田，其申请量较大，且近五年的申请比例高达 59%，这与 IGBT 在电动汽车、混合动力汽车中的应用密不可分。

4.3.1.2 中国专利分析

4.3.1.2.1 中国专利申请人排名

从图 4－10 可知，IGBT 领域在我国前十五位申请人中，拥有高校 6 所，均具有较强的研发实力以及专利储备，临沂市相关申请人应关注上述高校的专利发展态势，可以与上述高校开展合作。国内排名靠前的企业有国家电网、美的、格力、中车时代等，都是在行业内有一定主导权的大型企业，临沂市可以考虑进行企业引进。

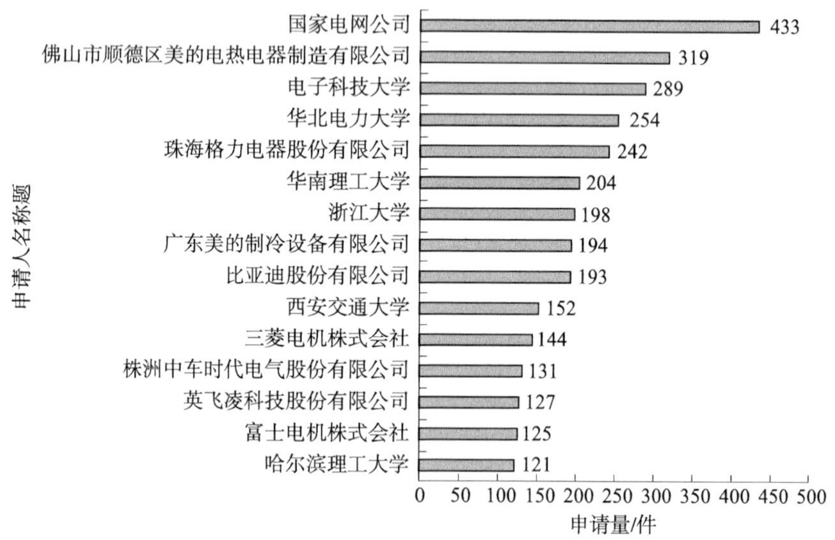

图 4－10 IGBT 中国专利申请人排名

4.3.1.2.2 中国专利申请人技术趋势

从表 4－3 IGBT 中国专利申请人技术申请趋势可以看出，国家电网在 H02M（用于交流和交流之间、交流和直流之间或直流和直流之间的转换以及用于与电源或类似的供电系统一起使用的设备；直流或交流输入功率至浪涌输出功率的转换；以及它们的控制或调节）、H02J（供电或配电的电路装置或系统；电能存储系统）、H02H（紧急保护电路装置）等方面具有较强的专利布局，美的集团主要的布局方向为 H05B（电热）方向，电子科技大学在 H01L（半导体器件）方向具有优势。

表 4－3　IGBT 中国专利申请人申请趋势　　单位：件

分类号	中国专利申请人								
	国家电网有限公司	美的集团股份有限公司	佛山市顺德区美的电热电器制造有限公司	电子科技大学	华北电力大学	珠海格力电器股份有限公司	华南理工大学	国网智能电网研究院	浙江大学
H02M	389	121	34	50	133	91	127	80	139
H02J	482	7	2	44	99	28	49	55	72
H01L	138	46	5	310	16	43	16	80	19
H02P	23	30	1	1	11	18	7	0	22
H02H	138	31	19	13	74	26	22	32	38
G01R	185	9	11	6	36	9	7	45	24
H05K	30	46	16	0	1	17	2	7	3
H05B	3	186	290	5	1	29	2	0	2
H03K	30	18	19	16	7	37	3	2	10
B60L	9	0	0	0	4	10	8	0	2
B23K	0	0	0	0	0	2	53	0	0

4.3.1.2.3　中国专利发明人排名

如图 4－11 所示，在 IGBT 领域国内重点申请人中，张波教授任职于电子科技大学，主要研究方向为电荷存储型 IGBT 及其制备方法；冯宇翔任职于美的集团，主要研究方向为包含 IGBT 的智能模块，李泽宏任职于电子科技大学，主要从事 IGBT 器件的研究与开发。

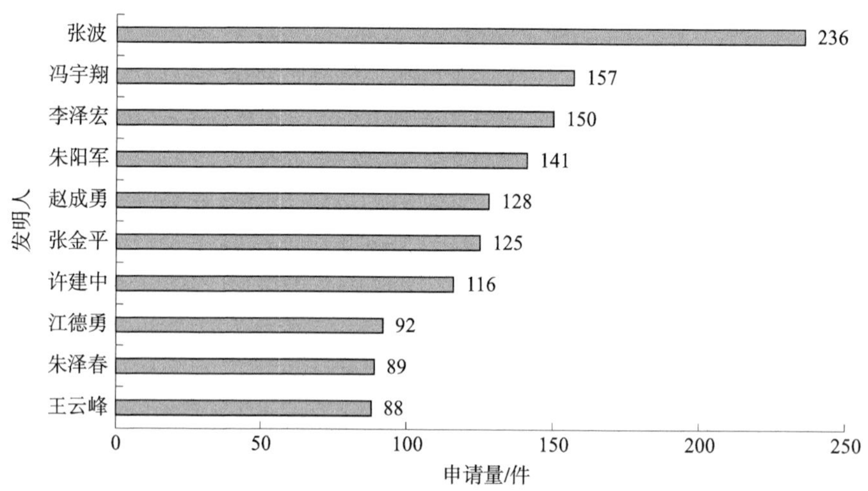

图 4－11　IGBT 中国专利发明人排名

4.3.1.3　山东省专利分析

如图 4－12 所示，在 IGBT 领域山东的重点申请人中，九阳股份有限公司、山东大学以及中惠创智排名前三，结合表 4－4 可以看出，九阳专注于 IGBT 在炉或者灶上的应用（F24C），山东大学、中惠创智、新风光布局方向主要为半导体器件（H02M：用于交流和交流之间、交流和直流之间或直流和直流之间的转换以及用于与电源或类似的供电系统一起使用的设备；直流或交流输入功

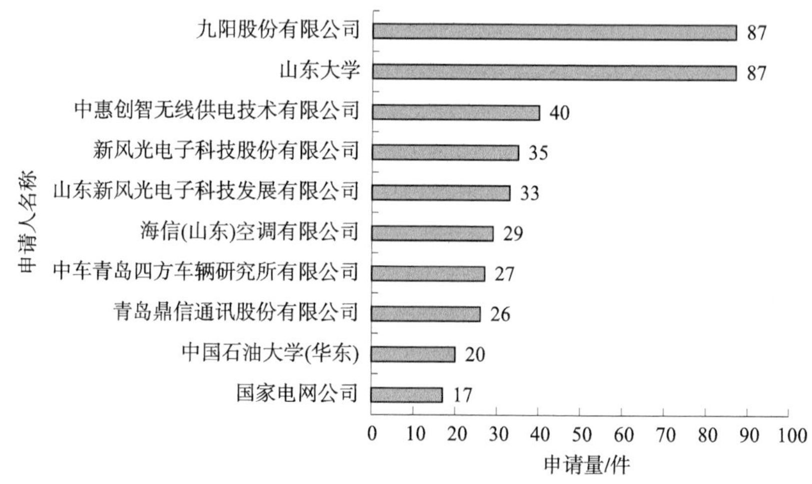

图 4－12　IGBT 山东省专利申请人排名

率至浪涌输出功率的转换；以及它们的控制或调节。H02J：供电或配电的电路装置或系统；电能存储系统）。山东省内排名前10位的申请人中，高校有2所，均具有较强的研发实力以及专利储备，临沂相关申请人应关注上述高校的专利发展态势，可以与上述高校开展合作。

表4-4 IGBT山东省专利申请人技术申请趋势 单位：件

分类号	山东省专利申请人									
	九阳股份有限公司	山东大学	中惠创智无线供电技术有限公司	新风光电子科技股份有限公司	山东新风光电子科技发展有限公司	海信（山东）空调有限公司	中车青岛四方车辆研究所有限公司	青岛鼎信通讯股份有限公司	中国石油大学（华东）	国家电网公司
H02M	1	82	13	22	31	10	19	14	14	6
H02J	2	39	46	20	10	0	9	13	5	10
H02P	2	8	0	2	5	2	1	3	0	0
H05B	34	0	0	0	0	0	1	0	0	2
H02H	8	10	4	0	0	16	2	0	4	2
G01R	0	6	0	1	3	7	2	3	1	1
H01L	1	1	0	1	0	0	0	0	0	0
H05K	5	0	0	5	0	0	5	0	0	1
B60L	0	0	6	5	0	0	5	9	0	0
F24C	44	0	0	0	0	0	0	0	0	0
G05B	2	2	0	0	0	0	5	1	1	1

4.3.1.4 临沂市专利分析

共检索到临沂市IGBT相关专利两件（见表4-5），技术详情如下所示。

表4-5 临沂IGBT相关专利申请

序号	公开（公告）号	主题	申请人	专利类型
1	CN211791311U	一种整流电路	李玉龙	实用新型
2	CN208285009U	一种低压有源电力滤波装置	山东恒和电气有限公司	实用新型

1. CN211791311U

摘要：一种整流电路，它涉及各种大功率AC DC AC DC变频逆变电路领域。它包含第一模组、第一电力变频后大电流输出端、第二模组、第二电力变频后大电流输出端、三相整流桥、三相电力电源输入线，第一模组与第一电力变频后大电流输出端相连接，第二模组与第一模组并联连接，且第二模组与第二电力变频后大电流输出端相连接，第一模组、第二模组均与三相整流桥相连接，三相整流桥连接三相电力电源输入线。采用上述技术方案后，本实用新型的有益效果为：它的设计合理，不存在交叉分流，保证第一模组和第二模组一直处于相同的电力供给，大大提高了IGBT双臂互补的工作效率，同时也极大地提高了整体运行稳定性，具有较大的推广价值。

2. CN208285009U

摘要：本实用新型公开了一种低压有源电力滤波装置，其特征在于：包括FPGA控制系统、DSP控制单元、外部电流信号采集装置、内部检测电路和IGBT功率变换器，所述外部电流信号采集装置为电流互感器，所述电流互感器设置于需要采集电流信号的外部电路中，所述内部检测电路用于分离出外部电流信号采集装置采集到的电流信号中的谐波部分，所述IGBT功率变换器产生内部检测电路分离出来的谐波部分大小相等相位相反的补偿电流，该实用新型滤波能力强、应用广泛。

4.3.2 MOSFET栅氧化膜技术领域专利申请分析

MOSFET器件作为目前的研究热点器件，相对于硅MOSFET器件具有明显的优势。理论分析还表明，用6H－SiC和4H－SiC制造功率MOSFET，其通态比电阻可以比同等级的硅功率MOSFET分别低100倍和2000倍。一般而言，采用SiO_2等氧化物作为MOSFET器件的栅氧化层。然而，在实验中发现4H－SiC MOSFET器件反型层沟道中的载流子迁移率很低，甚至比6H－SiC MOSFET器件还低。舍尔纳（Schorner）等人认为价带以上2.9eV处大的界面态是导致器件沟道迁移率较小的原因。简单的在SiC表面生成由SiO_2形成的界面不足以获得电子的高表面迁移率。降低SiC、SiO_2之间界面态密度，提高电子的表面迁移率是SiC MOSFET重要的技术之一。

4.3.2.1 全球专利分析

从图4－13可以看出，在全球MOSFET领域重要申请人中，前三位的日立、电气、东芝均为日本公司，且申请量与其他申请人相比有很大的领先，日本相关企业居多，专利申请量占主要申请人的85%，日本在本领域具有绝对优势。

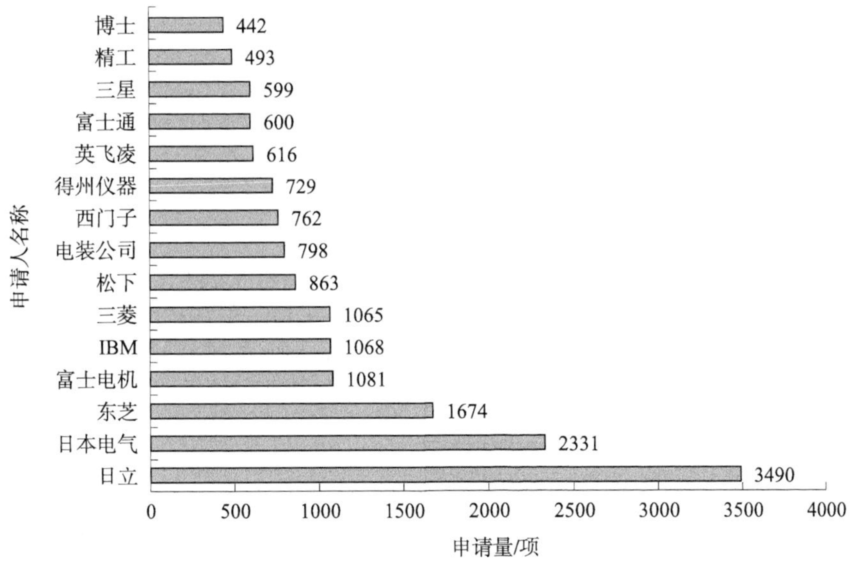

图4－13　MOSFET 领域全球专利主要申请人分析

4.3.2.2　中国专利分析

4.3.2.2.1　中国专利主要申请人分析

MOSFET 领域中国专利主要申请人排名如图 4－14 所示，中国前 15 位申请人中，高校和科研院所有 4 家，有中科院、电子科大、浙大、清华。而在国内申请人排名中有 5 家日本企业，说明日本很重视在中国的布局，是国内相关企业发展重要的竞争对手。同时作为国内申请量排名第一位的德国英飞凌也是不可忽视的企业。

4.3.2.2.2　中国专利主要申请人技术发展趋势

通过对 MOSFET 领域国内主要申请人技术发展统计发现（见表 4－6），国内企业除了在 H01L（半导体器件；其他类目中不包括的电固体器件）半导体的基本方向上的重视，在其他的技术分支都有很多涉及，且分布比较均衡。另外国家电网、英飞凌、三菱相比其他领域而言比较重视 H02M（用于交流和交流之间、交流和直流之间或直流和直流之间的转换以及用于与电源或类似的供电系统一起使用的设备；直流或交流输入功率至浪涌输出功率的转换；以及它们的控制或调节）方向的研究。

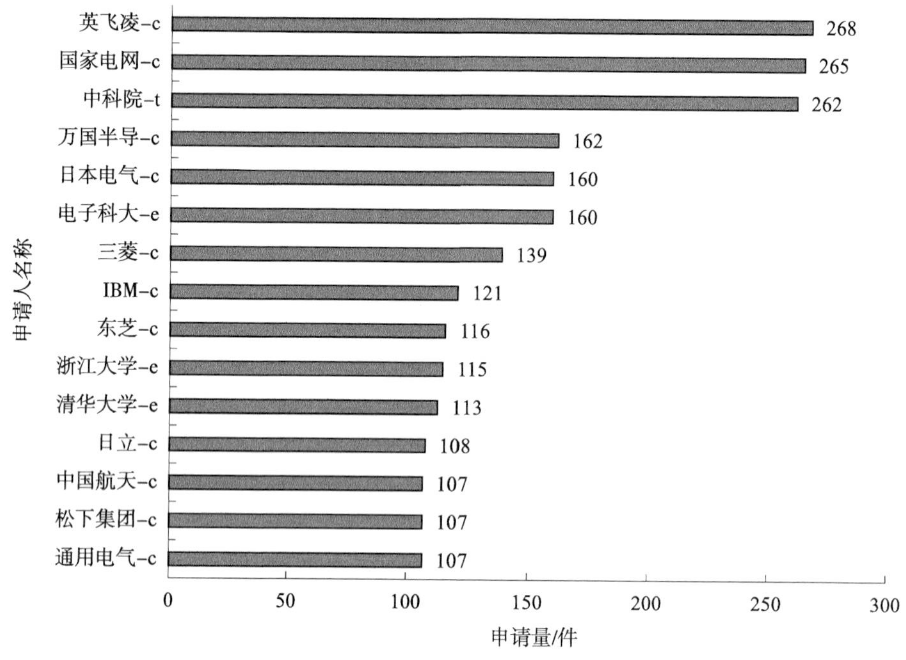

图 4-14 MOSFET 领域中国专利主要申请人排名

表 4-6 MOSFET 领域中国专利主要申请人技术发展趋势 单位：件

分类号	主要申请人														
	英飞凌	国家电网	中科院	万国半导	日本电气	电子科大	三菱	IBM	东芝	浙江大学	清华大学	日立	中国航天	松下集团	通用电气
H02M	89	113	26	20	45	27	90	2	36	64	22	53	43	36	35
H01L	209	24	247	290	210	155	118	190	125	13	39	68	2	91	34
H02J	4	96	17	4	4	2	6	3	6	13	22	4	17	6	21
H02H	25	20	8	1	4	7	8	2	2	7	12	10	25	6	15
H05B	2	0	3	0	0	2	0	0	7	8	4	1	2	10	26
H03K	61	18	12	11	37	11	29	5	26	8	10	17	14	30	10
G01R	26	51	12	4	4	2	3	2	0	33	10	13	15	10	10
H02P	5	0	9	0	2	0	21	0	8	8	8	11	20	10	8
G06F	3	9	9	0	11	2	1	5	0	3	2	12	4	4	3
G05	2	9	3	0	0	1	0	2	0	2	2	1	7	1	2
G05F	14	11	3	0	9	10	2	0	0	1	3	4	5	8	1

4.3.2.2.3 中国专利主要发明人

图 4-15 为 MOSFET 领域中国专利主要发明人排名，张波教授任职于电子科

技大学，在 MOSFET 制备方面研究深入，张海涛任职于无锡紫光微电子有限公司，主要从事一种高压深沟槽型超结 MOSFET 的结构研发，朱袁正任职于无锡电基集成科技有限公司，主要从事地热组半导体器件研发。

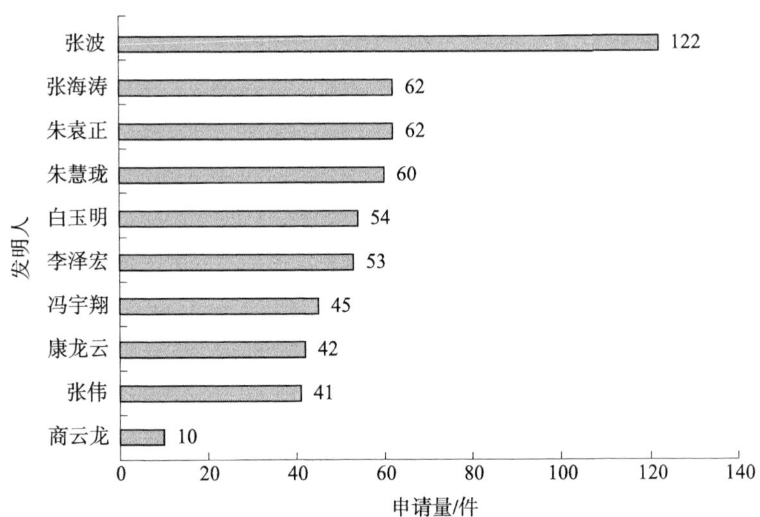

图 4-15 MOSFET 领域中国专利主要发明人排名

4.3.2.3 山东专利分析

4.3.2.3.1 山东专利主要申请人分析

在图 4-16 MOSFET 领域山东重点申请人中，浪潮集团、国家电网、歌尔声学排名前三。浪潮主要布局一种服务器备份用电池的点芯片构架，国家电网主要布局在三项共跳断路器的合闸涌流抑制装置。在排名前十五位的专利申请人中，有两所高校，因此，山东整体具有一定的研发基础和技术储备。

4.3.2.3.2 山东专利申请主要发明人

在图 4-17 MOSFET 领域山东省重点发明人中，徐宝华、朱斯忠和何智任职于中惠创智无线供电技术有限公司，主要进行限幅控制电路制备的研究，张承慧任职于山东大学，主要从事高频率六电平变换器的研究，因此在 MOSFET 制备和应用领域，山东具有一定的产业基础。

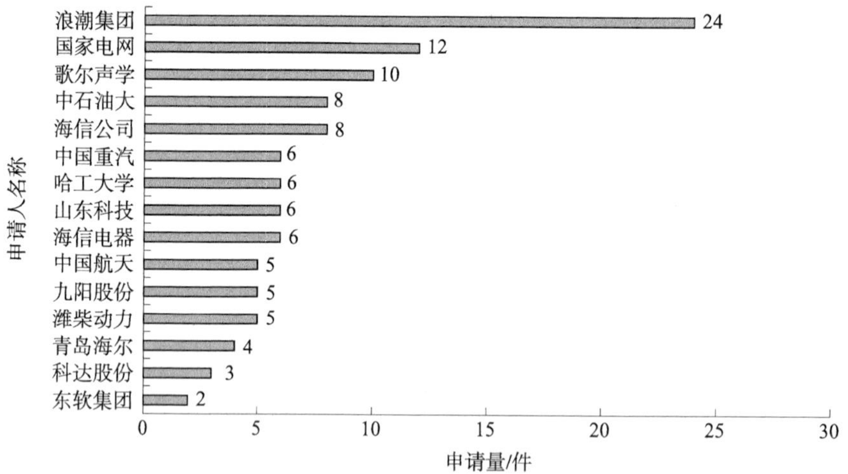

图 4-16　MOSFET 领域山东专利主要申请人排名

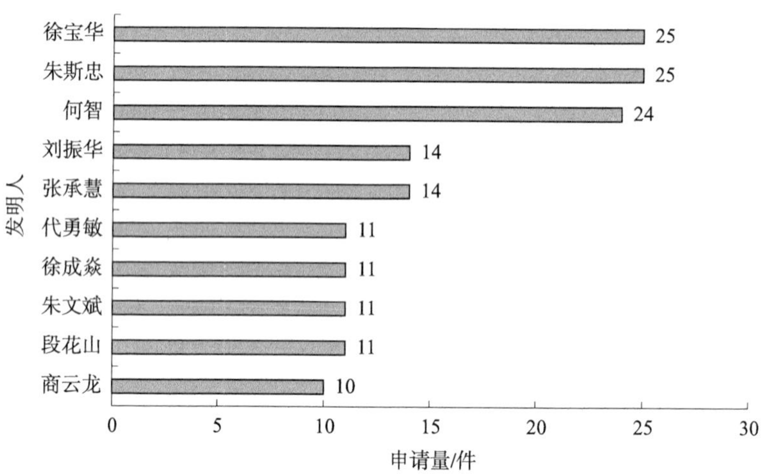

图 4-17　MOSFET 领域山东专利申请主要发明人

4.4　本章小结

4.4.1　半导体分立器件发展整体情况

（1）半导体分立器件领域全球专利申请量稳中有升，中国专利申请增速迅猛。

全球半导体分立器件行业整体上呈现蓬勃发展态势，近 10 年（2001 ~ 2010 年）来，全球专利申请量处于稳步增长阶段，尤其是 MOSFET 和 IGBT 处于快速发展阶段，两者在近 10 年的申请量占比达到 75%。

中国是半导体分立器件领域目前发展最为活跃的国家，近 5 年的专利申请量占总申请量的比例高达 84%，发展非常迅速，山东在本领域具有一定的专利布局。临沂相关专利申请共有 472 件，在主要申请人中，山东浪潮华光照明、临沂大学以及山东沂光集成电路有限公司排名前三，山东浪潮华光照明主要布局方向为 LED 发光器件，临沂大学主要布局方向为电容器，山东沂光集成电路有限公司主要布局方向为二极管、三极管。临沂市企业在半导体领域的研究基础不扎实，没有明确的研发方向，无法把握研究重点。

（2）半导体分立器件领域的全球专利申请中，日本申请人占据主导地位，中国奋起直追。

日本原创申请占总申请的 54%，远远超过其他国家，在申请量上基本处于垄断地位，其中德国和美国最为重视在其他国家的专利布局。

在前十五位国内申请人中，国家电网、京东方、鸿海精密位列前三甲，三家分别在电力电气设备、半导体发光器件方面具有技术优势。华南理工大学、浙江大学、电子科技大学、清华大学进入前十五，上述四所高校具有技术研发优势和储备。在各省市排名中，广东、江苏、浙江排名前三，上述三个省份具有相当多的全国重点申请人，产业发展活跃。

（3）全球专利申请和中国专利申请的专利技术发展重点均集中在 MOSFET 和 IGBT 器件。

在半导体分立器件领域全球专利申请总数据中，涉及 MOSFET 和双极晶体管技术的专利申请量最多，分别占总申请量的 29% 和 24%。但是在 2000 年以后，随着大功率双极晶体管的应用领域被进一步压缩以及 IGBT 应用领域的逐步拓展，全球的专利申请技术重点则集中在 MOSFET 和 IGBT 这两个领域。

中国专利申请由于起步较晚，因此专利申请技术较少涉及早期半导体分立器件，主要分布于 MOSFET 和 IGBT 领域，其申请量分别占总申请量的 43% 和 19%，并且也是近年来的技术发展重点。

4.4.2 IGBT 领域结论

（1）全球范围内 IGBT 领域的专利技术正处于稳定发展阶段，申请人主要来自日本、美国和德国；新型的 RC - IGBT、RB - IGBT 以及超结 IGBT 是未来的主要发展方向。

自 1980 年出现第 1 件 IGBT 领域专利申请，历经萌芽期、快速成长期，目前已进入稳定发展阶段，该领域技术逐渐集中掌握于部分申请人手中，专利申请人数量也保持在稳定水平。该领域专利申请人主要来自日本、美国和德国。中国进入 IGBT 领域的时间较短，但发展迅猛，中国申请人的申请量已位居世界第四位，但是基本上只在中国寻求保护，很少对美国、日本和德国等 IGBT 领域技术先进成熟的国家进行专利布局。

IGBT 器件主要由欧美和日本企业所掌握，国际市场也主要由欧美与日本企业所垄断。其中欧洲主要的 IGBT 企业有英飞凌、ABB、意法半导体，美国主要的 IGBT 企业有飞兆、国际整流器公司（IR），日本主要的 IGBT 企业有三菱、富士电机和东芝、日立等。其中高压、大电流领域主要集中在欧洲和日本企业，美国企业主要集中在中低压产品领域。在国际申请人中，国家电网、富士电机以及美的集团相关 IGBT 专利申请比较多，中国中车、华北电力大学、中科院以及电子科技大学也进入前十五名。多数申请人从 20 世纪 80 年代开始进行专利申请，而申请起步较晚的丰田，其申请量较大，且近五年的申请比例高达 59%，这与 IGBT 在电动汽车、混合动力汽车中的应用密不可分，同时活跃度较高的松下也源于 IGBT 在变频技术中的应用，广泛存在于家电市场中。

（2）中国的 IGBT 技术处于快速发展阶段；日本和欧美申请人非常重视中国市场；元胞技术是 IGBT 领域的技术重点和研发热点。

重点企业方面，东芝侧重于在元胞方面的专利申请；来自瑞士的 ABB 和来自德国的英飞凌也是主要申请人，其中 ABB 侧重于在元胞、封装方面的专利申请，英飞凌的申请则涉及元胞、工艺和封装领域。

中国的申请人中主要集中在江苏、四川、浙江、上海、北京和广东。在我国排名前十五位申请人中，高校有 6 所，均具有较强的研发实力以及专利储备，临沂相关申请人应关注上述高校的专利发展态势，可以与上述高校开展合作。在申请人技术发展脉络中，国家电网在 H02M（用于交流和交流之间、交流和直流之间或直流和直流之间的转换以及用于与电源或类似的供电系统一起使用的设备；直流或交流输入功率至浪涌输出功率的转换；以及它们的控制或调节)、H02J（供电或配电的电路装置或系统；电能存储系统)、H02H（紧急保护电路装置）等方面具有较强的专利布局，美的集团主要的布局方向为H05B（电热）方向，电子科技大学在H01L（半导体器件）方向具有优势。

在山东的重点申请人中，九阳股份有限公司、山东大学以及中惠创智排名前三，九阳专注于IGBT在炉或者灶上的应用，山东大学、中惠创智布局方向主要为半导体器件。临沂仅有两件专利申请，全部为实用新型，专利布局不完整。

4.4.3　MOSFET器件领域结论

作为目前半导体分立器件领域的技术热点，MOSFET器件领域的全球专利申请量仍处于快速增长阶段；日本、美国和德国申请人在本领域的研发实力最强；中国的SiC器件技术起步于20世纪90年代，晚于全球的技术发展。

在全球MOSFET器件中，前三位均为日本公司，日本企业居多，专利申请量占主要申请人的85%，日本该本领域具有绝对优势。在国内申请人中，英飞凌、国家电网以及中科院专利申请量排名前三。各申请人均在半导体器件方面进行布局。

在山东省重点申请人中，排名前两位的申请人是浪潮集团、国家电网，主要布局方向是一种服务器备份用电池的点芯片构架、三项共跳断路器的合闸涌流抑制装置。排名前十五位的申请人中，有两所高校，分别是中国石油大学和哈尔滨工业大学，可见山东省具有一定的研发基础和技术储备。

第五章　大数据应用产业专利导航分析

5.1　引言

大数据不是具体的方法，甚至不算具体的研究学科，而只是对某一类问题或需处理的数据的描述。通俗地说，大数据是指无法在可承受的时间范围内用常规软件工具进行捕捉、管理和处理的数据集合。根据高德纳咨询公司（Gartner）的定义，大数据是大量、高速、及/或多变的信息资产，它需要新型的处理方式去促成更强的决策能力、洞察力与流程优化能力。而大数据的概念自诞生以来并非一成不变。大数据公认的特征3V是2001年由麦塔集团（META GROUP）的分析员莱尼提出的，莱尼在一份报告中对大数据提出“3－D数据管理”的看法，即数据成长将朝3个方向发展，分别为数据即时处理的速度（Velocity）、数据格式的多样化（Variety）与数据量的规模（Volume），三者统称为“3V”。后来，随着时间的推移，人们对大数据有了更深入的看法，因此，对大数据的特征进行了相应的调整。2012年，包括国际商业机器公司、高德纳咨询公司、互联网数据中心（IDC）等纷纷对大数据提出新的论述，将3V的概念扩展为4V，在原有的基础上增加了数据的真实性（Veracity）。此后，大数据的概念又在4V的基础上增加“Visualize”“Value”“Vast”而扩展为6V甚至7V。

5.1.1　发展现状

5.1.1.1　全球现状

进入21世纪以来，随着物联网、电子商务、社会化网络的快速发展，数据体量迎来了爆炸式的增长，大数据的作用越来越重要。美国国家标准和技术研究院 NIST 认为大数据是在数据容量、数据处理以及数据表示等方面，无法使用传统方法进行数据处理，需要对原有方法或技术进行扩展，从而提高效率。❶ 学术界通常将大数据的特征描述为“4V”特征，即 Volume、Variety、Velocity 和 Value。其中，Volume 指容量，Variety 指多样性，Velocity 指速度，Value 指价值，这四项内容集中概括了大数据所具有的典型特点。

大数据的处理工具：MapReduce 模型，谷歌公司于 2004 年提出一种线性的、可伸缩的编程模型，可以有效地对大规模数据集进行并行处理。HPCC 系统也是一种开源的分布式密集数据处理平台，可充分满足数据密集型计算需求，同时提供大数据流管理服务，组件间相对独立，处理数据高速并行，优点是可靠性高、扩展性好。Hadapt 是一种高性能的自适应分析平台，将 Hadoop 和关系数据库管理软件二者的优势结合起来，无论是在私有云还是公共云上都可以运行。

大数据处理技术：数据挖掘，一般是指从大量的数据中自动搜索隐藏于其中的有着特殊关系性的信息的过程。目前学术界普遍认为，数据挖掘主要分三个阶段：第一阶段是数据准备，第二阶段是数据挖掘，第三阶段是结果的评价和表达。数据准备是对大量数据进行筛选、净化、转换等操作，以减弱在数据挖掘过程中无用的数据所造成的影响，在这一阶段的工作效果将影响到数据挖掘的准确性和有效性；数据挖掘过程需要选择合适的算法进行工作，如关联规则、决策树、神经网络、遗传算法等，然后分析现有数据，得出知识模型；最后一个阶段主要是判断知识模型的有效性，以便发现有意义的模型。❷

根据数据处理的时效性，大数据处理系统可以分为批式（batch）大数据和流式（streaming）大数据两类。其中，批式大数据又被称为历史大数据，流式大数据又被称为实时大数据。以 Hadoop 为代表的批处理大数据系统需先将数据汇聚成批，经批量预处理后加载至分析型数据仓库中，以进行高性能实时查询。这类系统虽然可对完整大数据集实现高效的即席查询，但无法查询到最新的实时数据，存在数据迟滞高等问题。以 SparkStreaming、Storm、Flink 为代表的流处理大数据系统将实时数据通过流处理，逐条加载至高性能内存数据库中进行查询。此类系统可以对最新实时数据实现高效预设分析处理模型的查

---

❶ 戈黎华，郭浩，王璐璐. 大数据产业研究综述［J］. 华北水利水电大学学报，2019，35（3）：1－8.

❷ 冯毓文. 大数据研究体评［J］. 产业创新研究，2020（11）：93－94.

询，数据迟滞低。

随着互联网、计算机行业快速发展，企业对数据的时效性越发重视，企业应用也逐渐由批处理数据平台向实时的流处理数据平台转移。以流数据处理为代表的 Spark、kafka 大数据系统近年来大放异彩，取代了 Hadoop 的主导地位。❶

根据 IDC 最新发布的统计数据，中国的数据产生量约占全球数据产生量的 23%，美国的数据产生量占比约为 21%，欧洲、中东、非洲（EMEA）的数据产生量占比约为 30%，日本和亚太（APJxC）数据产生量占比约为 18%，全球其他地区数据产生量占比约为 8%。

美国作为大数据产业的发祥地和全球大数据产业中心，于 20 世纪 80 年代率先提出“大数据”的概念，随着大数据技术研究和应用的迅速发展，2012 年美国政府将促进大数据产业发展上升为最高国策，将其视为“未来的新石油”，对数据的占有和控制已经成为美国国家安全战略、国家创新战略、国家信息网络安全战略的核心领域。随着互联网时代大数据的爆发式增长，在美国大数据已进入大规模商用阶段，一些新兴信息技术企业虽然不是数据的最先利用者，却开启了大数据时代的大门，如搜索引擎企业谷歌、门户网站企业雅虎、电子商务平台 eBay、在线购物企业亚马逊、社交网络企业脸书（Facebook）、推特（Twitter）等以及以华尔街的金融企业为代表的对数据管理与利用极为依赖的产业。大型信息技术公司如微软、谷歌等纷纷开展大数据的研究和应用，从凌乱纷繁的大数据中发掘出符合用户兴趣和习惯的产品和服务，并进行针对性的调整和优化，成为大数据的重要应用价值之一，IBM、甲骨文、英特尔、惠普等世界知名企业先后推出了大数据业务，这些企业基本囊括了全球最顶尖的搜索服务、数据库、服务器、存储设备的主要提供商。教育行业不仅为大数据发展提供各类人才，也进行技术支持，针对大数据技术的研究主要集中于大学、科研机构和企业，高校及科研机构主要专注于理论研究，对关键性核心技术进行前沿性探索，企业将技术市场化、产品化，旨在将产品和服务推向市场和公众并运用于社会。❷

---

❶ 2019 年全球大数据产业市场现状及发展趋势分析［EB/OL］.（2010－10－31）［2021－01－13］. https：//bg. qianzhan. com/trends/detail/506/191031－2dae33f8. html.

❷ 汪晓文，曲思宇，张云晟. 中、日、美大数据产业的竞争优势比较与启示［J］. 图书与情报，2016（3）：67－74.

日本在《日本再兴战略》中提出开放数据，将实施数据开放、大数据技术开发与运用作为2013～2020年的重要国家战略之一，积极推动日本政务大数据开放及产业大数据的发展，零售业、道路交通基建、互联网及电信业等行业的大数据应用取得显著效果。韩国政府高度重视大数据发展，科学、通信和未来规划部与国家信息社会局（NIA）共建大数据中心，大力推动全国大数据产业发展。根据《2015韩国数据行业白皮书》统计显示，数据服务市场规模占韩国总行业市场规模的47%，位列第一；数据库构建服务以41.8%的占有率紧随其后。韩国正在积极打造“首尔开放数据广场”，据估算这些公开信息产生的经济价值将达到1.2万亿韩元，为私营企业创造多元化的商业模式和价值。❶

欧洲各国在开放数据、数据共享标准建设等方面开展了大量的工作。2012年，英国建立了世界首个“开放数据研究所”，随后英国商务、创新和技能部发布《英国数据能力发展战略规划》，2014年英国政府又资助了55个政府数据分析项目。法国2013年发布《数字化路线图》，大数据是其大力支持的战略性高新技术之一。❷

5.1.1.2 国内现状

我国大数据产业发展在经历初期探索、市场启动等阶段后，大数据的技术、应用以及社会公众的接受度等方面逐步趋于成熟，整个产业开始步入快速发展阶段，行业规模增长迅速。中国信息通信研究院结合对大数据相关企业的调研测算，发现我国大数据产业规模稳步增长。2016～2019年短短四年，我国大数据产业市场规模由2840.8亿元增长到5386.2亿元，增速连续四年保持在20%以上。尤其是国家领域内的大数据产业发展迅速，已经成为大数据产业发展的核心。❸ 大数据产业的热点主要集中在应用软件、基础软件、数据源、数据基础设施等领域。从数据源来看，企业数据、政府数据的整合共享仍占主导地位。随着5G应用的快速拓展以及大数据应用场景的逐渐丰富，从传统终端收集的数据会越来越重要。从大数据基础设施来看，数据流通，软硬件

---

❶ 方申国，谢楠. 国内外大数据产业发展现状与趋势研究［J］. 信息化建设，2017（6）：30－33.

❷ 房俊民，田倩飞，徐婧. 全球大数据产业发展现状、前景及对我国的启示［J］. 科技与市场，2015（10）：101－102.

❸ 数据改变世界思想塑造未来——2020大数据产业综述［OL］.（2020－01－17）［2021－01－13］. https：//new. qq. com/rain/a/20210107A0B2EO00.

产品等呈现出较快的发展趋势。高校、企业对于专业化、复合型大数据人才的培育力度持续加大。近几年，有691所高校新增了数据科学与大数据技术的相关专业，占全国高校的1/4左右。调研发现互联网、工业、通信、金融等领域对大数据人才的需求尤为突出。❶ 我国大数据市场供给结构初步形成，呈现三角形结构，即以百度、阿里、腾讯为代表的互联网企业，以华为、联想、浪潮、曙光、用友等为代表的传统IT厂商，以亿赞普、拓尔思、海量数据、九次方等为代表的大数据企业。

当前，我国已经形成了很多物流行业的大型公司，这些公司一般占有发展优势，包括科学技术、发展资源等方面。这些大型的物流公司，积极创建信息化的物流平台，逐渐利用技术优势构建出智慧物流体系。从物流的发展实践来看，当前物流各环节的工作都在积极地开展信息化建设，运用了多种智能化、自动化技术手段。很多大型物流企业在货品的存储和配送环节，都开始尝试运用科技手段、智能机器替代人工劳动，一定程度上降低了工人的劳动量和劳动强度，提升了劳动的效率，降低了货物分拣和配送中的差错率。大型物流企业在自己的信息化平台上，可以实时查看物流的相关信息，使得货物的追踪成为可能，不仅货物的物流信息比较直观、清晰，而且大大降低了货物配送工作的难度。大数据时代背景下智慧物流有以下价值：（1）降低物流成本，提升工作效率；（2）推动物流行业发展；（3）有效满足客户的实际需求。❷

随着高等教育信息化的迅速发展，教师开始不断实践和探索适应教学改革与创新的新途径，进而衍生出了多种形态的教学形式，在互联网与教育的深度融合过程中，出现了一种全新的教学模式——在线教学，在此过程中，教师的主导作用得到弱化，学生对学习的积极性显著提高。2019年8月发布的第44次《中国互联网络发展状况统计报告》显示，我国手机在线教育用户规模已达1.99亿人，且仍在快速增长。在线教学使教学活动更为现代化，是一种通过互联网信息技术进行知识传播的教育教学模式。教与学不但在空间上可以分离，时间上也可以不同步，教学地点可灵活选择。在线教学模式能最大限度促进优质教学资源共享。大数据分析升级，记录学生老师学习教育情况、老师开课情况、教学轨迹，学生画像多维度分析。通过大数据可以对学校教学整体运

---

❶ 刘文强．大数据产业发展态势洞察［J］．融合论坛，2020（9）：18－19.

❷ 陈增发．大数据时代背景下的智慧物流产业发展研究［J］．中小企业管理与科技，2020（34）：28－29.

行情况，如资源建设、课程建设、学情分析、教学效果、课程画像、教师画像、学生画像和自行分析等方面进行分析。针对学生学习方面，可以从章节任务点完成进度、课堂活动参与情况、作业考试分析、讨论分析、出勤分析、访问学习时长分析和学生平时成绩分析等方面获得了解，有助于管理者宏观了解教学运行的整体情况。❶

数据开放已成为各界共识，大数据技术不仅给人类生活带来了极大的便利，同时也给数据使用的隐私问题带来了新挑战。尤其随着新一代信息技术的不断发展和广泛应用，智能设备的自动化将引发更多远程控制的安全隐患；未来“云脑”的出现，机器将有可能通过万物互联实现设计、制造和自主行为，人类将面对前所未有的安全奇点。大数据时代，由于数据比较集中，信息量也比较大，对海量数据进行安全防护变得更加困难，数据的分布式处理也加大了数据泄露的风险，尤其是政府数据，其中包含着事关国家发展的数据，其可能对国家安全产生影响。因此，数据的隐私和信息安全正成为大数据发展需要重视的问题。

5.1.2 相关政策分析

自 2012 年，国家已陆续出台相关的产业规划和政策，从不同侧面推动大数据产业的发展。

2017 年 1 月，《大数据产业发展规划（2016～2020 年）》以大数据产业发展中的关键问题为出发点和落脚点，以强化大数据产业创新发展能力为核心，以推动促进数据开放与共享、加强技术产品研发、深化应用创新为重点，以完善发展环境和提升安全保障能力为支撑，打造数据、技术、应用与安全协同发展的自主产业生态体系，全面提升我国大数据的资源掌控能力、技术支撑能力和价值挖掘能力，在此基础上明确了“十三五”时期大数据产业发展的指导思想、发展目标、重点任务、重点工程及保障措施等内容，作为未来五年大数据产业发展的行动纲领。❷

2016 年，交通运输部编制的《综合运输服务“十三五”发展规划》，提

❶ 陈野，陈碧晴，包洪岩．高等教育在线教学新常态相关问题的探讨［J］．中国实验诊断学，2020，12（24）：2079－2082.

❷ 2020 年中国大数据产业政策汇总及解读［EB/OL］．（2020－07－02）［2021－01－13］．https：//www.askci.com/news/chanye/20200701/1749061162879.shtml.

出要借力“互联网+”推动变革与创新之势，推动移动互联网、大数据、云计算、物联网等技术在综合运输服务领域的广泛应用，加快传统运输服务模式改造升级，引导各种新兴业态规范有序发展，培育新的经济增长点，推动资源更大范围共享、组织更高效率协同、装备更高水平制造、服务更人性化体验、治理更多交互协作，促进综合运输一体化组织、智慧化服务和社会化治理，打造移动互联网时代综合运输服务升级版。

2016年12月，《教育脱贫攻坚“十三五”规划》提出运用“互联网+”思维，推进“专递课堂”“名师课堂”“名校网络课堂”建设与应用，促进贫困地区共享优质教育资源，全面提升办学质量。积极推动线上线下学习相结合，努力办好贫困地区远程教育。

2017年1月，商务部、发展改革委、国土资源部、交通运输部、国家邮政局发布的《商贸物流发展“十三五”规划》明确提出，深入实施“互联网+”高效物流行动，构建多层次物流信息服务平台，发展经营范围广、辐射能力强的综合信息平台、公共数据平台和信息交易平台。运用市场化方式，提升商贸物流园区、仓储配送中心、末端配送站点信息化、智能化水平。推广应用物联网、云计算、大数据、人工智能、机器人、无线射频识别等先进技术，促进从上游供应商到下游销售商的全流程信息共享，提高供应链精益化管理水平。

2018年4月，《教育信息化2.0行动计划》提出，到2022年基本实现“三全两高一大”的发展目标，即教学应用覆盖全体教师、学习应用覆盖全体适龄学生、数字校园建设覆盖全体学校，信息化应用水平和师生信息素养普遍提高，建成“互联网+教育”大平台，推动从教育专用资源向教育大资源转变、从提升师生信息技术应用能力向全面提升其信息素养转变、从融合应用向创新发展转变，努力构建“互联网+”条件下的人才培养新模式、发展基于互联网的教育服务新模式、探索信息时代教育治理新模式。

5.1.3 项目分解

随着信息技术的发展，大数据技术越来越广泛地被应用于社会生活的方方面面，因而通过分析专利信息挖掘，从数据层面反映目前大数据技术和产业的发展状况和趋势具有重要的意义。本部分报告分别对大数据技术，大数据在物流、在线教育技术领域的专利信息进行多维度分析，在现状分析的基础上提出创新发展建议。

5.2　专利申请分析

5.2.1　大数据技术专利分析

5.2.1.1　全球专利分布情况分析

从表5－1可以看出，大数据领域的专利主要集中于数据挖掘以及数据存储，数据计算的相关专利较少，只占总申请量的8.5%。数据挖掘专利中主要申请集中于聚类算法、分类算法以及关联分析算法。数据存储专利主要集中于分布式块存储、分布式数据库以及分布式文件系统。

通过统计各项申请的优先权，大数据技术全球范围内专利申请的技术原创者绝大多数分布在中国、美国、欧洲、日本和韩国。优先权所属的国家/地区反映了申请人首次申请所属的国家/地区，折射了专利技术的起源，即专利技术的输出国家/地区，其数量也反映了相应国家/地区在相应领域的技术实力。东亚地区、欧洲地区以及北美地区的主要国家均有申请，由此可见，大数据技术得到了众多科技发达国家的重视。同时，美国和中国的申请量最为庞大，远远多于其他国家，紧随中国及美国之后的是日本、欧洲国家以及韩国。

表5－1　大数据技术分解及各技术占比

大数据技术	数据挖掘 47.4%	分类算法 20.2%
		聚类算法 7.5%
		序列分析算法 1%
		其他算法 3.7%
		关联分析 15%
	数据计算 8.5%	离线批处理 4%
		流式数据处理 2.3%
		基于图的数据处理 1%
		实时交互架构 1.2%
	数据存储 44.1%	分布式块存储 20.7%
		分布式对象存储 0.4%
		分布式文件系统 11.9%
		分布式数据库 11.1%

5.2.1.2 全球主要申请国家/地区申请对比分析

经过统计，中国相关专利的年申请量已超过美国、日本、韩国以及欧洲。同时，从申请人数量来看，自2000年以来，中国申请人的数量随着专利申请数量的增加增长明显，这显示出中国大数据市场参与者众多，竞争激烈，不断有新的申请人涌现。但是在申请人数量方面，中国与美国还有着较大差距，近两年申请人数量仅为美国的一半，这在一定程度上反映出，美国仍然是大数据技术创新的中心。日本与中国不同，虽然申请量也有较大增长，但是其申请人数量一直维持在500人左右，说明日本大数据市场成熟度较高，对大数据技术的投入持续而稳定。同时，可以看到，虽然在2008年金融海啸中，各国经济均遭受重创，其中美国、日本和欧洲均出现负增长，但是各国在大数据领域投入并未受到影响，无论是申请量还是申请人数量都未降低。可见，大数据领域备受世界各国重视。

从技术构成上看，主要五个国家/地区的专利申请主要集中于数据挖掘领域，日本、韩国有关数据挖掘的专利申请超过了总申请量的一半。美国以及欧洲在数据存储领域申请量占比较大，这是由于数据存储领域中的大公司绝大多数都是欧美公司，如IBM、EMC、NETAPP等公司。中国在数据存储领域申请量占比较大。

5.2.2 大数据在物流、在线教育应用专利分析

5.2.2.1 全球专利分析

从图5-1在线教育国际主要申请人中可以看出，三星集团、IBM和微软排名前三位，上述三者专利申请量之和占前十五位申请人申请量的一半以上，尤其是三星集团，申请量达到约180项，具有雄厚的研发实力和专利布局。

从图5-2物流领域国际申请人中可以看出，IBM、阿里巴巴和京东集团三者排名前三，IBM专利申请数量达到100项以上，在前十五位申请人中，国内申请人有五位，国内企业在相关领域具有雄厚的专利布局。

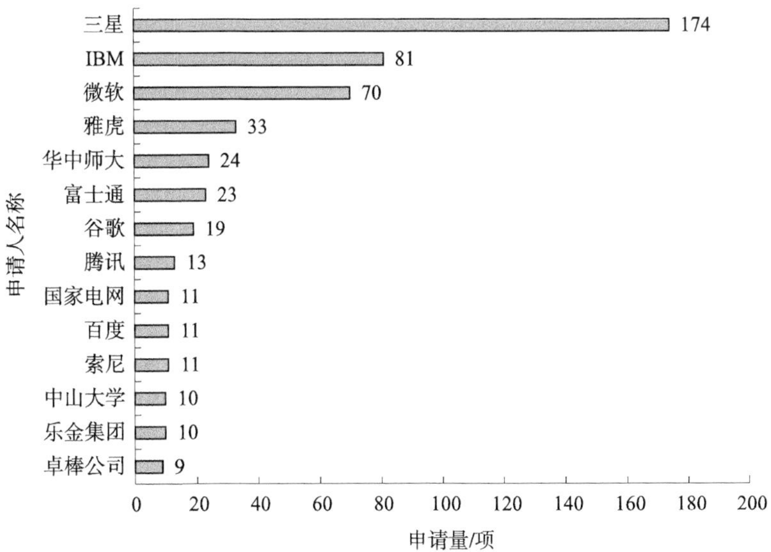

图 5－1　大数据在线教育领域全球主要申请人

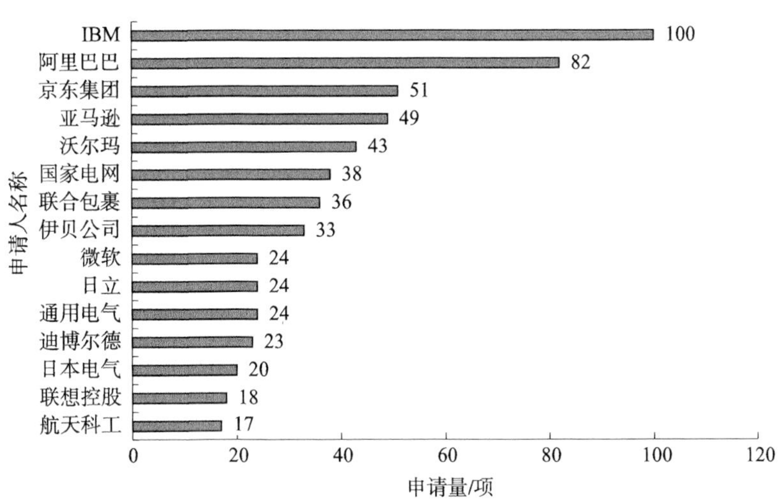

图 5－2　大数据物流行业全球主要申请人

5.2.2.2　中国专利分析

5.2.2.2.1　中国专利申请趋势分析

图 5－3 为大数据在在线教育、物流应用趋势分析图，大数据在在线教育和物流行业应用经过 2001～2010 年的萌芽期和 2011～2013 年的成长期，在

2014 年后发展迅速。物流行业专利申请量发展迅速，这与我国的电商发展现状紧密相关，2018 年二者达到最高峰，分别为 802 项和 386 项，由于 2020 年新冠肺炎疫情的原因，可以预测在线教育相关专利也会迅速发展。

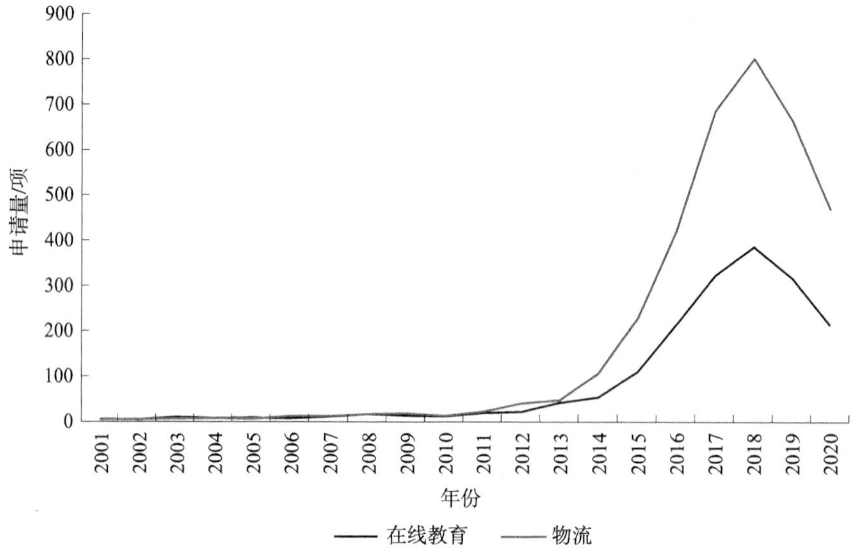

图 5-3　大数据在在线教育、物流应用趋势

5.2.2.2.2　中国专利主要申请人排名分析

如图 5-4 所示，在线教育行业，国内主要申请人包括三星、华中师大、

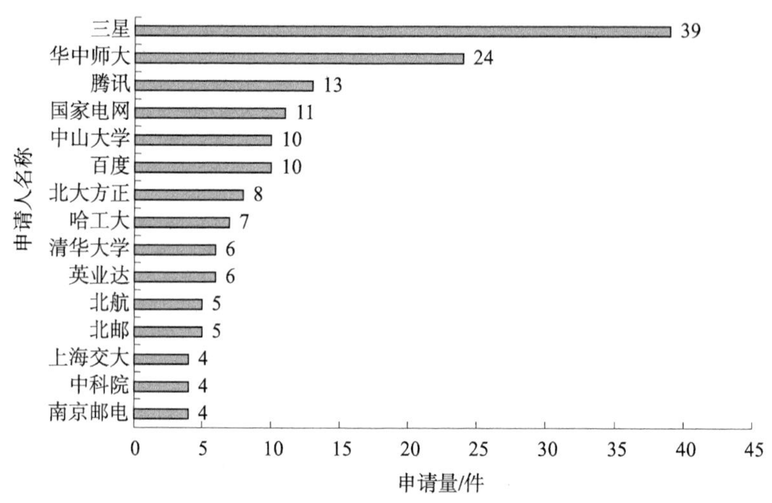

图 5-4　大数据在线教育行业中国主要申请人

腾讯等，2020年新冠肺炎疫情中，腾讯迅速推出线上服务产品，包括腾讯会议等，这表明腾讯在该领域早就开始进行研究和专利布局。在重要申请人中，高校和研究院所合计共9位，这表明国内的主要研发主体还是聚集在高校中。

如图5-5所示，在物流行业国内申请人中，阿里巴巴、京东、顺丰、菜鸟等电商排名靠前，本行业主要申请人中，企业占据绝对多数，广东工业大学、东南大学也具有一定的技术储备。

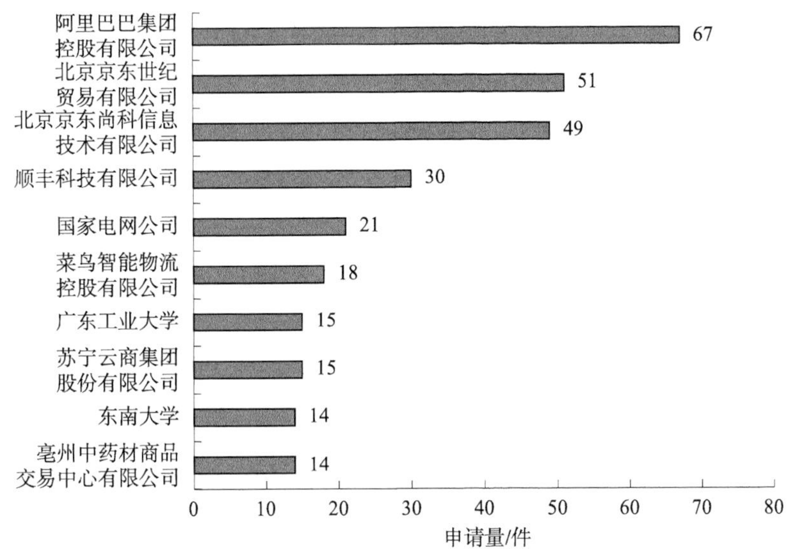

图5-5　大数据物流行业中国主要申请人

5.2.2.3　临沂市专利分析

在在线教育领域，临沂拓普网络有限公司相关领域具有一定的研发基础和专利储备（见表5-2），是本地的龙头企业。其拥有的22件专利申请中，在线教育相关专利有13件，仅1件专利无效，发明专利有10件，接近申请总量的50%，说明该企业专利申请质量较高，布局比较合理。

表5-2　临沂拓普网络重点专利列表

序号	技术主题	公开号	类型	有效性	法律状态
1	RS-485端口故障检测与隔离系统及其方法	CN102752145A	发明	有效	授权
2	基于认知诊断的计算机化自适应测验方法	CN111460128A	发明	审中	实质审查

续表

序号	技术主题	公开号	类型	有效性	法律状态
3	一种基于自动去重的试题题库在线更新方法	CN111125443A	发明	审中	实质审查
4	一种自动标定试题知识点的方法	CN111126051A	发明	审中	实质审查
5	基于 DeepDive 技术构建教育知识图谱方法	CN111061884A	发明	审中	实质审查
6	基于云计算的智能家居监控系统及方法	CN103389719A	发明	有效	授权
7	电流检测保护装置及方法	CN103269056A	发明	有效	授权
8	基于 MEMS 的人体生理参数检测装置	CN103385711A	发明	有效	授权
9	多种通信协议接口的数据共享控制设备、系统	CN103338189A	发明	有效	授权
10	人体生理参数监测系统	CN103271729A	发明	失效	驳回
11	一种新型的 RS－485 端口故障检测与隔离系统	CN202652242U	新型	有效	授权
12	安防系统智能集成主机	CN202013639U	新型	有效	授权
13	一种用于互联网教学的声音采集装置	CN211509244U	新型	有效	授权
14	一种物联网在线教育用触控笔	CN211349305U	新型	有效	授权
15	一种物联网教学用的影像采集装置	CN211062220U	新型	有效	授权
16	一种物联网在线教育设备放置装置	CN211063938U	新型	有效	授权
17	一种用于物联网在线教学的触控显示屏	CN210836035U	新型	有效	授权
18	基于 MEMS 的人体生理参数检测装置	CN203400153U	新型	有效	授权
19	基于云计算的智能家居监控系统	CN203405712U	新型	有效	授权
20	人体生理参数监测系统	CN203280374U	新型	有效	授权
21	电流检测保护装置	CN203289069U	新型	有效	授权
22	多种通信协议接口的数据共享控制设备和系统	CN203289478U	新型	有效	授权

相对于在线教育，临沂物流行业具有 4 个专利申请人，涉及专利 24 件，全部处于有效或者审中的状态，拥有发明 14 件，实用新型 7 件，外观设计 3 件，发明专利占比高于50%，因此申请人专利质量比较高（见表5－3）。尤其是阿帕（山东阿帕网络技术有限公司为阿帕数字技术有限公司的曾用名，前期获得专利还未做著录项变更）公司相关的专利申请，布局领域比较全面，覆盖了物流产业的上下游，具有一定的技术实力。

表5-3　临沂物流产业重点专利列表

序号	主题	申请人	公开号	类型	有效性	法律状态
1	用于电脑的供应链管理的数字中台的图形用户界面	阿帕数字技术有限公司	CN306203776S	外观	有效	授权
2	用于电脑的干线运输智能管理系统的图形界面		CN306203777S	外观	有效	授权
3	用于电脑的智能化仓储配送系统的图形用户界面		CN306203778S	外观	有效	授权
4	一种整车运输管理系统		CN111967814A	发明	审中	公开
5	一种仓储配送管理系统		CN111967815A	发明	审中	公开
6	一种智慧物流数字中台系统		CN111967816A	发明	审中	公开
7	一种智慧社区管理的商业模式		CN107358305A	发明	审中	实质审查
8	多应用场景的网络货运平台	山东阿帕网络技术有限公司	CN111639785A	发明	审中	实质审查
9	分拣小车		CN209581546U	新型	有效	授权
10	一种基于NB-IOT技术的新型智慧托盘		CN109978455A	发明	审中	实质审查
11	一种基于RFID电子标签技术的托盘识别系统		CN109948758A	发明	审中	实质审查
12	分拣小车		CN109795530A	发明	审中	实质审查
13	扫码、收货、发货、收款一体系统及其实现方法		CN107679803A	发明	审中	实质审查
14	一种物流收货、发货一体系统及其实现方法		CN107545394A	发明	审中	实质审查
15	一种基于平台推动的开放式托盘循环共用的商业模式		CN107527266A	发明	审中	实质审查
16	一种快托物流信息服务平台		CN107480931A	发明	审中	实质审查
17	一种物流货物运输车		CN206719054U	新型	有效	授权
18	一种带有编码及条码保护装置的托盘		CN206544668U	新型	有效	授权
19	一种货物体积重量测量装置		CN206192300U	新型	有效	授权
20	一种用于条码扫描的新型便携装置		CN205540775U	新型	有效	授权
21	一种手持开单终端		CN205302379U	新型	有效	授权
22	一种自助开票一体机		CN205302383U	新型	有效	授权
23	智能货物运输订单查询管理系统	山东九黎网络科技有限公司	CN109492960A	发明	审中	实质审查
24	一种基于计算机视觉的物流仓储监控方法	临沂大学	CN104933542B	发明	有效	授权

5.2.3 大数据技术发展路线

大数据的存储架构可以分为三类，分别是分布式文件系统、分布式块存储与分布式对象存储。由于大数据的来源都为社交网络、电子商务等应用，而第三种架构容易造成大数据访问的瓶颈，因此，前两种作为主流存储，在市场中有很多产品，从最初谷歌开发的 GFS 发展到 HDFS 以及后来的 Lustre 等。此外，为了适应大数据多元化的特点，数据库也从传统的关系型数据库转为 NoSQL 数据库，如 MongoDB、HBase 和 SequoiaDB，且 NoSQL 数据库已应用在诸多新兴互联网公司，其中包括国内的淘宝、百度、360 等。

从 20 世纪 80 年代的 DAS 与 NAS 发展到 90 年代的 SAN，分布式块存储在 2009 年迎来重大进展，其中包括著名的 Sheepdog 和 Ceph 存储系统。最初的分布式文件系统应用发生在 20 世纪 80 年代，极具代表性的 NFS 和 AFS 问世。90 年代中后期，随着 SAN 的广泛普及，分布式文件系统进入飞速发展期，出现了多种体系结构，诸如 GPFS 与 XNFS 等。到 2004 年谷歌提出 GFS 并申请多篇重要专利（如 US7065618B2 等），标志着新的时代开始，随后基于 GFS 的 HDFS 大范围被使用，直至今天仍然是最重要的存储系统。

NoSQL 最早出现于 1998 年，是一个轻量、开源、不提供 SQL 功能的关系数据库。而在如今的海量数据和多样化数据类型的环境下，关系型数据库已不再是最佳选择。2009 年再次提出的 NoSQL 概念，主要指非关系型、分布式、不提供 ACID 的数据库设计模式。NoSQL 最初为 NotSQL 的缩写，如今已经演变为 NotOnlySQL，强调键值和文档数据库的优点，而不是单纯地反对 RDBMS（关系型数据库系统）。谷歌首先开发出 Bigtable，紧随其后的是亚马逊的 Dynamo、脸书的 Cassandra 以及微软的 Azure 等，各大厂商也纷纷申请了相应的重要专利（例如微软的压缩键值 US8595268B2）。NoSQL 目前发展为 4 类：Key - value、Document - Oriented、Column - Family 与 Graph - Oriented。随后开发商意识到，NoSQL 不使用 SQL 是一个错误，由此便出现了所谓的 NewSQL 数据库，主流的有 VoltDB、NuoDB、Clustrix 等。NewSQL 是对各种新的可扩展/高性能的关系型数据库的简称，其不仅具有 NoSQL 对海量数据的存储管理能力，还保持了传统关系型数据库支持 ACID 和 SQL 等特性，EMC 于 2012 年申请了无共享架构的专利 US8386473B2。

在互联网和大数据应用的冲击下，数据库进入井喷式发展阶段，各式各样的产品迸发而出，局面由过去传统通用数据库（OldSQL）一统天下变成了 OldSQL、NoSQL、NewSQL 共同支撑多类应用的局面。

由于对大数据分析实时性的要求逐渐提高，大数据计算架构从早期的离线批处理模式已发展到针对在线数据进行处理的流式数据处理模式以及基于内存计算的处理模式。离线批处理模式的典型代表是由谷歌公司在 2004 年提出的 MapReduce 编程模式（并申请相关专利 US8126909B2、US7756919B2 与 US7650331B2 等），主要适用于对静态数据进行批量处理。然而其在数据计算效率方面还需要进一步提升，同时其并不能满足对动态数据的处理。针对上述不足，大数据计算领域相继出现针对在线数据进行处理的流式数据处理模式和实时交互架构，以及针对采用图数据库进行存取的数据而设计的基于图数据的综合处理模式。

在实时性要求较高的应用场景，离线批量数据处理模式便存在诸多不足，由此出现了基于在线动态数据的流式数据处理架构和基于内存计算的处理模式。流式数据处理架构在无须先存储，可以直接进行数据计算，实时性要求很严格，但数据精确度要求稍微宽松的应用场景中具有明显优势，其主要用于对动态产生的数据进行实时计算并及时反馈结果，但往往不要求结果绝对精确。流式数据处理模式最具典型的代表为推特的 Storm、雅虎的 S4 系统与领英的 Kafka 系统等。尤其是 Storm 流式计算（重要专利有动态修改数据流的 US8286191B2、US8285780B2），在非专利文献库中对其研究和应用非常热门，这不仅和其系统本身相关，更和其开源相关，目前广泛应用于金融银行业、互联网、电子商务、物联网等领域。

基于图数据的处理一直都是计算机领域研究的重点，现今主要的图数据库有 Neo4j、InfiniteGraph 与 Trinity 等，比较具有代表性的图数据处理系统包括谷歌的 Pregel 系统，Neo4j 系统和微软的 Trinity 系统。

基于内存计算的 Spark 是在 Hadoop MapReduce 的基础上实现，其不再需要读写 HDFS，能更好地适用于数据挖掘和机器学习等迭代算法。Spark 于 2009 年诞生，2013 年进入高速发展期，随后便成为 Apache 的顶级项目，且相应地申请了关于缓存优化的专利 CN103631730A。由于支持多种数据源，并具有更多种性能优化技术，到 2015 年 Spark 在国内 IT 行业变得愈发火爆，大量的公司开始重点部署或者使用 Spark 来替代 MapReduce、Hive、Storm 等传统的大数据计算框架。

由于传统的机器学习模型几乎无法支持大规模的数据集，而大多数数据挖掘应用需要实时性，比如突发事件监测、舆情管理等，因此，对于数据挖掘技术主要面临计算量和精度上的两个问题。关于计算量的问题，可以采用分布式的方式加速运算，在精度上，可以用数据挖掘算法入手，在数据采集时通过采样减少数据规模，在数据模型中采用近似求解方式或采用简单的模型减少计算复杂度，或是通过分布式的架构并行计算。此外，为了在减少复杂度时保证结果准确度，也可以采用多个简单模型进行组合。

5.3 本章小结

中国在大数据领域起步较晚，但是随着我国互联网、物联网技术的飞速发展，积累丰富的线上和线下数据资源，自 2000 年以来，在该领域的专利申请数量和专利申请人数量都出现了爆发式的增长，但是在专利申请质量上还有待提高。从技术构成来看，中国专利申请主要集中于数据挖掘领域，其申请量约占总申请量的 50%，在申请量最多的数据挖掘领域，排名靠前的申请人多为高校和研究院，这与国外申请人主要集中于企业形成了鲜明的对比，说明我国在该领域的技术大多还处于实验室阶段，急需将这些技术产业化，形成市场化的产品。在大数据存储领域，申请量排名靠前的申请人以企业为主，但是，应该看到，在该领域无论是从专利申请数量还是从专利申请数量上来看，中国的申请人还是远远落后于诸如 IBM、EMC、日立这样的国际巨头。

在线教育领域，临沂拓普网络有限公司相关领域具有一定的研发基础和专利储备，是本地的龙头企业，该企业专利申请质量较高，布局也比较合理。相对于在线教育，临沂物流行业专利申请布局领域比较全面，覆盖了物流产业的上下游，具有一定的技术实力。

为了更好地推动本土软件开发产业，笔者提出如下建议。

（1）将嵌入式软件列为重点，政府强力支持。从整体上，要确定抓大放小，抓重点企业、院校（如浪潮、国家电网、山东大学等），重点领域应用（如互联网、无线通信产品、开发平台等），重点支持嵌入式操作系统、数据库和软件开发调试环境。

（2）加强联合，促进市场的快速形成。将嵌入式软件与制造业结合起来，嵌入式软件是随着信息电器的发展而发展的，嵌入式软件与信息电器有着天然的紧密联系，因此在嵌入式软件的发展过程中，应加强与制造企业的合作。嵌入式软件还要与芯片厂商联合。芯片设计与制造一直是中国信息产业的弱项，在信息电器领域，嵌入式软件要与芯片设计制造企业合作，促进芯片的自主设计甚至制造。

（3）设立大数据平台公司。通过引入国内重点企业，设立本土大数据公司，在现有电子政务云平台和统一数据中心基础上，重点实施一批跨部门和领域的大数据示范项目，培育政府数据共享交换平台和公共数据开放平台，促进数据共享，培育产业端龙头企业。

（4）加大关键技术自主研发财政投入力度。设立大数据领域的关键技术研发财政专项资金，支持突破一批关键核心技术研发创新与应用，逐步打造具有核心技术自主权的大数据产业链，形成自主可控的大数据技术架构，提高关键核心技术的自主研发创新能力，有效破解制约产业发展的瓶颈；同时，完善政府采购大数据服务的配套政策，鼓励支持各级部门、经营企业采购大数据技术，以大数据共享引导产业更好发展。

第六章　结　论

6.1　临沂市电子信息产业基本情况

临沂市电子信息产业集群企业主要分布在临沂高新技术产业开发区和临沂经济开发区。"十一五"以来，临沂市电子信息产业坚持信息化带动战略，紧紧抓住国际制造业转移的机遇，发展步伐加快，产业规模大幅攀升，发展水平显著提高，在国民经济中的地位日益突出，电子信息产业产值年均增幅达30%以上。[1] 临沂市高新区电子信息产业尤其是处于产业链上游的电子元器件及其功能材料产业发展迅速，电子元器件及其功能材料产业已经涵盖电子材料、电子元件、电子器件等各个门类，成功培育了一批优秀企业，并形成具有鲜明特色的创新型产业集群。同时，致力打造完善产业链体系。重点发展电子元器件用功能金属材料、通信器件、开关器件等产品。目前，已集聚中瑞电子、海纳电子、龙立电子、春光磁业、凯通电子等多家大型企业，覆盖产业链上游原材料、产业链中游元器件、产业链下游元器件应用全链条，形成集研发、生产、销售、培训、品牌维护为一体的全产业链条。[2]

本报告通过分析全球、全国、山东以及临沂地区的电子信息产业专利信息，并结合产业信息、市场信息，形成了临沂地区电子信息产业发展报告，以集成电路以及电子元器件、软磁元件以及相关材料、半导体分立器件和大数据的应用领域为重点，得出以下结论。

---

[1] 临沂电子信息产业集群［EB/OL］.（2012－04－19）［2021－01－13］. https：//www.qianzhan.com/cluster/detail/182/20120419－0ea8313a553cdfb1.html.

[2] 曹鹏飞，李广涛. 临沂高新区：电子元器件及其功能材料产业集群崛起集聚新动能［EB/OL］.（2018－01－30）［2021－01－13］. http：//www.cxsdw.com/content－28－10857－1.html.

6.1.1 集成电路以及电子元器件

集成电路中最重要的技术为模块封装、载带制造、芯片设计三个方面，美国、日本和韩国在该领域处于优势。在集成电路模块封装技术领域，临沂市的申请量为12件，在山东省各个城市中排在第七位。在这12件专利申请中，山东沂光电子的申请量为7件。可见，临沂市在该领域的专利申请很分散，很多中小企业在该领域几乎没有专利布局；山东省的载带制造技术专利申请量仅有41件，其中临沂市无专利申请；芯片制造仍然处于规划阶段，没有相关专利布局。临沂市在集成电路模块封装、电子元件领域的专利申请尚可，但在载带制造、芯片设计领域的专利申请则是空白。可见，临沂市在集成电路的技术研发集中在模块封装、电子元件这两个集成电路的下游技术领域，而在载带制造、芯片设计这两个技术领域的创新能力明显不足。

临沂市电子元件及组件领域从2008年才开始有专利申请，起步相对较晚，2014年以后专利申请增幅较大，专利生命周期相对较高，重点申请人有临沂市海纳电子有限公司、山东中瑞电子股份有限公司、山东丽波电子科技有限公司等，申请领域涉及各种连接装置的零部件、电容器、电阻器、旋转式集电器、分配器或继续器等。

6.1.2 软磁元件及相关材料

临沂创新主体产业主要集中在磁性材料方向，在该方向上有8个专利申请主体，没有磁性传感器/芯片进行研发的创新主体（见表3－8）。可见，临沂市主要集中在磁性原材料的生产，材料的高端应用研究较薄弱，专利申请数量和创新能力明显不足。

临沂市磁性材料以及元件产业的企业专利申请人，主要为临沂春光磁业、山东凯通电子、山东精创磁电产业技术研究院等（见表3－9），但与该行业的龙头企业相比，专利数量明显不足，并且临沂企业仅在材料和元件有专利申请，在产业链大部分的核心技术和应用均未有专利申请，反观国外龙头企业，在磁性材料、磁性元件、传感器/芯片等产业链各环节，均布局了较多专利申请，临沂企业应加强专利侵权预警。

临沂市共有11家企业从事磁性材料以及元件的研发和生产，产品主要分布在磁性材料及磁性元件产业的上游，以传统产品为主，而在新一代磁性元件材料及相关产业上，磁性元件传感器相关的磁性薄膜材料、磁致伸缩材料方面仍然存在较大的提升空间，临沂相关的产业技术有待进一步升级，以满足后续的产业发展需求。

也可以说，临沂市在磁性元件产业的芯片设计、传感器设计方面，具有一定的技术基础和积累，但是相关技术的产业转化能力薄弱，在磁性元件产业的芯片/传感器领域中，仍然有待引进优质的技术及团队，结合本地的产业基础，带动该领域的产业聚集和升级。

6.1.3 半导体分立器件

临沂市相关专利申请共有472件，山东浪潮华光照明、临沂大学以及山东沂光集成电路有限公司为主要申请人，其专利技术分别布局在LED发光器件、电容器、二极管、三极管方向。整体来看，临沂市企业在半导体领域的研究基础不扎实，没有明确的研发方向，无法把握研究重点。

6.1.4 大数据的应用

在在线教育领域，临沂拓普网络有限公司相关领域具有一定的研发基础和专利储备（见表5-2），为临沂市龙头企业，其在线教育相关专利占申请总量的50%，说明该企业专利申请质量较高，布局比较合理。

相对于在线教育，临沂市物流行业专利申请人较少，但专利质量比较高（见表5-3）。尤其是阿帕数字技术有限公司相关的专利申请，布局领域比较全面，覆盖了物流产业的上下游，具有一定的技术实力。

6.2 临沂电子信息产业发展路径

通过上节分析，已经得出临沂电子信息产业在全球创新能力、专利侵权风险以及龙头企业面临的问题，通过引导地区企业建立产业知识产权联盟、做好专利布局、加强人才引进、强化专利转移转让、优化产业政策、提高企业创新能力的方式解决临沂地区产业、企业的问题。

6.2.1 引导地区企业建立产业知识产权联盟、形成产业聚集群

自国家提出加快创新发展战略以来，临沂市企业科技创新能力明显增强，但与其他省市相比，电子信息产业相关企业自主创新发展能力明显低下，并且核心专利申请数量远不及优势省份，还存在较大的差距，核心专利技术严重匮乏，这是临沂市电子信息产业相关企业专利风险产生的根本原因。

电子信息产业是技术密集型产业，产业技术的突破将会带来产业的快速发展，临沂市在软磁材料产业具有技术和生产制造优势，在产业上下游均有重点企业。例如，春光集团中春光磁业主要生产锰锌软磁材料、镍锌软磁材料、镍锌材料等；凯通电子从事锰锌铁氧体研发和生产制造；昱通新能源从事锰锌、镍锌软磁铁氧体产品生产（高导铁氧体材料、功率铁氧体材料、高导铁氧体磁芯、功率铁氧体磁心）；同方鲁颖电子采用自主研制的高性能软磁铁氧体材料（镍锰锌）和低介电常数介质材料制作叠层片式电感器/磁珠等产品；中瑞电子自主开发的“中瑞”和“ZRK”牌高性能铁氧体材料磁芯及电子元器件产品有10多个大类200多种规格型号。由此可见，临沂市软磁材料产业相对比较完整，具有产业集群优势。

政府应发挥引导作用，建立软磁材料产业知识产权联盟，引导地区企业、高等院校、科研机构或其他组织机构，以企业的创新需求和各方的共同利益为基础，以带动产业转型升级为目标，以具有法律约束力的契约为保障，形成联合开发、优势互补、利益共享、风险共担的技术创新合作组织。加快发展产业技术创新联盟，对协同创新攻关，提升产业创新能力、核心竞争力，促进产业转型升级具有重要现实意义。在知识产权联盟内部，可以开展如下工作。

6.2.1.1 鼓励企业开展专利导航分析

企业通过对本企业在产业链上的具体定位，技术研发的实际情况，针对当前面临的具体技术问题，开展专利导航分析，明晰本领域全球核心专利分布和技术格局、产业竞争态势、专利侵权风险、技术研发现状等，为企业具体的研发立项、技术合作、人才引进、技术实施和市场开拓等决策提供依据。

6.2.1.2 培育高价值核心专利组合

通过联盟整合高校院所、科研机构和软磁材料产业上下游企业的联系与合

作，建立基础科学创新、应用技术创新、知识产权服务等全链条的产学研合作机制，推动建立“产、学、研”深度融合的产业核心知识产权研发体系，加强专利挖掘和布局，培育高价值核心专利组合。

6.2.1.3 构筑产业专利池并以专利池为基础实现产业发展核心要素聚集

根据临沂市软磁材料产业发展实际，进行多类别、多地域、多层级、多用途的知识产权布局，围绕产业链上下游核心技术和产品，构建若干个集中许可授权的专利池和专利集群，并根据产业和成员单位发展需要，基于专利池，聚集科技金融机构、保险机构、风险投资机构、知识产权服务机构等，构建与专利池相匹配的资金池和人才池，推动形成“知识产权+资金+人才”的产业发展核心要素池，搭建知识产权产业化孵化体系，为成员单位的专利技术开发和产业化，提供创业辅导、融资服务、试验平台以及其他创新服务等。

6.2.1.4 防御知识产权风险

建立软磁材料产业专利侵权监控和预警机制，对主要竞争对手专利布局情况进行有针对性的跟踪分析，预判侵权风险和威胁；建立产业知识产权风险应对机制，通过联合布局、防御性收购、许可和启动专利权无效程序等多种形式，共同应对可能发生的重大专利纠纷与争端。

6.2.2 开展前瞻性技术研发，做好专利布局，推动形成产业聚集

技术研发一般可以分为以下三个阶段：第一阶段，创意阶段，形成创新思想；第二阶段，获取创新技术，如企业依靠自己的力量进行技术创新活动，企业与科研部门、高等院校等合作创新，或从外部引进先进技术；第三阶段，企业生产要素的投入、组织、管理阶段。为了提升临沂市电子信息产业的技术创新能力，可以从以下四个方面开展工作。

（1）提高企业专利申请与保护意识。临沂市部分企业还没有将知识产权保护上升到企业战略高度，特别是对企业核心专利技术的保护，也没有意识到专利战略已经成为企业参与国际竞争的重要手段。由于临沂市企业没有对新技术进行专利申请，或者申请时机不科学，给竞争对手可乘之机，给企业带来专

利风险。另外，企业在没有进行专利情报信息检索和分析的情况下，贸然研发新技术，致使重复研发，或者应用其他企业专利技术进行产品生产，导致企业侵犯他人专利权。

（2）形成有效的企业技术创新机制。要建立具有技术创新内在动力的新型制度，推进知识产权参与分配，建立有利于技术创新的企业文化，形成以企业为主体、高等院校和科研机构广泛参与、利益共享、风险共担的产学研一体化运行机制，明晰产权关系，变革企业治理机构，在企业制度创新与组织创新的同时提升企业的核心竞争力。企业技术提升不再是企业的全部责任，需要高等院校、科研机构和企业三方的资金和人力资本的投入。

（3）提升企业的技术创新能力。建立和完善企业技术创新体系，不断加强技术开发力量，加快开发具有自主知识产权的技术和主导产品，形成有效的技术创新网络，将科研、培训和开发等关键环节整合成“技术创新链”。高等院校和科研机构智力资本密集，是创新源，也是技术外溢和扩散源，构建产学研互动网络对高新技术产业的技术提升也会产生重要影响。建立健全技术研发机构和技术创新平台，能够适应技术创新活动的组织结构，致力于关键技术和核心技术的突破，发展能增强企业核心竞争力的自主知识产权技术，培育自由品牌等实现企业技术创新能力的提升。

（4）探索新的技术创新模式。创新模式基本分为三种：自主创新模式、模仿创新模式和合作创新模式。这三种创新模式各有优缺点。目前临沂市的技术创新主要依靠引进外部技术，如国内外技术、高等院校和科研机构的原始创新技术等。临沂市作为经济社会发展欠发达地区，在选择技术创新模式上既要尊重技术创新的一般规律，又要考虑地区的实际情况。在采取模仿创新和合作创新的同时，集中一定人力、物力、财力，加强电子信息自主技术创新，发展高新技术产业，增强技术核心竞争力，不断占领竞争力制高点。引导协同创新参与单位针对专利布局重点领域和市场竞争热点产品构建专利池，参与单位以较低许可费或免费使用专利池中的专利，实现产品品质的整体提升，对其他企业进行专利许可以取得相应收益，保障专利池的可持续运行。通过专利技术交易流转，一方面积极储备支撑区域产业发展的专利技术，另一方面通过专利交叉许可、专利权转让、专利与技术标准捆绑运作、专利出资入股、专利证券化、专利质押融资模式，推动核心专利嵌入技术标准，实现专利价值转化。

具体而言，临沂市电子信息产业的技术研发方向可以从以下四个方面进行。

（1）集成电路产业以及电子元器件。

临沂市重点发展高性能、小型化、片式化电子元器件和电连接器、滤波器等产品，培育面向电力电子、医疗电子、机械电子、汽车电子、家用电子、手机及电脑配件等方向的配套电子元器件生产项目。支持现有电子元器件企业将产品向微型化、低功耗、宽频化、集成化和绿色环保方向发展，向终端产品发展，形成上下游配套、比较完整的产业链，将产业做大做强。临沂市近年来着力发展电子元件等技术领域，重点支持集成电路模块封装发展，探求载带制造、芯片设计技术发展。

（2）软磁元件及相关材料。

20 世纪 20 年代，无线电技术的兴起，促进了高导磁材料的发展，出现了坡莫合金及坡莫合金磁粉芯等。40 ~ 60 年代，是科学技术飞速发展的时期，雷达、电视广播、集成电路的发明等，对软磁材料的要求也更高，生产出了软磁合金薄带及软磁铁氧体材料。进入 70 年代，随着电信、自动控制、计算机等行业的发展，研制出了磁头用软磁合金，除了传统的晶态软磁合金外，又兴起了另一类材料——非晶态软磁合金。80 年代末期开发成功纳米晶软磁材料以来，相继又发现了许多高起始磁导率和低矫顽力的纳米晶软磁材料，近年来又开发了许多高频特性优良的纳米颗粒结构的软磁材料。

磁性元件方面，技术发展路线如下：近几年，弱磁场范围的磁性元件传感器和三维磁性元件传感器成为磁性元件传感器研究开发的热点，磁传感器和芯片趋向高性能、多功能、低成本和小型化发展。此外，磁性元件产业新材料的开发推动了核心技术的演进，采用纳米材料制作的传感器，具有庞大的界面，能提供大量的气体通道，而且导通电阻很小，有利于传感器向微型化发展，是未来技术的发展方向。近年来随着集成电路工艺发展起来的离子束、电子束、分子束、激光束和化学刻蚀等用于微电子加工的技术，目前已越来越多地用于传感器领域，例如，溅射、蒸镀、等离子体刻蚀、化学气体淀积（CVD）、外延、扩散、腐蚀、光刻等。

根据磁性材料以及元件领域的重点技术发展脉络，建议春光集团等相关企业根据上述技术发展脉络进行研发，从而保证技术与国内外龙头企业保持一致。

（3）半导体分立器件。

IGBT 和 MOSFET 器件是半导体分立器件研究热点。IGBT 的发展方向是沟槽栅在提高击穿电压方面的技术手段演化，提高击穿电压是解决沟槽栅带来电场集中引起击穿电压下降的问题。2000 年以前，SiC MOSFE 的栅氧化膜的研究方向比较零散，包括对界面态的处理（主要是 H_2和惰性气体退火处理）、提高击穿电压（CN1213485C）以及氧化膜的致密化（US5972801A）等。2000 年之后，氧化膜的氮化工艺成为主流，利用 N 堆积在 SiC/SiO_2界面上钝化或消除界面上的缺陷。除氮化工艺外，H_2对界面态的终结以及其他形成氧化膜的方式也在不断被尝试。

因此，建议临沂市的重点半导体分立器件的相关企业尝试从事 IGBT 和 MOSFET 器件的研发，并进行专利布局。

（4）大数据的应用。

在实时性要求较高的应用场景，离线批量数据处理模式存在诸多不足，由此出现了基于在线动态数据的流式数据处理架构和基于内存计算的处理模式。流式数据处理模式最具典型的代表为推特的 Storm、雅虎的 S4 系统与领英的 Kafka 系统等。尤其是 Storm 流式计算（重要专利有动态修改数据流的 US8286191B2、US8285780B2），在非专利文献库中对其研究和应用非常热门，这不仅和其系统本身相关，更和其开源相关。临沂市在大数据开发以及应用方面具有一定的技术储备，尤其是在物流以及在线教育行业，临沂市具有优势企业以及专利储备，建议关注上述方向。

6.2.3　加强人才引进、促进良性合作、构建地区间人才一体化

加强柔性引进人才的政策出台，在区域内形成人才工作制度衔接、政策互惠、资证互认、信息互通、优势互补和受益互享的格局，营造良好的用人、留人的政策环境。推动具有电子信息产业优势高校加强与地方政府的合作，以科研项目合作促人才交流，以平台共享助师资互动。良好的科研环境和科研氛围是加快人力资源整合，实现人尽其才的前提。推动全国高校、科研院所可以围绕智能产业技术难题和亟须解决的社会问题，建立产业研究院，开展联合攻关，在获得技术进步和成果转移转化的同时，更加强了人才彼此交流合作，进而推进人才分布逐步均衡和教育科研资源共享。

积极吸引金融机构和风险投资行业参与，为支持人才一体化发展和高层次人才创新创业提供可靠的启动资金和发展基金，为高校、科研院所的创新性研发活动和成果转移转化提供持续性的资金激励，为企业人才培养提供稳定的资金保障，进而激发人才的创新活力，完善人才市场运行机制。进一步拓宽域外

人才合作领域，创新合作内容和形式，全方位地提升人才合作的质量。

6.2.3.1 专业技术人员引进

由于电子信息产业研发周期长、投入大，需要涉及多学科的团队协作，我国在电子信息部分领域的研究实力还远不及国外大型企业，核心技术大都掌握在国外专利权人手中。因此我国需要从人力、物力、财力等诸多方面加强对电子信息领域的支持，提高对海内外高层次创新人才的引进力度，积极与国内外院校开展人才培养合作，拓宽人才引进渠道，积极引进人才；关注国内相关企业的重要研究团队，做好人才培养和整合，形成产业专家人才库。

针对临沂市重点发展的集成电路与电子元器件领域、磁性元件及相关材料领域、半导体分立器件领域、大数据应用领域筛选整理相关重点发明人，临沂市政府在进行相关企业及人才引进时，可做相关参考（见表6-1）。

表6-1　专业技术人才列表

领域	发明人	在职单位名称
集成电路及电子元器件领域	梁志忠	江苏长电科技股份有限公司
	王新潮	江阴芯智联电子科技有限公司
	余振华	台湾积体电路制造股份有限公司
	林正忠	中芯长电半导体（江阴）有限公司
	李维平	江苏长电科技股份有限公司
	陈彦亨	中芯长电半导体（江阴）有限公司
	陈宪伟	台湾积体电路制造股份有限公司
	冯宇翔	美的集团股份有限公司
	石磊	通富微电子股份有限公司
	赖志明	江阴长电先进封装有限公司
	朱德祥	番禺得意精密电子工业有限公司
	吴荣发	富士康（昆山）电脑接插件有限公司
	游万益	凡甲科技股份有限公司
	郑启生	富士康（昆山）电脑接插件有限公司
	侯斌元	连展科技电子（昆山）有限公司
	陈钧	鸿海精密工业股份有限公司
	朱自强	鸿海精密工业股份有限公司
	蔡周旋	拓洋实业股份有限公司
	戴宏骐	凡甲科技股份有限公司
	武向文	西安富士达科技股份有限公司

续表

领域	发明人	在职单位名称
磁性元件及相关材料领域	詹姆斯·G. 迪克/薛松生/白建民/沈卫锋/谭启仁/金英西/雷啸锋	江苏多维科技有限公司
	王建国/黎伟	无锡乐尔科技有限公司
	周志敏	成都宽和科技有限责任公司
	谢晓明/王永良/孔祥燕/徐小峰	中国科学院上海微系统与信息技术研究所
	蒋乐跃	美新半导体（无锡）有限公司
	肖荣福/郭一民/陈峻	上海磁宇信息科技有限公司
	龙克文	佛山市川东磁电股份有限公司
	张怀武	电子科技大学
	张挺	上海矽睿科技有限公司
	王磊/韩秀峰	中国科学院物理研究所
	时启猛/刘乐杰	北京嘉岳同乐极电子有限公司
	曲炳郡	北京磊岳同泰电子有限公司
	于广华	北京科技大学
	胡双元	苏州矩阵光电有限公司
	王俊辉	德昌电机（深圳）有限公司
半导体分立器件领域	张波	电子科技大学
	冯宇翔	美的集团
	李泽宏	电子科技大学
	张海涛	无锡紫光微电子有限公司
	朱袁正	无锡电基集成科技有限公司
大数据应用领域	刘三女牙	华中科技大学
	赵林度	东南大学
	王宏志	哈尔滨工业大学

6.2.3.2 知识产权人才培养

临沂市企业缺少提前进行专利战略布局的意识，没有给予专利保护足够的重视，在企业内部鲜有设立专业的专利管理机构，而且企业内部缺少一批既精通国内外专利法律法规又熟悉专利业务的复合型人才，以至于不能对企业专利进行科学管理，规范运用，而且企业缺乏完善的专利风险预防机制，对核心专利技术人才监管不到位，人才流动给企业带来更大的专利风险。因此，建立全方位的人才吸引机制，以体现人才价值、知识价值和科技成果价值为原则，鼓励、吸引科技人员加入企业队伍；建立多层次的教育培训机制，充分利用现有的各种教育资源，开展对企业各层次人员学历教育、技术教育和技术培训；建立配套完善的人才服务机制，建立健全各种社会保障体系，解决人才的后顾之忧。

6.2.3.2.1 强化企业专利信息运用能力

根据专利导航信息指引，着力培养技术链完整、研发能力强的科技创新龙头企业；对专利侵权和诉讼等法律程序进行培训，增强专利预警、诉讼与维权能力；促进专利导航融入企业的技术创新、产品创新、组织创新和商业模式创新，提高企业自身的知识产权管理水平，提高创新效率和效益。

6.2.3.2.2 专利信息利用人才培养与引进

面向行政管理部门、研究机构、企业、高等学校、知识产权服务机构培养数百名从事知识产权管理、研究、咨询、代理、经纪、评估、信息服务等业务，全面掌握知识产权法律基础知识，了解本行业、本专业知识产权最新发展趋势及研究成果，在运用知识产权制度、利用知识产权情报、开展涉外知识产权事务、制定企业知识产权发展战略、提供知识产权服务等方面发挥重大作用的专业人才，使这批人才成为临沂市专利导航工作的骨干力量。

6.2.4 强化专利的转移和运用

知识产权的作用主要在于激励创新、保护创新、服务创新。当前，我国已经成为专利大国，但在很多技术领域缺乏高价值核心专利，已有的专利转化运用率低，经济效益不高。

2020 年 10 月召开的党的十九届五中全会再次强调加强知识产权保护，大幅度提高科技成果转移转化成效。电子信息产业技术研发难度高，专利集中度高，专利壁垒高，如果没有技术积累，从底层开始研发，难度将非常大，因此在现有产业基础上，通过专利转让、许可等方式来获得相应的技术，将是推进产业发展的捷径。报告整理出临沂市电子信息产业可以转化的专利，供地方企业参考（见表 6 – 2 ~ 表 6 – 5）。

表6-2 集成电路产业重点专利（部分）

主题	申请人	公开号	有效性
一种基于太阳能的三维集成系统及制备方法	复旦大学、上海集成电路制造创新中心有限公司	CN112071935A	审中
一种三维集成系统及制备方法	复旦大学、上海集成电路制造创新中心有限公司	CN112071974A	审中
一种 SiC MOSFET 开关器件的驱动集成电路	西安电子科技大学	CN112039506A	审中
一种低温度系数的单端口 RC 振荡器电路	清华大学	CN110266271B	有效
一种多路电源时序自动控制电路	上海集成电路研发中心有限公司	CN112015114A	审中
一种纳米电容三维集成结构及其制备方法	复旦大学、上海集成电路制造创新中心有限公司	CN112018070A	审中
一种多功能 TSV 结构及其制备方法	复旦大学、上海集成电路制造创新中心有限公司	CN112018071A	审中
一种用于能量缓冲的纳米电容三维集成系统及其制备方法	复旦大学、上海集成电路制造创新中心有限公司	CN112018096A	审中
半导体器件及其制造方法及包括该器件的电子设备	中国科学院微电子研究所	CN112018111A	审中
锁相环电路	西安电子科技大学	CN108988854B	有效
一种全双工接收机的宽带射频域自干扰消除电路	复旦大学	CN111953361A	审中
数字辅助锁定电路	西安电子科技大学	CN108988853B	有效
一种 MOS 器件的建模方法	上海集成电路研发中心有限公司	CN111914505A	审中
像素阵列版图的制作方法及像素阵列的制作方法	上海集成电路研发中心有限公司	CN109698212B	有效
一种柔性传感器结构及其制备方法	上海集成电路研发中心有限公司	CN111879827A	审中
一种 RFID 芯片与超级电容三维集成系统及其制备方法	复旦大学、上海集成电路制造创新中心有限公司	CN111882017A	审中
一种 RRAM 读出电路及其读出方法	上海集成电路研发中心有限公司	CN111883199A	审中
一种湿度传感器制备方法	上海集成电路研发中心有限公司	CN111847376A	审中

表 6－3　软磁元件及相关材料产业重点专利

序号	主题	申请人	公开号	有效性
1	一种金属软磁粉末的绝缘处理方法及软磁材料制备方法	中南大学	CN109794600A	审中
2	一种 Fe－6.5%Si 软磁材料薄带材的粉末轧制制备方法	中南大学	CN108080641A	审中
3	一种粉末热等静压制备 Fe－6.5%Si 软磁材料薄带材的方法	中南大学	CN107971495A	有效
4	一种粉末轧制制备 Fe－6.5%Si 软磁材料薄带材的方法	中南大学	CN108044100A	有效
5	爆破移位测量方法及测量用磁靶装置	中南大学、中广核铀业发展有限公司	CN108254795A	有效
6	一种复合软磁材料及其制备方法	中南大学	CN108305737A	有效
7	一种低芯损 FeSiAlNi 基复合软磁材料及其制备方法	中南大学	CN108364741A	有效
8	一种磁极和电磁开关用铁基粉末冶金软磁材料的制备方法	中南大学	CN104399984A	有效
9	一种高磁导率低损耗锰锌软磁铁氧体材料及其制备方法	天长市中德电子有限公司	CN111116191A	审中
10	一种 Mn－Zn 系高磁导率软磁铁氧体材料	天长市中德电子有限公司	CN109851341A	审中
11	一种高磁导率吸波性好空心微球状软磁铁氧体的制备方法	天长市中德电子有限公司	CN109534409A	审中
12	一种低温快速烧结软磁铁氧体及其制备方法	天长市中德电子有限公司	CN107200571A	有效
13	一种低损耗镍锌软磁铁氧体材料	天长市中德电子有限公司	CN106396659A	有效
14	一种磁导率高镍锌软磁铁氧体材料	天长市中德电子有限公司	CN106431375A	有效
15	一种稀土软磁铁氧体的制备方法	天长市中德电子有限公司	CN105174935A	有效
16	一种 ZP3KD 软磁铁氧体材料及其生产方法	天长市中德电子有限公司	CN103351159A	有效
17	一种 ZP45 高 Bs 软磁铁氧体材料及其生产方法	天长市中德电子有限公司	CN103360046A	有效
18	一种 ZP45B 高 Bs 软磁铁氧体材料及其生产方法	天长市中德电子有限公司	CN103351158A	有效

表6-4　半导体分立器件产业重点专利

序号	主题	申请人	公开号	有效性
1	一种贴片式二极管分立器件测试筛选装置	安徽钜芯半导体科技有限公司	CN212083595U	有效
2	一种封装结构	杭州友旺电子有限公司	CN212033014U	有效
3	一种键合合金丝及其制备和应用	浙江佳博科技股份有限公司	CN109930020A	有效
4	同时具有SBD和DUV LED结构的集成光电子芯片结构及其制备方法	河北工业大学	CN111863861A	审中
5	一种具有电池欠压保护的LED驱动电路	漳州和泰电光源科技有限公司	CN211831276U	有效
6	基于多道的燃料棒丰度无源探测控制系统及方法	中国核电工程有限公司	CN111736202A	审中
7	一种圆片自动贴膜装置	江阴新顺微电子有限公司	CN211555838U	有效
8	增强氧化镓半导体器件欧姆接触的方法	中国科学院微电子研究所	CN107993934A	有效
9	一种星载高集成二次电源的架构	中国电子科技集团公司第十四研究所	CN111629548A	审中
10	一种高含铂金属的银铂键合丝材及其制备工艺	广东佳博电子科技有限公司	CN111593223A	审中
11	集成电路封装体（CCPC5A）	广东气派科技有限公司	CN305989479S	有效
12	集成电路封装体（CCPC4A-6A）	广东气派科技有限公司	CN305989484S	有效
13	新型封装的分立器件	上海道之科技有限公司	CN210897260U	有效
14	一种半导体分立器件的散热装置	苏州安萨斯半导体有限公司	CN210723000U	有效

表6-5　大数据应用产业重点专利

序号	主题	申请人	公开号	有效性
1	影响大数据系统性能的关键参数查找方法及装置	哈工大大数据（哈尔滨）智能科技有限公司	CN108376180A	有效
2	一种基于深度递归网络的大数据计算机系统故障检测方法	哈工大大数据（哈尔滨）智能科技有限公司	CN108459933A	审中
3	基于深度学习的大数据系统配置参数调优的方法和系统	哈工大大数据产业有限公司	CN107229693A	有效
4	基于时间序列近似匹配的大数据异常状态检测方法及装置	哈工大大数据产业有限公司	CN107133343A	有效

6.2.5 优化产业扶持政策

完善扶持机制，重点支持技术创新程度高、产业影响显著的项目研发及产业化、优秀人才和项目引进、国际交流与合作等。对授权专利进行奖励，建立PCT申请扶持政策，鼓励申请人进行海外市场的专利布局。

6.2.5.1 产业政策完善路径

临沂市为促进电子信息产业发展，应制定或者完善促进产业发展的政策体系，包括产业分级扶持政策、人才奖励政策、专利申请鼓励政策等。具体可参考天津市、浙江省出台的相关政策，例如，天津市鼓励和支持各类人才到保税区创新创业，正式出台了《天津港保税区天津空港经济区关于鼓励和支持创新创业的扶持政策》（以下简称《扶持政策》）。《扶持政策》明确将对企业获得科技部和天津市的部分科技资金支持给予匹配资金支持。同时，还为科技领军人才提供一系列优厚条件。该政策涵盖创业辅导、住房补贴、租房补贴、人才奖励、金融扶持、税收支持、展会补贴等多方面扶持。随着天津投资环境日趋完善，一批世界500强企业和国内外的行业龙头企业相继落户，扶持创新创业企业发展将有利于进一步完善产业配套环境，促进产业结构优化升级，提高区域自主创新能力，形成“大手牵小手”的良性互动。

2000年，浙江省出台《关于加强技术创新，发展高科技，实现产业化的若干意见》，明确提出要“设立专利专项资金，对专利申请人给予专利申请费补贴”。2001年浙江省政府又出台《关于加强专利工作促进技术创新的意见》，明确提出各级政府要把专利作为政府工作的重要内容。2001年，浙江省科技厅、财政厅联合出台《浙江省专利专项资金管理办法》，明确省级资金的资助对象。通过明确的资助政策以及雄厚的产业基础，浙江省的专利申请量直线上升，促进了产业发展。

6.2.5.2 产业布局结构优化路径

临沂市创新主体在电子信息领域合作规模较小，而且多为创新主体内部合作、市内合作，这种合作模式在“大科学”背景下的今天，不利于领域信息的流通和科研资料的共享。因此，各创新主体在合作时应扩大合作规模。临沂市科研机构主管部门应提出政策鼓励临沂电子信息企业“走出去”，积极参与学术交流，寻找与其他高校、科研机构的合作机会。特别要重视与该领域重要机构的合作机会，他们更容易传递科研信息并控制信息的走向，因而他们拥有更多的科研资源，更容易把握先进的科研动态，所以要争取与实力雄厚的科研机构进行合作。

集成电路中最重要的技术为模块封装、载带制造、芯片设计三个方面。在集成电路技术领域，临沂市在集成电路的技术研发集中在模块封装、电子元件这两个集成电路的下游技术领域，电子元器件涉及各种连接装置的零部件、电容器、电阻器、旋转式集电器、分配器或继续器等的制备等。在软磁产业领域，临沂市主要集中在磁性原材料的生产，材料的高端应用研究较薄弱，因此对磁性传感器/芯片进行研发可以作为产业发展方向。半导体分立器件领域，LED 相关产业为临沂优势产业。大数据应用领域，临沂市在物流以及在线教育领域拥有技术能力比较强的龙头企业。因此，针对临沂市的优势产业，临沂市应该加大企业扶持力度，把优势产业做大做强，同时引进这一领域上下游重点企业，形成产业聚集。

各领域可以合作或者引进的企事业单位如表 6－6 所示。

表 6－6　可合作或引进的企事业单位

技术领域	合作机构
软磁材料以及元件	江苏多维科技有限公司、无锡乐尔科技有限公司、成都宽和科技有限责任公司、中国科学院上海微系统与信息技术研究所、美新半导体（无锡）有限公司、上海磁宇信息科技有限公司、佛山市川东磁电股份有限公司、电子科技大学、上海矽睿科技有限公司、中国科学院物理研究所、北京嘉岳同乐极电子有限公司、北京磊岳同泰电子有限公司、北京科技大学、苏州矩阵光电有限公司、德昌电机（深圳）有限公司
集成电路以及元器件	电子科技大学、电子科技大学广东电子信息工程研究院、广安职业技术学院、成都智芯微科技有限公司、四川晶辉半导体有限公司、四川遂宁市利普芯微电子有限公司、四川蓝彩电子科技有限公司、气派科技股份有限公司、重庆中科渝芯电子有限公司、四川上特科技有限公司、东南大学、东南大学—无锡集成电路技术研究所、复旦大学、上海集成电路研发中心有限公司、成都微光集电科技有限公司、西安电子科技大学、中国科学院微电子研究所、真芯（北京）半导体有限责任公司
半导体分立器件	安徽安美半导体有限公司、薄膜电子有限公司、北京半导体照明科技促进中心、北京经纬恒润科技有限公司、北京中星微电子有限公司、成都凯天电子股份有限公司、东莞成乐电子有限公司、东莞市凌讯电子有限公司、东南大学、佛山市铂利欧照明有限公司、东佛山市蓝箭电子股份有限公司、福建昌达光电有限公司、哈尔滨工业大学、河北工业大学
大数据应用	华中师范大学、哈尔滨工业大学

6.2.6 企业培育与创新路径

以专利导航信息为指引，在对临沂市电子信息企业进行分级分类指导的基础上，运用专利导航平台，提升企业对技术情报信息的获取和研判能力，全面提升企业技术创新能力，大力推行企业知识产权管理标准实施，以创新型企业、领军型企业为重点对象，推动企业建立科学、规范的知识产权管理体系，积极推进科技型小企业知识产权托管工作，切实提升技术粗放型中小微企业的知识产权能力。

6.2.6.1 企业分层次培育提高创新能力

针对电子信息产业中地位不同的企业，以不同模式沿不同发展路径提高产业地位，分为针对技术粗放型企业的扶持式培育、针对科技型小企业的跨越式培育、针对科技领军型企业的领跑式培育。

（1）技术粗放型企业。技术粗放型企业具有缺少规划、注重短期利益的特点，大量此类中小微企业的存在使得智能装备产业的行业集中度降低，部分产品产能过剩而高端产品不足，同业竞争十分惨烈，业绩不容乐观。根据专利导航信息的指引，可以提供企业并购建议，通过整合技术粗放型中小微企业提高行业集中度，鼓励提升下游应用技术研发实力；通过政策宣传、发布行业分析报告、提供知识产权公益性咨询服务等方式鼓励其沿着行业需求方向发展；畅通专利技术质押融资渠道，帮助其通过无形资产信贷质押度过发展瓶颈，间接促使其由粗放型增长向创新型增长转变。通过扶持式培育，改变电子信息产业粗放型中小微企业较多的现状，促进电子信息全产业链发展升级。

（2）科技型小企业。企业通常采用集成创新或原始创新方式获得核心技术。对于集成创新能力强的企业，可以通过专利许可、专利并购等方式在国外核心专利基础上开展集群创新，形成新的有控制力的核心专利；对于进行新兴技术或前瞻技术研究的企业应积极进行原始创新，将专利申请、运用和保护融入技术创新和自主开发的全过程；产学研合作、技术联盟、专利联盟是企业开展集成创新和原始创新的有效途径。根据专利导航信息的指引，政府可提供研发费用补贴、创业资金鼓励等政策扶持，引导电子信息产业涌现更多科技小巨人企业；鼓励企业建立技术联盟和专利联盟、完善行业协会，帮助企业构建产业创新链；通过专利综合服务平台和专利运营机构等，提升企业的信息利用能力，提高知识产权运用水平；设立企业创新基金、专利实施计划、风险投资引导基金等项目，为科技型企业的专利创造、专利商品化、产业化，多方位筹集资金。通过跨越式培育，不断提高科技型小企业的知识产权创新和运用能力，发挥其在产业的中流砥柱作用。通过分析，临沂市的科技型小企业有山东龙立电子有限公司、临沂昱通新能源科技有限公司、元捷电子、山东广达源照明电器有限公司等。

（3）科技领军型企业。根据专利导航信息指引，临沂市要着力培养技术链完整、研发能力强的科技领军型企业，支持企业广泛参与国际合作与交流，开展企业并购、资产收购，并对中介服务费用给予一定资助；围绕专利发展趋势、专利技术分布、竞争对手专利布局等开展相关专利综合信息分析工作，对企业当前和未来技术与产品创新及专利风险防范提供辅助参考；梳理现有专利储备，优化国内专利布局，加速海外专利布局，拓展海外市场；构建专利联盟，整合专利资源，积极争取国内相关标准制定的主导权，逐步增强国际标准制定的话语权；对专利侵权和诉讼等法律程序进行培训，增强海外专利预警、诉讼与维权能力；鼓励有条件的企业贯标，促进专利导航融入企业的技术创新、产品创新、组织创新和商业模式创新，提高企业自身的知识产权管理水平，提高创新效率和效益。通过领跑式培育，充分发挥领军型企业对临沂市电子信息产业发展的溢出效应。该类型企业代表有春光科技集团、阿帕数字技术有限公司、海纳电子、中瑞电子、山东同方鲁颖电子有限公司等。

6.2.6.2 参与国际合作与竞争

随着全球电子信息行业的制造以及研发外包趋势，中国企业已经在国际合作的舞台上展露出强有力的竞争力。中国在不断拓展研发外包的同时，也在探索制造外包的发展。制造外包若能实现，将会给整个产业链带来巨大的收益：外资企业的制造将可能大批向中国转移，给中国电子信息的优胜劣汰重组带来契机；能促进全行业的专业化分工，更合理地分配生产、流通的资源；另外，研发的企业也能通过自身的研发技术获得未来销售的收益，获得良好的回报，进而不断增强研发实力。

参与国际合作也表现在本土企业勇敢跨出国门，和国外企业进行各种合作的探索来提高自身研发能力。我国相关企业已经通过专利许可、权益共享、成立合资公司等多种方式引入国际合作项目。合作本身也需要企业不断加强自身的软实力，超高的全球收益带来的挑战与风险也非常大。临沂市大型企业可以根据自身的资源和优势，选择不同的模式参与国际合作，从而提升自己的研发实力。

参考文献

[1] 杨福慧. 电子信息增值产业链的关键环节［J］. 中国新技术新产品精选，2007（3）：53－55.

[2] 许爱萍. 美国提高电子信息产业技术创新能力的经验及借鉴［J］. 中国科技论坛，2014，3（3）：72－78.

[3] 陈忠. 日本政府在推进电子信息产业发展中的作用［J］. 标准化研究，2005（7）：35－39.

[4] 方爱乡. 日本信息产业的发展与政策措施［J］. 东北财经大学报，2010，71（5）：64－69.

[5] 李淑华. 论韩国信息产业发展中的政府推进作用［J］. 中国经贸导刊，2014，47（3）：20－25.

[6] 马青. 德国信息技术产业发展研究［D］. 大连：东北财经大学，2019：33－38.

[7] 观研天下. 2019年我国电子信息行业主管部门、主要法律法规及政策分析［EB/OL］.（2019－05－07）［2021－01－13］. http：//zhengce. chinabaogao. com/dianzi/2019/05J2035H019. html.

[8] Fujian. 辉煌“十三五”丨山东制造业较快增长拐点初显［EB/OL］.（2020－12－16）［2021－01－13］. http：//sdenews. com/html/2020/12/306186. shtml.

[9] 陶于祥. 全球电子信息制造业发展趋势与经验借鉴［J］. 重庆邮电大学学报，2018，30（1）：89－95.

[10] 黄咏梅，史一哲. 全球电子信息产业的发展趋势分析［J］. 全球化，2012，7（10）：42－45.

[11] 游子安，李鹏飞. 全球集成电路产业发展分析与展望［J］. 海外投资与出口信贷，2020（1）：38－42.

[12] 郭佳冰. 基于中美日韩四国电子信息产业国际竞争力的研究［D］. 天津：天津大学，2015：9－16.

[13] 汪晓文，曲思宇，张云晟. 中、日、美大数据产业的竞争优势比较与启示［J］. 图书与情报，2016（3）：67－74.

[14] 半导体分立器件市场分析：中国话语权正在提升［J］. 半导体信息，2017（1）：29－33.

[15] 车声雷. 磁性材料产业的现状和今后的发展［C］. 第五届全国高性能软磁、永磁材料及应用研讨会，2014：1－5.

[16] 赵杰，李晓燕，董琛. 我国电子信息产业发展态势及对策研究［J］. 山西科技，2017，32（1）：73－76.

[17] 方申国，谢楠. 国内外大数据产业发展现状与趋势研究［J］. 信息化建设，2017（6）：30－33.

[18] 张义伟. 我国电子信息产业发展环境分析［J］. 南方论坛，2019（8）：1－2.

[19] 朱磊. 我国电子信息产业国际竞争力研究［D］. 北京：对外经济贸易大学，2015：11－25.

[20] 冯明. 我国电子信息产业国际化问题研究［D］. 北京：首都经济贸易大学，2014：70－77.

[21] 刘梅梅. 山东电子信息产业正以创新优势追赶超［EB/OL］.（2017－08－15）［20210－01－13］. http：//www. cxsdw. com/content－1－10401－1. html.

[22] 北京国睿中晟知识产权咨询有限公司. 山东省电子信息技术产业专利分析报告［M/OL］.（2018－10－10）［2021－01－13］. https：//www. doc88. com/p－9119144415990. html.

[23] 邹坦永. 集成电路技术与产业的发展演变及启示［J］. 中国集成电路，2020（12）：33－43.

[24] 杨铁军. 产业专利分析报告第40册［M］. 北京：知识产权出版社，2016：1－13.

[25] 王龙兴. 全球集成电路设计和制造业的发展状况［J］. 研究与设计，2019，36（3）：21－34.

[26] 2020年中国集成电路行业现状、进出口情况及集成电路发展前景分析［EB/OL］.（2020－05－28）［2021－01－13］. https：//www. chyxx. com/industry/202005/868050. html.

[27] 高乔子. 中国集成电路产业发展现状及破局策略研究［J］. 管理观察，2019（23）：63－65.

[28] 王龙兴. 2019年中国集成电路封装测试业的状况［J］. 行业分析，2020，37（7）：1－3.

[29] 吴松强，徐子鉴，金鑫. 我国集成电路产业突围路径探究：中美贸易摩擦视角［J］. 科技创新，2020，20（10）：16－23.

[30] 王鹏飞. 中国集成电路产业发展研究［D］. 武汉：武汉大学，2014：60－65.

[31] 李亚峰. 磁性材料行业现状与发展前景分析［J］. 新材料产业，2018（7）：51－54.

[32] 郭贤彬. 软磁材料与永磁材料的比较分析［J］. 智富时代，2017（10）：96.

[33] 日本磁性材料生产开发及应用现状 [J]. 现代材料动态，2006 (6)：26 - 27.

[34] 张博. 中国、日本、美国稀土磁性材料专利技术比较研究 [J]. 世界科技研究与发展，2019，41 (4)：337 - 347.

[35] 申璐. 稀土永磁材料行业发展现状及建议 [J]. 经济研究导刊，2019 (24)：35 - 48.

[36] 翁兴园. 新冠肺炎疫情对中国磁性材料行业的影响 [J]. 新材料产业，2020 (2)：33 - 37.

[37] 屠友益，周培，顾闻. 半导体分立器件制造业研究报告 [J]. 半导体信息，2017 (4)：27 - 31.

[38] 成谢锋. 电路与模拟电子技术基础 [M]. 北京：科学出版社，2012：119 - 137.

[39] 王南南. 功率 MOSFET 导通电阻的仿真研究 [D]. 沈阳：沈阳工业大学，2020：3 - 5.

[40] 刘绪斌. 浅谈电力电子技术的应用及其发展 [J]. 管理与科技，2012 (6)：145.

[41] 王康. 新型高压低损耗 IGBT 的分析与设计 [D]. 成都：电子科技大学，2020：2 - 5.

[42] 相依为命，浅谈本土半导体分立器件实力 [EB/OL]. (2020 - 09 - 16) [2021 - 01 - 13]. http：//www. pinlue. com/article/2020/09/1608/4011238802502. html.

[43] 2019 年中国半导体分立器件行业发展现状分析 [EB/OL]. (2020 - 03 - 09) [2021 - 01 - 13]. https：//bg. qianzhan. com/trends/detail/506/200309 - bfd2df34. html.

[44] 2020 年中国半导体分立器件存在问题及发展前景预测分析 [EB/OL]. (2020 - 09 - 27) [2021 - 01 - 13]. https：//www. askci. com/news/chanye/20200907/153243 1205517. shtml.

[45] 戈黎华，郭浩，王璐璐. 大数据产业研究综述 [J]. 华北水利水电大学学报，2019，35 (3)：1 - 8.

[46] 2019 年全球大数据产业市场现状及发展趋势分析 [EB/OL]. (2010 - 10 - 31) [2021 - 01 - 13]. https：//bg. qianzhan. com/trends/detail/506/191031 - 2dae33f8. html.

[47] 房俊民，田倩飞，徐婧. 全球大数据产业发展现状、前景及对我国的启示 [J]. 科技与市场，2015 (10)：101 - 102.

[48] 数据改变世界思想塑造未来——2020 大数据产业综述 [EB/OL]. (2020 - 01 - 17) [2021 - 01 - 13]. https：//new. qq. com/rain/a/20210107A0B2EO00.

[49] 刘文强. 大数据产业发展态势洞察 [J]. 融合论坛，2020 (9)：18 - 19.

[50] 陈增发. 大数据时代背景下的智慧物流产业发展研究 [J]. 中小企业管理与科技，2020 (34)：28 - 29.

[51] 陈野，陈碧晴，包洪岩. 高等教育在线教学新常态相关问题的探讨 [J]. 中国实验诊断学，2020，12 (24)：2079 - 2082.

[52] 2020年中国大数据产业政策汇总及解读［EB/OL］.（2020-07-02）［2021-01-13］. https：//www. askci. com/news/chanye/20200701/1749061162879. shtml.

[53] 临沂电子信息产业集群［EB/OL］.（2012-04-19）［2021-01-13］. https：//www. qianzhan. com/cluster/detail/182/20120419-0ea8313a553cdfb1. html.

[54] 曹鹏飞，李广涛. 临沂高新区：电子元器件及其功能材料产业集群崛起集聚新动能［EB/OL］.（2018-01-30）［2021-01-13］. http：//www. cxsdw. com/content-28-10857-1. html.